WAGENBACHS TASCHENBÜCHEREI

der rechte Ring war nicht
Erweislich;—Fast so unerweislich, als
Uns itzt—der rechte Glaube.

3ter Act 7te Scene.

August Wilhelm Iffland als Nathan.
Radierung von Henschel (1811)

Lessings ›Nathan‹

Der Autor, der Text, seine Umwelt, seine Folgen

herausgegeben von Helmut Göbel

Verlag Klaus Wagenbach   Berlin

Wagenbachs Taschenbücherei 43

10.—12. Tausend 1983
© 1977 Verlag Klaus Wagenbach, Bamberger Straße 6, 1 Berlin 30
Druck: Druckhaus Neue Presse Coburg
Bindung: Hans Klotz, Augsburg

Buchumschlagbild: Lessing (stehend) und Lavater (rechts sitzend) zu Besuch
bei Moses Mendelssohn; Lavater stört offenbar das Schachspiel. Vgl. auch
Seite 35.

Der Text ›Nathan der Weise‹ wurde mit freundlicher Genehmigung des Carl
Hanser Verlages, München, übernommen aus Band II der achtbändigen Les-
sing-Gesamtausgabe, die herausgegeben wird von Herbert G. Göpfert in Zu-
sammenarbeit mit Karl Eibl, Helmut Göbel, Karl S. Guthke, Gerd Hillen, Albert v. Schirnding, Jörg Schönert

INHALT

Lessing, um 1767

Angenehme und rührende Schauer laufen dem schulge-
bildeten deutschen Bürger den Rücken entlang, wenn er
jetzt Besonderes zu sehen und zu hören ahnt, wenn Nathan
zu erzählen beginnt:

> Vor grauen Jahren lebt' ein Mann in Osten
> Der einen Ring von unschätzbarem Wert'
> Aus lieber Hand besaß . . .

Klassische Werke werden oft auf schlagwortartige Begriffe gebracht: so auch Lessings ›dramatisches Gedicht‹
von 1779, »Nathan der Weise«, auf den Begriff der ›Ringparabel‹, auf die ausgehöhlte Vokabel ›Humanität‹.

Derart eingeengt, gerät Klassisches schnell zum Symbol,
das entsprechend zur Hand ist, wenn es gebraucht wird:
Nach 1945 spielten die Theater aller Besatzungszonen den
»Nathan« als zeitgemäß supranationales Wiedergutmachungsstück.

»Faust«, »Glocke«, »Nathan« – da stehen sie auf dem
hohen und symbolischen Denkmalssockel des Klassischen.
Volksreliquien, ziemlich weit weg. Das erschwert den Um-
gang, macht ihn aber auch interessant . . . wenn man nicht,
ausgehend von Erinnerungen an Deutschstundenangst, mit
einer Mischung aus Widerwillen und geschichtslosem
Kunstverständnis ein Nachdenken über ›klassische Texte‹
kategorisch ablehnt.

Das vorliegende Buch behauptet, daß das überkommene
Bild von Lessings »Nathan der Weise« verändert werden
kann; es will dazu beitragen, das Stück vom Denkmalssok-
kel zu holen, einige Schwerpunkte herauszustellen, die das
Stück in Abhängigkeit und in Reaktion auf seine geschicht-
liche Situation und das heißt auch in Lessings Situation zeigen. Diese Situation ist geprägt durch den Absolutismus
und den Versuch, durch Aufklärung die absolutistischen
Zustände aufzuheben oder zu mildern. Für den Schriftsteller Lessing wie für wichtige Probleme des »Nathan« gilt,
daß die Möglichkeiten von Aufklärung vor allem von der
Vergrößerung des Freiheitsraums und besserer ökonomi-

scher Sicherung abhängig scheinen, wobei natürlich Aufklärung und Geld nicht nur in direkter Abhängigkeit zu denken sind. Sowohl in der Darstellung von Lessings Leben wie in anderen Abschnitten wird also die Frage nach der Finanzsituation Lessings und seiner Zeit zentral sein. Auf dieser Grundlage können dann konkrete Fragen gestellt werden zu der Verknüpfung von Geld und Weisheit, die im »Nathan« in verschiedenen eigentlichen und uneigentlichen Sprachebenen Bedeutung hat.

Der »Nathan« ist ein dramatisches Gedicht, das vom toleranten menschlichen und ökonomischen Zusammenleben handelt, geschrieben in einer Zeit, die noch zur ›Aufklärung‹ zu rechnen ist, in Wolfenbüttel in den Jahren 1778 und 1779, kurz nach der Unabhängigkeitserklärung der amerikanischen Oststaaten und rund 10 Jahre vor der Französischen Revolution. Das ist 200 Jahre her – eine enorme Distanz zwischen uns und der Situation damals, in der der stets um Geld verlegene Hofrat des Herzogs von Braunschweig, der Bibliothekar Gotthold Ephraim Lessing neben einem prächtigen Fürstenschloß, einem Zeughaus und einem großen hölzernen Bibliotheksbau in einem in französischem Stil um 1740 errichteten, im Grundriß hufeisenförmigen ›Bungalow‹ das Stück schreibt, dem er das an Leser und Theaterzuschauer gerichtete lateinische Einladungsmotto nach dem Titel voranstellt: »Tretet ein, denn auch hier sind Götter!«

Lessinghaus, Vorderseite

Einer der ersten französischen Aufklärer ist Pierre Bayle (1647–1706). Vor seinem bedeutenden »Historischen und kritischen Wörterbuch« verfaßte er 1686 die Toleranzschrift »Philosophischer Kommentar über die Worte Christi: Nötige sie, hereinzukommen«, die in der deutschen Übersetzung erschien als »Tractat von der allgemeinen Toleranz«. Die folgenden kurzen Ausschnitte behandeln zentrale Vorstellungen der Aufklärung, deren thematische Verbindung zum »Nathan« schon durch die Deutung des Wortes aus dem Neuen Testament gegeben ist, dann aber vor allem auch in der Freiheits- und Toleranzforderung für oder wider eine Religion. Abgeleitet wird diese Forderung aus der Erfahrung und dem Verstand, der ›gesund‹ und ›natürlich‹ genannt wird, der widerspruchsfrei ist, also aus den ›allgemeinen Grundsätzen der Vernunft‹, und nicht mehr aus der Befolgung kirchlicher oder staatlicher Vorschriften. In diesem Sinne wird die freie kritische Untersuchung eines Bibeltextes beispielhaft eine Demonstration gegen alle Formen institutionalisierten Zwanges:

Es ist also klar, daß der einzige rechtmäßige Weg, Religion einzuflößen, dieser sei, wenn man in einer Seele in Absicht auf Gott gewisse Urteile und gewisse Regungen des Willens hervorbringt. Da aber Drohungen, Gefängnisse, Geldbußen, Verbannungen, Stockschläge, Todesmartern und überhaupt alles, was unter der buchstäblichen Erklärung vom Zwange begriffen ist, in Absicht auf Gott nicht die Urteile und Regungen des Willens hervorbringt, welche das Wesen der Religion ausmachen, so ist klar, daß dieser Weg, eine Religion einzuführen, falsch sei, und folglich, daß ihm Christus nicht geboten habe . . .

Die Natur der Religion besteht darin, daß die Seele in einer gewissen Überredung von Gott stehe, die in dem Willen diejenige Liebe, Ehrerbietung und Furcht, welche dieses allerhöchste Wesen verdient, und in den Gliedmaßen des Leibes die dieser Überredung und Willensverfassung geziemenden Zeichen hervorbringe; so daß diese äußern Zeichen entweder ohne einen innerlichen Zustand der Seele, der denselben gemäß ist, oder nebst einem innerlichen Zustand der Seele, der denselben zuwider ist, Handlungen der Heuchelei, des Betrugs, der Treulosigkeit und Empörung wider das Gewissen sind . . .

Es ist also dem gesunden Verstande, der natürlichen Kenntnis, den allgemeinen Grundsätzen der Vernunft, mit einem Worte, der ersten und ursprünglichen Unterscheidungsregel des Wahren und Falschen, des Guten und Bösen offenbar zuwider, wenn man Gewalttätigkeiten anwendet, um Leuten eine Religion einzuflößen, zu der sie sich nicht bekennen . . .

. . . so erhellt auch deutlich, daß uns Gott in seinem Worte nicht geboten habe, die Leute mit Stockschlägen oder durch andere dergleichen Gewalttätigkeiten zu zwingen, das Evangelium anzunehmen. Wenn wir also im Evangelium eine Stelle finden, die uns den Zwang gebietet: so muß man es für ganz gewiß und ausgemacht halten, daß dieselbe in einem metaphorischen und nicht in einem buchstäblichen Sinne genommen werden müsse. Folglich, wenn wir in der Schrift eine Stelle fänden, die uns geböte, sehr gelehrt in Sprachen und allen Arten der Wissenschaften zu werden, ohne zu studieren: so würden wir glauben, daß dieses figürlicherweise müsse verstanden werden. Wir würden weit eher glauben, daß die Stelle entweder verfälscht wäre; oder daß wir nicht alle Bedeutungen der Originalwörter verstünden; oder daß hierunter ein Geheimnis verborgen sei, welches nicht uns, sondern andere angehe, die nach uns kommen und mit uns keine Ähnlichkeit haben würden; oder endlich, daß es ein nach Art der Morgenländer gegebenes Gebot sei, nämlich durch Rätsel, durch symbolische und verdeckte Bilder; wir würden, sage ich, dieses weit eher glauben, als daß wir uns überreden sollten: Gott, der so weise ist, habe Geschöpfen, die wie der Mensch beschaffen sind, im buchstäblichen und eigentlichen Verstande geboten, eine gründliche Wissenschaft zu besitzen, ohne zu studieren.

(Nach: »Die Aufklärung«. In ausgew. Texten dargestellt u. eingel. v. G. Funke. Stuttgart 1963, S. 357–359)

In den deutschen Staaten verlief der Aufklärungsprozeß sehr unterschiedlich, insgesamt zaghaft und nur selten politische Konsequenzen auch nur andeutend. So sehr auf allen Gebieten der französische Geschmack und Despotismus nachgeahmt wurde – jedes adelige Herrscherhaus versuchte mit den damit verbundenen wirtschaftlichen Lasten für sich ein kleines, die absolute und gottgegebene Macht repräsentierendes Versailles zu schaffen –, es unterscheidet die französische und die schon vorher beginnende englische und niederländische Aufklärung von der deutschen ein wichtiges Merkmal: die fehlende staatliche Zentralisierung. Von London und Paris aus konnte sich die königliche Zentralgewalt zwar konsequent durchsetzen, gleichzeitig entstand aber auch hier die gegen dieses Zentrum gerichtete Aufklärungsbewegung. Im englischen Parlamentarismus wirkte sie sich schon im 17. Jahrhundert in der staatlichen Verfassung aus. Die anglikanische Hofkirche verlor an Autorität angesichts des riesigen Kolonialreichs, in dem die verschiedensten Religionen vom Islam bis hin zu den indischen Glaubensformen geduldet werden mußten. In Frankreich blieben die starren Konventionen, von Staat und Kirche ausgehend, faktisch wirksam, aber man griff parlamentarische Ideen aus England auf; die Vernunftforderungen werden in den gelehrten und dichterischen Arbeiten etwa von Voltaire, Rousseau und Diderot verbreitet, die auch Lessing und seine Freunde in Deutschland beeinflußten.

In ungeheuer großem Vertrauen auf die menschlichen vernünftigen Einsichtsmöglichkeiten wird die Aufklärung auch zur Philosophie der Erziehung schlechthin. Schulprogramme werden entwickelt, neue Formen der belehrenden Zeitschriften entstehen, um die Ideale der Vernunft zu verbreiten und Wissen zu fördern. Damit über diese Vorstellungen auch möglichst viele Menschen nachdenken können, gehen die Gelehrten jetzt auch in den deutschen Staaten allmählich dazu über, in deutscher Sprache und nicht mehr nur im Gelehrtenlatein zu schreiben.

Das Programm der Aufklärung spricht vor allem den Bürger in den Städten und auf dem Land an, der lernen soll (und will?), um am ›Licht‹ der Vernunft teilzuhaben, um aus den ›finsteren‹ Zeiten des Mittelalters und seinen dogmatischen Vorstellungen, die sich vor allem noch in der feudalen Fürsten- und Kirchenherrschaft erhalten hatte, herauszukommen.

Die neue Vernunftphilosophie richtet ihre Kritik daher auch gegen Rechts- und Staatsphilosophie und Theologie. Dem aufgeklärten, vernünftigen Menschen müssen Recht und Religion einsichtig werden, blinder Glaube und blinder Gehorsam sind widervernünftig, verleiten zu Willkür, Gewalt, Leichtgläubigkeit und zu Aberglauben, Andächtelei und Schwärmerei.

Eine der bedeutendsten Konsequenzen dieser Philosophie ergab sich aus der Annahme der allgemeinen Verbindlichkeit der Vernunftgesetze. Aus ihnen folgt, daß sie überall und in allen Lebensgebieten schlechthin gelten müssen. Das heißt ferner, daß sie für alle Menschen gleichwertig gültig sein müssen und daß aus dieser Gleichheit auch die für alle

Menschen gleichen Rechte und Pflichten zu entwickeln sind. Hierin lag angesichts der tatsächlichen Ungleichheit die politische Brisanz der Aufklärung: Warum sollen für den Landesherrn andere Rechte gelten als für den Kaufmann, Handwerker oder Bauern? Ist es nicht auch wider die Vernunft, daß ein Christ mehr Rechte hat als ein Jude? Worauf gründen sich denn die unterschiedlichen Rechte? Sind sie mit der Vernunft vereinbar? Ja, sind die Offenbarungsschriften, Altes Testament, Neues Testament und Koran mit der Vernunft vereinbar? Muß nicht auch die Religion den Maßstäben der Vernunft unterworfen werden? Sind es nicht allgemeine vernünftige Maßstäbe, die das Zusammenleben aller Menschen garantieren müssen?

Diesen Fragen ging man nun nach. Auch hier unterscheidet sich das gelehrte Deutschland in der Vorsicht seiner Antworten von Englands und Frankreichs Radikalität. Die Unterschiede liegen, vereinfacht gesehen, darin, für wie verbindlich die theoretisch gefundenen Antworten im täglichen Leben gehalten werden. So übernahmen die deutschen und vor allem einige protestantische Theologen aus England und den Niederlanden die radikalen und kritischen Fragen nach der Vernünftigkeit des Bibeltextes. Sie kamen wie ihre Vorgänger zu den gleichen radikalen und vernünftigen Ergebnissen: Die Bibel ist nicht von Gott geschrieben; die Unterschiede der Menschen, die sich aus den verschiedenen Religionen herleiten, sind also von Menschen gemachte, unnatürliche Unterschiede. Die moralischen Lebensvorschriften, die man aus den biblischen Texten ableitet, sind nicht dem Buchstaben des Textes, sondern den Grundsätzen der Vernunft nach einzurichten. Hier treffen sich dann Staatsrechtler, Theologen und Philosophen. Was in England im 17. Jahrhundert beginnt, die Gesellschaft zu verändern, was sich in den amerikanischen Oststaaten politisch manifestierte und in Frankreich radikal in die Revolution 1789 einging, blieb in den deutschen Staaten in der gelehrten Diskussion unter den Universitätsprofessoren stecken und erreichte nur gelegentlich den Bürger. Die konservativen, orthodoxen Pastoren und amtlichen Kirchenvertreter blieben weithin vom Einfluß der radikalen Theoretiker auf die Gemeindemitglieder ›verschont‹. Zu den

Ausnahmen in Deutschland zählten der Jurist und Philosoph Christian Thomasius (1655–1728), für das Judentum Moses Mendelssohn (1729–1786) und schließlich Gotthold Ephraim Lessing (1729–1781). Später folgen andere, Georg Christoph Lichtenberg (1742–1799) etwa und die norddeutschen Jakobiner.

Texte zur Aufklärung:

Als ein Fortschritt muß etwa der Toleranz-Artikel im größten deutschen enzyklopädischen Wörterbuch des 18. Jahrhunderts angesehen werden. Die Verweise auf Schriften von Gelehrten und lateinische Textzitate, die allerdings eine breite Wirksamkeit einschränkten, sind hier ausgelassen:

Tolerantz, die Tolerantz einer Religion oder widriger Religions-Verwandten, . . . dieses Wort wird insgemein von einer Obrigkeit gebrauchet, welche in einer Provintz oder Stadt geschehen lässet, daß auch andere Religions-Verwandten ausser der daselbst eingeführten Religion, und welcher sie selbst zugethan ist, die freye Uebung ihres Gottesdienstes darinnen haben mögen. Dergleichen Tolerantz derer Protestirenden, Dissenters oder Non Conformisten, so in vielen Stücken von der Englischen Kirche abweichen, ist in Engelland durch eine Parlaments-Acte verstattet worden. Und ob wohl im Jahre 1710 der *D. Sacheverel* unter beyden Partheyen eine grosse Erbitterung erregte, und den Dissenters solche Dultung nicht zugestehen wolte; so hat sich doch das neue Parlament erkläret, daß es geneigt und willig sey, solche durch die Gesetze verstattete Tolerantz ihnen in Ruhe geniessen zu lassen, und alle diejenigen, so durch allzu hitziges Predigen oder ärgerliche Bücher dieselben zu stören suchten, nachdrücklich zu bestraffen. Es pflegen zwar viele wider diese Tolerantz einzuwenden, daß es der Ruhe und dem Frieden des gemeinen Wesens zuwider sey, wenn die Unterthanen nicht alle einerley Religion zugethan wären. Aber man weiß auch, daß solches der Vernunfft und Erfahrung zu wider ist. Denn jene zeiget, daß die unterschiedenen Meynungen gar nicht hindern, daß nicht Leute mit einander friedlich leben können. Die Erfahrung aber lehret uns täglich, daß Privat-Personen von unterschiedenen Meynungen, wenn sie sonst nur wollen, gantz friedlich und schiedlich bey einander leben und wohnen. Ein Exempel davon sehen wir alle Tage in unserm eigenen Deutschland an denen in demselben vornehmlich tolerirten drey Haupt-Religionen, als nehmlich der Römisch-Catholischen, der Evangelisch-Lutherischen, und der Reformirten. Noch mehr aber bezeuget es der Staat von Holland, woselbst bekannter massen so viel Religionen und Secten, als wohl irgend sonst in der gantzen Welt nicht, gedultet werden, und man dennoch gar deutlich siehet, daß der blosse Un-

terscheid der Secten und Religionen die Republick keineswegs be-
unruhiget. Ja die Wiedertäufer selbsten, die doch sonst bey uns in
einem so übeln Credit sind, leben daselbst gantz ruhig. Und will
man gleich sagen, daß das Gegentheil doch in andern Ländern beobachtet würde; so dienet zur Antwort, daß daran nicht die Religion, sondern Ehr-Geitz, Geld-Geitz, Zorn, Rachgier, und andere
dergleichen böse Affecten schuld sind, welche ja auch wohl unter
einerley Religions-Verwandten die wahre Freundschaft und Verträglichkeit hindern, wie solches die Erfahrung zur Gnüge lehret.
Derowegen siehet man, daß eine Obrigkeit wohl thut, wenn sie
Leute, so anderer Meynung sind, dultet. Wir verstehen aber allhier
durch die Tolerantz nichts anders, als daß man äusserlich im gemeinen Leben friedlich miteinander umzugehen suchet, einander
die Pflichten des Rechts der Natur nicht versaget, und auf den
Cantzeln und in denen Schrifften die vorgegebene irrige Meynung
mit aller Sanfftmuth widerleget, und also einander mit Vernunfft
und Bescheidenheit eines bessern zu belehren bemühet ist. Woraus
zugleich erhellet, daß ein grosser Unterschied zwischen der *Tolerantz* und dem *Syncretismo* sey, ohngeachtet beyde von gar vielen
vermenget werden ... Der Grund der Tolerantz, so man den Irr-
Gläubigen angedeyhen lässet, muß in der allgemeinen Liebe und
Erbarmung liegen, und der Zweck derselben bloß dieser seyn, daß
sie den irrenden Nächsten von dem Irrthum seines Weges nach
und nach unter dem Seegen Gottes zu überzeugen suchet, wozu sie
theils alle Evangelische Mittel, doch ohne Zwang anwendet, theils
die Hindernisse aus dem Wege räumet, und der Wahrheit Platz
machet. Wordurch auf solche Weise durch die Tolerantz keineswegs der Liebe Gottes und des Nächsten zu nahe getreten wird; ja
auch dadurch der Irrende wird die Billigkeit und Gerechtigkeit in diesem Stück erkennen und bekennen müssen ... Es drücket solche
Pflicht auch gar wohl aus das von Königl. Majest. in Preussen
Friedrich I emanirte Edict in Ansehung der Jüden. ... Wolte man
aber, wie einige gethan haben, die Tolerantz mit einer solchen un-
umschränckten Freyheit behaupten, daß man so gar vermeynen
wolte, es stritte auch dieses wider die wahre und eigentliche Tolerantz, wenn man die Irrthümer derer Gegengesinneten auf einige
Weise nur, es geschehe mit oder ohne Glimpf, widerlegen, und
also dadurch, wie man sagt, Religions-Streitigkeiten anfangen
wolte; so würde man der Sache zu viel thun.

(Zedlers Universal-Lexikon. Bd. 44, Leipzig 1744, Sp. 1115ff.)

Lessing beschreibt im Zusammenhang mit seinem Plan,
nach Wien zu gehen, in einem Brief an den Berliner Freund
und Verleger Friedrich Nicolai die fehlende Wirkung der
religiösen auf die politische Toleranz. (Was die Wiener
Zensur, wie die gegen den »Phädon« von Moses Mendelssohn angeht, hat Lessing vielleicht die Zensoren dort zu

14

optimistisch eingeschätzt: Sein »Nathan« durfte in Wien
über 30 Jahre lang nicht gespielt werden.)

Was Ihnen Gleim von Wien gesagt hat, ist ganz ohne Grund;
aber Gleim hat von dem Projekte in Wien ohne Zweifel so reden
wollen, wie man es allenfalls in Berlin noch einzig und allein gou-
tieren könnte. Wien mag sein, wie es will, der deutschen Literatur
verspreche ich dort immer noch mehr Glück, als in Eurem franzö-
sierten Berlin. Wenn der »Phädon« in Wien konfisziert ist: so muß
es bloß geschehen sein, weil er in Berlin gedruckt worden ist, und
man sich nicht einbilden können, daß man in Berlin für die Un-
sterblichkeit der Seele schreibe. Sonst sagen Sie mir von Ihrer Berli-
nischen Freiheit zu denken und zu schreiben ja nichts. Sie reduziert
sich einzig und allein auf die Freiheit, gegen die Religion so viel
Sottisen zu Markte zu bringen, als man will. Und dieser Freiheit
muß sich der rechtliche Mann nun bald zu bedienen schämen. Lassen Sie es aber doch einmal einen in Berlin versuchen, über andere
Dinge so frei zu schreiben, als Sonnenfels in Wien geschrieben hat;
lassen Sie es ihn versuchen, dem vornehmen Hofpöbel so die
Wahrheit zu sagen, als dieser sie ihm gesagt hat; lassen Sie einen in
Berlin auftreten, der für die Rechte der Untertanen, der gegen Aus-
saugung und Despotismus seine Stimme erheben wollte, wie es itzt
sogar in Frankreich und Dänemark geschieht: und Sie werden bald
die Erfahrung haben, welches Land bis auf den heutigen Tag das
sklavischste Land von Europa ist. Ein jeder tut indes gut, den Ort,
in welchem er sein muß, sich als den besten einzubilden; und der
hingegen tut nicht gut, der ihm diese Einbildung nehmen will.
Ich hätte mir also wohl auch diese letzte Seite ersparen können.

(Lessing, Gesammelte Werke, hrsg. v. P. Rilla, Bd. IX, S. 326f.)

Kritische Stimmen gegen den Vernunftoptimismus der
Aufklärer nehmen in der zweiten Hälfte des 18. Jahrhunderts zu. »Nathan der Weise« muß in diesem Diskussions-
feld gesehen werden. In der gesamteuropäischen Romantik,
in Deutschland durch ›Sturm und Drang‹ vorbereitet, entwickelt sich eine Gegenströmung zur Aufklärung. Der Vernunft werden die individuellen Empfindungsmöglichkeiten
entgegengehalten, die sich zugleich gegen die im ökonomischen Bereich entwickelte Rationalität und gegen die damit
geschaffenen wirtschaftlichen Zwänge richten.

Diese gegenläufige Tendenz, die bis in unsere Gegenwart
des 20. Jahrhunderts andauert, hatte Jean Améry im Auge,
als er im Frühjahr 1977 zur Verleihung des Lessing-Preises
seine Dankesrede mit folgenden Fragen begann:

Was hat sich ereignet, daß die Aufklärung zu einem ideenge-
schichtlichen Relikt wurde, gut genug allenfalls für emsig-sterile

Forscherbemühtheit? Welch traurige Abirrung hat es dahin gebracht, daß zeitgemäße Denker Begriffe wie Fortschritt, Humanisierung, Vernunft nur noch unter vernichtenden Gänsefüßchen zu gebrauchen wagen?

Die gestanzten Antworten sind zuhanden, ein jeder kann sie weitergeben als Scheidemünzen eines Geistes, der sich längst verlor. Aufklärung? Eine bürgerliche Mystifikation. Vernunft? Die böse Instrumentalität ungerechter, abgelebter Produktionsformen. Menschlichkeit? Die Ausrede des Dritten Standes, der seine partikularen Interessen als universelle Werte hinstellte, um mittels ihrer den vierten guten Gewissens ausbeuten zu können. Fortschritt? Die rasende Produktions- und Profitbesessenheit einer Bourgeoisie, die den Proleten und mit ihm die Erde sich untertan gemacht hat; so stehen wir späte Nachfahren des großen achtzehnten und des unvergleichlichen neunzehnten Jahrhunderts in einer fortschrittskranken, ausgepowerten, im eigenen Exkrement erstickenden Welt. ›Untergang der Erde am Geist‹, wie ein anderer Lessing, Theodor mit Vornamen, es feierlich verkündete.

Aber ich protestiere leidenschaftlich und mit allem mir zu Gebote stehenden Nachdruck.

(Améry, J., Aufklärung als Philosophia perennis. In: Die Zeit Nr. 22, 20. Mai 1977, S. 35)

Die Familie

Der sprichwörtliche Reichtum eines Pastors im 18. Jahrhundert bestand in einer großen Anzahl von Kindern und Büchern. Dieser ›Reichtum‹ und die finanzielle Kargheit, zusammengehalten von einem strengen und orthodoxen evangelisch-lutherischen Protestantismus, bestimmten zuerst Gotthold Ephraim Lessing. Weil wir heute wissen, daß die Bindungen an Familie und Gesellschaft einen Menschen in seiner Kindheit und Jugendzeit besonders prägen, muß diese Lebensphase auch in Hinsicht auf ein Alterswerk wie ›Nathan‹ berücksichtigt werden. Selbst wenn das kursächsische Städtchen Kamenz in der Oberlausitz in Lessings Schriften keine großen Erinnerungsspuren sichtbar hinterlassen hat, wie überhaupt Lessing von Heimat- und Nationalbewußtsein nicht viel wissen wollte, so ist doch um so deutlicher der kritische Niederschlag des Protestantismus zu spüren, den Lessing von der Wiege auf vermittelt bekam.

Lessings Geburtshaus in Kamenz

17

Die Familie Lessing gehörte in Kamenz zu den angesehensten der rund 2000 Einwohner zählenden Tuchmacher- und Durchgangsstadt mit den dafür nötigen Gastwirten, Schmieden, Sattlern und Stellmachern. Magister Theophilus Lessing, Gotthold Ephraims Großvater, der eine Schrift über die Duldung der Religionsgemeinschaften geschrieben hatte, war in Kamenz Bürgermeister; einige seiner Söhne beeinflußten ebenfalls das Leben der Stadt: Christian Gottlob wurde wieder Bürgermeister, Friedrich Gottlieb war dort Buchbinder und Buchhändler, Johann Gottfried schließlich erster Geistlicher an der Kamenzer Pfarrkirche. Dieser Johann Gottfried Lessing (1693–1770) hatte mit seiner Frau Justina Salome, der ältesten Tochter seines geistlichen Amtsvorgängers, 12 Kinder, von denen, den Verhältnissen des 18. Jahrhunderts entsprechend, viele nur ein kurzes Leben hatten. Das dritte Kind jedoch, Gotthold Ephraim Lessing, geboren am 22. Januar 1729, wurde 52 Jahre alt. Die für die Aufklärung wichtigen ersten Theoretiker waren damals schon tot. Leibniz, einer der Vorgänger Lessings als Bibliothekar in Wolfenbüttel, starb 1716, Thomasius 1728; der niederländische Philosoph und Völkerrechtler Hugo Grotius ist schon 1645 gestorben, der Engländer Hobbes 1679, John Locke 1704. In Deutschland wirkt der Leibnizschüler Christian Wolff (1679–1754), Voltaire ist 35 Jahre alt. Johann Sebastian Bachs »Matthäuspassion« wird in Lessings Geburtsjahr zum ersten Mal aufgeführt.

Lessings Vater war 1729 bereits elf Jahre Pastor, seit fünf Jahren Unterpfarrer, verdiente wohl ungefähr 100 Taler und einiges mehr aus kirchlichen Sondergebühren im Jahr, was insgesamt immer noch verdammt wenig war. Dafür war er ein gelehrter Lutheraner, der mit einer ganzen Reihe von theologischen Schriften, auch durch Übersetzungen aus der englischen Theologie und durch Korrespondenzen mit theologischen Zeitgenossen, über den Horizont der Oberlausitz hinauszublicken verstand. So wie er mit einem von ihm verfaßten Katechismus und geistlichen Liedern (diese mit dem Zusatztitel »In Teuerung, Hungersnoth und Nahrungslosen Zeiten«) auf die Gemeindemitglieder einwirkte, hat er auch die häusliche Andacht, den christlichen und allgemein belehrenden Unterricht in der Familie und Gotthold Ephraims erste Ausbildung geprägt.

Sowohl der puritanisch enge Protestantismus wie auch das heftige Temperament des Vaters werden den Sohn das ganze Leben nicht loslassen. Ein paar Jahre vor seinem Lebensende sieht der Wolfenbüttler Bibliothekar gerade in jenem Augenblick Züge seines Vaters in sich, als er wegen der brieflich ergangenen Zensur nicht mehr gegen den Hamburger Pastor Goeze schreiben durfte und sich den »Nathan« vornahm:

Es war Abends um sieben Uhr, und ich wollte mich eben hinsetzen, meinen XII. antig[oezischen] B[ogen] auf das Papier zu werfen, wozu ich nichts weniger, als aufgelegt war; als mir ein Brief gebracht wird, aus welchem ich sehe, daß ich es damit nur anstehen lassen kann – daß ich es damit vielleicht auf lange werde anstehen lassen müssen. Das ist doch ärgerlich! sage ich mir, wie wird der Mann triumphieren! Doch er mag triumphieren. Ich, ich will mich nicht ärgern; oder mich geschwind, geschwind abärgern, damit ich bald wieder ruhig werde, und mir den Schlaf nicht verderbe, um dessen Erhaltung ich besorgter bin als um alles in der Welt.

Nun wohlan, meine liebe Iraszibilität [Reizbarkeit]! Wo bist du? wo steckst du? du hast freies Feld. Brich nur los! tummle dich brav!

Spitzbübin! So? du willst mich nur überraschen? und weil du mich hier nicht überraschen kannst, weil ich dich selbst hetze, selbst sporne: willst du mir zum Trotze faul und stetisch sein.

Nun mach bald, was du machen willst, knirsch mir die Zähne, schlage mich vor die Stirne, beiß mich in die Unterlippe!

Indem tue ich das Letztere wirklich, und sogleich steht er vor mir, wie er leibte und lebte – mein Vater seliger. Das war seine Gewohnheit, wenn ihn etwas zu wurmen anfing; und so oft ich mir ihn einmal recht lebhaft vorstellen will, darf ich mich nur auf die nämliche Art in die Unterlippe beißen. So wie, wenn ich mir ihn auf Veranlassung eines andern Dinges recht lebhaft denke, ich gewiß sein kann, daß die Zähne sogleich auf meiner Lippe sitzen.

Gut, alter Knabe, gut. Ich verstehe dich. Du warst so ein guter Mann, und zugleich so ein hitziger Mann. Wie oft hast du mir es selbst geklagt, mit einer männlichen Träne in dem Auge geklagt, daß du so leicht dich erhitztest, so leicht in der Hitze dich übereiltest. Wie oft sagtest du mir: »Gotthold! ich bitte dich, nimm ein Exempel an mir: sei auf deiner Hut. Denn ich fürchte, ich fürchte – und ich möchte mich doch wenigstens gern in dir gebessert haben.« Ja wohl, Alter, ja wohl. Ich fühle es noch oft genug –

Und doch will ich es heute nicht fühlen, so gern ich es auch heute fühlen möchte. Ich bin bei der verwünschten Nachricht so ruhig – so kalt, daß ich ohne Mühe bei der Nicäischen Kirchenver-

sammlung wieder gegenwärtig bin, und im Gelasius weiter fortfah-
re –

*(Lessing, Gesammelte Werke, hrsg. v. P. Rilla, Bd. VIII,
S. 407 f.)*

Der Schüler

Nicht die Töchter, wohl aber die Söhne der Lessings er-
hielten die damals mögliche Grundschulausbildung. Gelegentlich nimmt sich in einzelnen Fächern auch ein Ver-
wandter des Unterrichts an. Mit acht Jahren besucht Gotthold Ephraim wie später seine Brüder Theophilus, Gottfried Benjamin, Karl Gotthelf und Erdmann die städtische
Lateinschule. Ihr Rektor Magister Johann Gottfried Heinitz versuchte mit der Reformierung der Stadtschule wenigstens etwas Aufklärung in die Provinz zu bringen; er för-
derte beispielsweise das Theaterspiel an der Schule und besorgte 1740 eine Aufführung des Trauerspiels »Der ster-
bende Cato«, das der damalige Literaturpapst und spätere
Gegner Lessings, der Leipziger Poetikprofessor Gottsched
verfaßt hatte. Aber dem inzwischen zum ersten Prediger er-
nannten Vater Lessing und dem Rat der Stadt paßten diese
neuen Entwicklungen mit dem bösen Theaterspiel nicht.
Die Predigt von der Kanzel und Verwarnungen des Stadtra-
tes behielten, wie auch heute noch so häufig, die Ober-
hand. Rektor Heinitz verließ resigniert Kamenz, und die
Provinzstadt war einen klugen Aufklärer los.

St. Afra in Meißen

Gotthold Ephraim Lessing konnte im Juni 1741 durch die finanzielle Unterstützung einer adeligen Familie eines der damals besten sächsischen Gymnasien, die Fürstenschule St. Afra in Meißen, besuchen. Immerhin mußte der Vater bis 1743 von seinem Einkommen im Vierteljahr noch 5 Taler 11 Groschen 3 Pfennig als Kostgeld zahlen. Einen Überblick über die sechsjährige Schulausbildung gibt der Lehrplan:

Unterlektion

Religion, wöchentlich fünf Stunden: Heinsius, Fragen aus der Kirchengeschichte. *Compendium Hutteri. Catechismus parvus Hutteri cum scholiis.*
Latein, fünfzehn Stunden . . .
. . . Griechisch, vier Stunden: Neues Testament
. . . Hinzu kamen zwei französische, zwei mathematische, eine arithmetische und zwei historisch-erdkundliche Stunden

Oberlektion.

Religion, fünf Stunden: Griechisches Neues Testament. *Schreberi lineae doctrinae fidei* (Vorbereitung auf die Theologie der Hochschule). *Rechenbergii summarium historiae ecclesiasticae.*
Latein, fünfzehn Stunden: Cicero . . ., Livius, Virgil, Horaz, Etymologie und Syntax nach Melanchthons Grammatik und Prosodie. Im Winter statt obiger Lehrgegenstände Logik und Rhetorik.
Griechisch, vier Stunden . . .
Hinzu kamen hier drei hebräische, zwei französische, drei historisch-erdkundliche Stunden. Ferner in Sekunda Geometrie; in Prima höhere Mathematik, Astronomie, Philosophie (Logik und Ethik) und Chronologie. In außerordentlichen Stunden wurden auch Musik, Zeichnen und Italienisch gelehrt . . .
Unter den Lehrfächern gab es Deutsch noch nicht, erst 1773 wurde es in St. Afra Lehrfach. Lessing hat also eigentlich nie Deutsch gelernt. Immerhin wurde es wenigstens von der Verfügung 1727 erwähnt: »Zur besseren Kultur der deutschen Sprache haben die Dozentes bei den Inferioribus erst mit teutschen Briefen nach dem üblichen Cantzley-stylo, dergleichen Collectiones gewöhnlicher Cantzley-schreiben in gedruckten Büchern zu haben, anzufangen, die Orationes aber können nur von denjenigen, so schon einigermaßen *in stylo* geübt, gehalten werden.«
(W. Oehlke, Lessing und seine Zeit. 2. Aufl. Bd. 1, München 1929, S. 38f.)

Die Zeugnisse, Beurteilungen und andere Quellen lassen erkennen, daß Lessing in dieser Internatsschule an manchen Rebellionen beteiligt war, daß er den normalen Lehrstoff schnell beherrschte und daß er sich ausführlich mit mathematischen Studien und in seiner freien Zeit mit der modernen deutschen Literatur beschäftigte. Er eignet sich mehr als das Pflichtpensum an und spricht in den aus dieser Zeit erhaltenen Briefen eine neue kritische Sprache. »Er ist ein Pferd, das doppeltes Futter haben muß. Die Lektionen, die andern zu schwer werden sind ihm kinderleicht. Wir können ihn fast nicht mehr brauchen . . .« dies soll der Rektor an den Vater berichtet haben, der daraufhin – auch auf Drängen des Sohnes selbst – ein Jahr vor dem planmäßigen Abschluß beim Kurfürsten von Sachsen und König von Polen beantragte, seinen Sohn schon jetzt auf die Universität schicken zu dürfen.

Lessing hatte inzwischen auch zu spüren bekommen, welche Folgen ein Krieg bei der Bevölkerung auf dem Land und in den Städten hinterließ. Der 2. Schlesische Krieg 1744/45, den der zweite Friedrich zur Erweiterung der Macht seines Preußen führte, machte auch Sachsen und die Lausitz zum Kriegsschauplatz. Die Bürger von Kamenz mußten einen Schaden von rund 20 000 Talern bezahlen. Aus der Internatsschule schreibt Lessing:

Hochzuehrender Herr Vater,

. . . Sie bedauern mit Recht das arme Meißen, welches jetzo mehr einer Totengrube als der vorigen Stadt ähnlich siehet. Alles ist voller Gestank und Unflat, und wer nicht herein kommen muß, bleibt gerne so weit von ihr entfernt, als er nur kann. Es liegen in den meisten Häusern immer noch 30 bis 40 Verwundete, zu denen sich niemand sehre nahen darf, weil alle, welche nur etwas gefährlich getroffen sind, das hitzige Fieber haben. Es ist eine weise Vorsicht Gottes, daß diese fatalen Umstände die Stadt gleich in Winter getroffen, weil, wenn es Sommer wäre, gewiß in ihr die völlige Pest schon grassieren würde. Und wer weiß, was noch geschiehet. Jedoch wir wollen zu Gott das beste hoffen. Es sieht aber wohl in der ganzen Stadt, in Betrachtung seiner vorigen Umstände, kein Ort erbärmlicher aus als unsere Schule. Sonst lebte alles in ihr, jetzo scheint sie wie ausgestorben. Sonst war es was Rares, wenn man nur einen gesunden Soldaten in ihr sahe, jetzo sieht man ein Haufen verwundete hier, von welchen wir nicht wenig Ungemach empfinden müssen. Das Cönacul [Speiseraum] ist zu einer Fleischbank gemacht worden, und wir sind gezwungen, in den kleinern Auditorio zu speisen. Die Schüler, welche verreiset, haben wegen der Gefahr, in Krankheiten zu verfallen, eben so wenig Lust zurück zu kehren, als der Schulverwalter, die drei eingezognen Tische wieder herzustellen. Was mich anbelanget, so ist es mir um so viel verdrüßlicher, hier zu sein, da Sie so gar entschlossen zu sein scheinen, mich auch den Sommer über, in welchen es vermutlich zehnmal ärger sein wird, hier zu lassen.

(Lessing, Gesammelte Werke, hrsg. v. P. Rilla, Bd. IX, S. 8f.)

Der Student und freie Schriftsteller

Wie es sich für den ältesten Sohn aus einem Pastorenhaus gehörte, sollte Gotthold Ephraim Theologie studieren. Im Herbst 1746 wird er an der sächsischen Landesuniversität Leipzig als Theologiestudent eingeschrieben. In der 27 000 Einwohner großen Stadt lernt Lessing eine neue Welt kennen: Er hört verschiedenste Vorlesungen, beschäftigt sich mit der Geschichte der Kunst, studiert und studiert, bis er einsieht, die Bücher würden ihn wohl gelehrt, »aber nimmermehr zu einem Menschen machen«. Zum Entsetzen des Vaters lernt er tanzen, fechten und kunstreiten. Er macht Schulden, lebt überaus gesellig, hat wohl auch seine erste Freundin und – was ihn im protestantischen Kamenz vor allem zum schwarzen Schaf stempelte – er begeistert sich für das Theater, läßt kaum eine Vorstellung aus, verbringt viel Zeit mit den als gottlos angesehenen Theaterleuten und schreibt unter anderem nach Vorentwürfen aus der Meißener Schulzeit seine ersten Theaterstücke. Nach einigen Auseinandersetzungen mit den Eltern wechselt er vom Theologie- zum Medizinstudium. Wegen einer uneingelösten Bürgschaft flieht er aus Leipzig, studiert kurze Zeit in Wittenberg, wo ihn aber schließlich die finanziellen Forderungen aus Leipzig auch erreichen. Mit der väterlichen Studienunterstützung begleicht er die Schulden und entschließt sich, in die preußische Hauptstadt zu fahren, wo er sein Glück zu machen hoffte.

Im November 1748 also faßte ein nicht ganz zwanzigjähriger mittelloser Medizinstudent, Autor von einigen Komödien und anakreontischen Liebes- und Freundschaftsgedichten, den risiko- und folgenreichen Entschluß, freier Schriftsteller zu werden. Freilich konnte Lessing wie so viele Schriftsteller nach ihm nicht lediglich vom Ertrag seiner Arbeiten leben. Er wird in der zweiten Hälfte des siebenjährigen Krieges Sekretär des preußischen Generals von

Jugendbildnis

Tauentzien in Breslau werden und nach Erwägung ver-
schiedenster Pläne in seinen letzten elf Lebensjahren die Bi-
bliothekarsstelle beim Herzog von Braunschweig in Wolfenbüttel übernehmen.

Von 1748 an ist Lessings gelehrtes, schriftstellerisches
Leben stets auch auf den Broterwerb ausgerichtet. Er
schreibt Rezensionen, übersetzt aus dem Englischen und
Französischen, trifft in der Großstadt Berlin, die damals
140 000 Einwohner hat, nach und nach mit den dortigen
berühmten Schriftstellern zusammen, wird selbst bekannt
und bald ein wegen seiner flüssig geschriebenen und zuweilen polemisch spitzen und spöttischen Buchbesprechungen
und Abhandlungen gefürchteter Kritiker. Einmal erhält er
vom Vater neun Taler und die Aufforderung, sofort nach
Hause zu kommen. Er bleibt jedoch in Berlin, kauft sich

mit den Talern neue Kleider, kann sich nun auch in der Gesellschaft, die dem preußischen Hof näher steht, sehen lassen. Vielleicht trifft er dort auch Voltaire. Er übersetzt von diesem, wie kurze Zeit später auch vom preußischen König Friedrich, kleinere Schriften aus dem Französischen und fährt schließlich, dem Drängen des Vaters nachgebend, nach Wittenberg, wo er ein knappes Jahr später das Studium mit der Magisterprüfung abschließt, d. h. er verteidigt ausgearbeitete Thesen zu den Gedanken des Juan Huarte, eines spanischen Arztes und Philosophen aus dem 16. Jahrhundert. Daneben beginnt er hier in Wittenberg mit klassisch-philologischen und theologischen Studien.

Ein frühes Vorspiel zum »Nathan«

Im Jahre 1752 kehrt er nach Berlin zurück und stellt als 24jähriger eine Auswahl seiner poetischen und schriftstellerischen Arbeiten zusammen, die er unter dem Titel »Schriften« herausgibt. Darin enthalten sind das Theaterstück »Die Juden«, entstanden 1749, und Teile der »Rettungen«, entstanden 1752/53, die als Vorbereitung für den »Nathan« anzusehen sind. Darin zeigt Lessing im theatralischen und gelehrten Rahmen und immer in direktem oder indirektem Dialog, daß er die brisante Frage nach der Ursache von Vorurteilen, nach den Hindernissen für die Toleranz aufzugreifen wagt. Er will aufklären. Die nicht mehr im Gelehrtenlatein, sondern in deutscher Sprache geschriebenen »Rettungen« sind sämtlich gegen falsche oder unvollkommene Urteile über längst verstorbene Menschen gerichtet.

In einer »Rettung« nimmt er Girolamo Cardano, den vielseitigen, wissenschaftsgeschichtlich bedeutenden Mathematiker, Arzt und philosophischen Schriftsteller aus dem Italien des 16. Jahrhunderts vor der Anklage in Schutz, er sei Atheist gewesen. Cardano, dessen Name heute kaum noch in der auf eine seiner Erfindungen zurückgehenden »Cardanwelle« erkannt wird, wagte es in der Mitte des 16. Jahrhunderts, die Religion der Juden, Christen und Mohammedaner so zu vergleichen, daß er als schlechter Verteidiger des Christentums mißverstanden und gebrandmarkt wurde. Lessing nimmt die Diskussion erneut auf und zeigt, daß dem italienischen Gelehrten nicht vorzuwerfen sei, das Christentum schlecht verteidigt zu haben, sondern daß dessen Darstellung von Judentum und Islam unzureichend sei und man nun gerade in diesem Vergleich gerechter verfahren müsse. Ausführlich läßt er daher einen Mohammedaner den Islam verteidigen.

Hieronymus Cardanus in verschiedenen Lebensaltern

Das naheliegendere konkrete Problem der Unterdrükkung der jüdischen Bevölkerung in fast allen Ländern Europas greift Lessing präziser in dem Theaterstück auf. In Lessings Vorrede zum 3. und 4. Teil der »Schriften« heißt es:

Das zweite Lustspiel, welches man in dem vierten Teile finden wird, heißt *Die Juden*. Es war das Resultat einer sehr ernsthaften Betrachtung über die schimpfliche Unterdrückung, in welcher ein

Volk seufzen muß, das ein Christ, sollte ich meinen, nicht ohne eine Art von Ehrerbietung betrachten kann. Aus ihm, dachte ich, sind ehedem so viel Helden und Propheten aufgestanden, und jetzo zweifelt man, ob ein ehrlicher Mann unter ihm anzutreffen sei? Meine Lust zum Theater war damals so groß, daß sich alles, was mir in den Kopf kam, in eine Komödie verwandelte. Ich bekam also gar bald den Einfall, zu versuchen, was es für eine Wirkung auf der Bühne haben werde, wenn man dem Volke die Tugend da zeigte, wo es sie ganz und gar nicht vermutet. Ich bin begierig, mein Urteil zu hören.

(Lessing, Gesammelte Werke, hrsg. v. P. Rilla, Bd. III, S. 676)

Der damals hoch angesehene Professor für orientalische Sprachen, der Theologe an der jungen Göttinger Universität Johann David Michaelis, fragt kritisch nach der Wahrscheinlichkeit des im Theaterstück vorgestellten Juden. Lessing setzt sich mit der Kritik 1754 in einem Zeitungsbeitrag öffentlich auseinander. Dieser ist so kennzeichnend für Lessings Aufklärung, für seine Absichten und für die Beziehung von Theater und historischer Wirklichkeit, ebenso in seiner bedeutungsvollen Zitierweise (dem Auszug der Michaelis-Kritik am Anfang und seinem Gegenstück, dem Briefabdruck am Ende), daß der Zeitungsartikel vollständig wiedergegeben werden soll:

Unter den Beifall, welchen die zwei Lustspiele in dem vierten Teile meiner Schriften gefunden haben, rechne ich mit Recht die Anmerkungen, deren man das eine, *Die Juden,* wert geschätzt hat. Ich bitte sehr, daß man es keiner Unleidlichkeit des Tadels zuschreibe, wenn ich mich eben jetzt gefaßt mache, etwas darauf zu antworten. Daß ich sie nicht mit Stillschweigen übergehe, ist vielmehr ein Zeichen, daß sie mir nicht zuwider gewesen sind, daß ich sie überlegt habe, und daß ich nichts mehr wünsche, als billige Urteile der Kunstrichter zu erfahren, die ich auch alsdenn, wenn sie mich unglücklicher Weise nicht überzeugen sollten, mit Dank erkennen werde.

Es sind diese Anmerkungen in dem 70ten Stücke der »Göttingschen Anzeigen von gelehrten Sachen« dieses Jahres gemacht worden, und in den »Jenaischen gelehrten Zeitungen« hat man ihnen beigepflichtet. Ich muß sie notwendig hersetzen, wenn ich denjenigen von meinen Lesern, welchen sie nicht zu Gesichte gekommen sind, nicht undeutlich sein will. »Der Endzweck dieses Lustspiels«, hat mein Hr. Gegner die Gütigkeit zu sagen, »ist eine sehr ernsthafte Sittenlehre, nämlich die Torheit und Unbilligkeit des Hasses und der Verachtung zu zeigen, womit wir den Juden meistenteils begegnen. Man kann daher dieses Lustspiel nicht lesen, ohne daß einem die mit gleichem Endzweck gedichtete Erzählung von einem ehrlichen Juden, die in Hrn. Gellerts ›Schwedischer Gräfin‹ stehet, beifallen muß. Bei Lesung beider aber ist uns stets das Vergnügen, so wir reichlich empfunden haben, durch etwas unterbrochen worden, das wir entweder zu Hebung des Zweifels oder zu künftiger Verbesserung der Erdichtungen dieser Art bekannt machen wollen. Der unbekannte Reisende ist in allen Stücken so vollkommen gut, so edelmütig, so besorgt, ob er auch seinem Nächsten Unrecht tun und ihn durch ungegründeten Verdacht beleidigen möchte, gebildet, daß es zwar nicht unmöglich, aber doch allzu unwahrscheinlich ist, daß unter einem Volke von den Grundsätzen, Lebensart und Erziehung, das wirklich die üble Begegnung der Christen auch zu sehr mit Feindschaft, oder wenigstens mit Kaltsinnigkeit gegen die Christen erfüllen muß, ein solches edles Gemüt sich gleichsam selbst bilden könne. Diese Unwahrscheinlichkeit stört unser Vergnügen desto mehr, je mehr wir dem edeln und schönen Bilde Wahrheit und Dasein wünscheten. Aber auch die mittelmäßige Tugend und Redlichkeit findet sich unter diesem Volke so selten, daß die wenigen Beispiele davon den Haß gegen dasselbe nicht so sehr mindern, als man wünschen möchte. Bei den Grundsätzen der Sittenlehre, welche zum wenigsten der größte Teil derselben angenommen hat, ist auch eine allgemeine Redlichkeit kaum möglich, sonderlich da fast das ganze Volk von der Handlung leben muß, die mehr Gelegenheit und Versuchung zum Betruge gibt, als andre Lebensarten.«

Man sieht leicht, daß es bei diesen Erinnerungen auf zwei Punkte ankömmt. Erstlich darauf, ob ein rechtschaffner und edler Jude an und vor sich selbst etwas Unwahrscheinliches sei; zweitens

Judenverbrennung. Holzschnitt aus dem 16. Jahrhundert

ob die Annehmung eines solchen Juden in meinem Lustspiele unwahrscheinlich sei. Es ist offenbar, daß der eine Punkt den andern hier nicht nach sich zieht; und es ist eben so offenbar, daß ich mich eigentlich nur des letztern wegen in Sicherheit setzen dürfte, wenn ich die Menschenliebe nicht meiner Ehre vorzöge, und nicht lieber eben bei diesem, als bei dem erstern verlieren wollte. Gleichwohl aber muß ich mich über den letztern zuerst erklären.

Habe ich in meinem Lustspiele einen rechtschaffnen und edeln Juden wider die Wahrscheinlichkeit angenommen? – – Noch muß ich dieses nur bloß nach den eignen Begriffen meines Gegners untersuchen. Er gibt zur Ursache der Unwahrscheinlichkeit eines solchen Juden die Verachtung und Unterdrückung, in welcher dieses Volk seufzet, und die Notwendigkeit an, in welcher es sich befindet, bloß und allein von der Handlung zu leben. Es sei; folgt aber also nicht notwendig, daß die Unwahrscheinlichkeit wegfalle, so bald diese Umstände sie zu verursachen aufhören? Wenn hören sie aber auf, dieses zu tun? Ohne Zweifel alsdann, wenn sie von andern Umständen vernichtet werden, das ist, wenn sich ein Jude im Stande befindet, die Verachtung und Unterdrückung der Christen weniger zu fühlen, und sich nicht gezwungen sieht, durch die Vorteile eines kleinen nichtswürdigen Handels ein elendes Leben zu unterhalten. Was aber wird mehr hierzu erfordert, als Reichtum? Doch ja, auch die richtige Anwendung dieses Reichtums wird dazu erfordert. Man sehe nunmehr, ob ich nicht beides bei dem Charakter meines Juden angebracht habe. Er ist reich; er sagt es selbst von sich, daß ihm der Gott seiner Väter mehr gegeben habe, als er brauche; ich lasse ihn auf Reisen sein; ja, ich setze ihn sogar aus derjenigen Unwissenheit, in welcher man ihn vermuten könnte; er lieset, und ist auch nicht einmal auf der Reise ohne Bücher. Man sage mir, ist es also nun noch wahr, daß sich mein Jude hätte selbst bilden müssen? Besteht man aber darauf, daß Reichtum, bessere Erfahrung, und ein aufgeklärterer Verstand nur bei einem Juden keine Wirkung haben könnten: so muß ich sagen, daß dieses eben das Vorurteil ist, welches ich durch mein Lustspiel zu schwächen gesucht habe; ein Vorurteil, das nur aus Stolz oder Haß fließen kann, und die Juden nicht bloß zu rohen Menschen macht, sondern sie in der Tat weit unter die Menschheit setzt. Ist dieses Vorurteil nun bei meinen Glaubensgenossen unüberwindlich, so darf ich mir nicht schmeicheln, daß man mein Stück jemals mit Vergnügen sehen werde. Will ich sie denn aber bereden, einen jeden Juden für rechtschaffen und großmütig zu halten, oder auch nur die meisten dafür gelten zu lassen? Ich sage es gerade heraus: noch alsdenn, wenn mein Reisender ein Christ wäre, würde sein Charakter sehr selten sein, und wenn das Seltene bloß das Unwahrscheinliche ausmacht, auch sehr unwahrscheinlich. – –

Ich bin schon allmählich auf den ersten Punkt gekommen. Ist denn ein Jude, wie ich ihn angenommen habe, vor sich selbst unwahrscheinlich? Und warum ist er es? Man wird sich wieder auf die obigen Ursachen berufen. Allein, können denn diese nicht wirklich im gemeinen Leben ebenso wohl wegfallen, als sie in meinem Spiele wegfallen? Freilich muß man, dieses zu glauben, die Juden näher kennen, als aus dem lüderlichen Gesindel, welches auf den Jahrmärkten herumschweift. – – Doch ich will lieber hier einen andern reden lassen, dem dieser Umstand näher an das Herz gehen muß; einen aus dieser Nation selbst. Ich kenne ihn zu wohl, als daß ich ihm hier das Zeugnis eines eben so witzigen, als gelehrten und rechtschaffnen Mannes versagen könnte. Folgenden Brief hat er bei Gelegenheit der göttingischen Erinnerung an einen Freund in seinem Volke, der ihm an guten Eigenschaften völlig gleich ist, geschrieben. Ich sehe es voraus, daß man es schwerlich glauben, sondern vielmehr diesen Brief für eine Erdichtung von mir halten wird; allein ich erbiete mich, denjenigen, dem daran gelegen ist, unwidersprechlich von der Authentizität desselben zu überzeugen. Hier ist er.

Mein Herr,

Ich überschicke Ihnen hier das 70. Stück der »Göttingschen gelehrten Anzeigen«. Lesen Sie den Artikel von Berlin. Die Herren Anzeiger rezensieren den 4ten Teil der Lessingschen Schriften, die wir so oft mit Vergnügen gelesen haben. Was glauben Sie wohl, daß sie an dem Lustspiele, *Die Juden,* aussetzen? Den Hauptcharakter, welcher wie sie sich ausdrücken, viel zu edel und viel zu großmütig ist. Das Vergnügen, sagen sie, das wir über die Schönheit eines solchen Charakters empfinden, wird durch dessen Unwahrscheinlichkeit unterbrochen, und endlich bleibt in unsrer Seele nichts, als der bloße Wunsch für sein Dasein übrig. Diese Gedanken machten mich schamrot. Ich bin nicht im Stande, alles auszudrücken, was sie mich haben empfinden lassen. Welche Erniedrigung für unsere bedrängte Nation! Welche übertriebene Verachtung! Das gemeine Volk der Christen hat uns von je her als den Auswurf der Natur, als Geschwüre der menschlichen Gesellschaft angesehen. Allein von gelehrten Leuten erwartete ich jederzeit eine billigere Beurteilung; von diesen vermutete ich die uneingeschränkte Billigkeit, deren Mangel uns insgemein vorgeworfen zu werden pflegt. Wie sehr habe ich mich geirrt, als ich einem jeden christlichen Schriftsteller so viel Aufrichtigkeit zutraute, als er von andern fordert.

In Wahrheit! mit welcher Stirne kann ein Mensch, der noch ein Gefühl der Redlichkeit in sich hat, einer ganzen Nation die Wahrscheinlichkeit absprechen, einen einzigen ehrlichen Mann aufweisen zu können? Einer Nation, aus welcher, wie sich der Verfasser der »Juden« ausdrückt, alle Propheten und die größesten Könige aufstanden? Ist sein grausamer Richterspruch gegründet? Welche Schande für das menschliche Geschlecht? Ungegründet? Welche Schande für ihn!

Ist es nicht genug, daß wir den bittersten Haß der Christen auf so manche grausame Art empfinden müssen; sollen auch diese Ungerechtigkeiten wider uns durch Verleumdungen gerechtfertiget werden?

Man fahre fort, uns zu unterdrücken, man lasse uns beständig mitten unter freien und glückseligen Bürgern eingeschränkt leben, ja man setze uns ferner dem Spotte und der Verachtung aller Welt aus; nur die Tugend, den einzigen Trost bedrängter Seelen, die einzige Zuflucht der Verlassenen, suche man uns nicht gänzlich abzusprechen.

Jedoch man spreche sie uns ab, was gewinnen die Herren Rezensenten dabei? Ihre Kritik bleibet dennoch unverantwortlich. Eigentlich soll der Charakter des reisenden Juden (ich schäme mich, wann ich ihn von dieser Seite betrachte) das Wunderbare, das Unerwartete in der Komödie sein. Soll nun der Charakter eines hochmütigen Bürgers, der sich zum türkischen Fürsten machen läßt, so unwahrscheinlich nicht sein, als eines Juden, der großmütig ist? Laßt einen Menschen, dem von der Verachtung der jüdischen Nation nichts bekannt ist, der Aufführung dieses Stückes beiwohnen; er wird gewiß während des ganzen Stückes für lange Weile gähnen, ob es gleich für uns sehr viele Schönheiten hat. Der Anfang wird ihn auf die traurige Betrachtung leiten, wie weit der Nationalhaß getrieben werden könne, und über das Ende wird er lachen müssen. Die guten Leute, wird er bei sich denken, haben doch endlich die große Entdeckung gemacht, daß Juden auch Menschen sind. So menschlich denkt ein Gemüt, das von Vorurteilen gereinigt ist.

Jüdischer Geldleiher. Holzschnitt aus dem 16. Jahrhundert

Nicht daß ich durch diese Betrachtung dem Lessingschen Schauspiele seinen Wert entziehen wollte: keineswegs! Man weiß, daß sich der Dichter überhaupt, und insbesondere wenn er für die Schaubühne arbeitet, nur nach der unter dem Volke herrschenden Meinung zu richten habe. Nach dieser aber muß der unvermutete Charakter des Juden eine sehr rührende Wirkung auf die Zuschauer tun. Und in so weit ist ihm die ganze jüdische Nation viele Verbindlichkeit schuldig, daß er sich Mühe gibt, die Welt von einer Wahrheit zu überzeugen, die für sie von großer Wichtigkeit sein muß.

Sollte diese Rezension, diese grausame Seelenverdammung nicht aus der Feder eines Theologen geflossen sein? Diese Leute denken der christlichen Religion einen großen Vorschub zu tun, wenn sie alle Menschen, die keine Christen sind, für Meuchelmörder und Straßenräuber erklären. Ich bin weit entfernt, von der christlichen Religion so schimpflich zu denken; das wäre ohnstreitig der stärkste Beweis wider ihre Wahrhaftigkeit, wenn man sie festzustellen alle Menschlichkeit aus den Augen setzen müßte.

Was können uns unsere strengen Beurteiler, die nicht selten ihre Urteile mit Blute versiegeln, Erhebliches vorrücken? Laufen nicht alle ihre Vorwürfe auf den unersättlichen Geiz hinaus, den sie vielleicht durch ihre eigene Schuld, bei dem gemeinen jüdischen Haufen zu finden, frohlocken? Man gebe ihnen diesen zu; wird es denn deswegen aufhören wahrscheinlich zu sein, daß ein Jude einem Christen, der in räuberische Hände gefallen ist, das Leben gerettet haben sollte? Oder wenn er es getan, muß er sich notwendig das edle Vergnügen, seine Pflicht in einer so wichtigen Sache beobachtet zu haben, mit niederträchtigen Belohnungen versalzen lassen? Gewiß nicht! Zuvoraus wenn er in solchen Umständen ist, in welche der Jude im Schauspiele gesetzt worden.

Wie aber, soll dieses unglaublich sein, daß unter einem Volke von solchen Grundsätzen und Erziehung ein so edles und erhabenes Gemüt sich gleichsam selbst bilden sollte? Welche Beleidigung! so ist alle unsere Sittlichkeit dahin! so regt sich in uns kein Trieb mehr für die Tugend! so ist die Natur stiefmütterlich gegen uns gewesen, als sie die edelste Gabe unter den Menschen ausgeteilt, die natürliche Liebe zum Guten! Wie weit bist du, gütiger Vater, über solche Grausamkeit erhaben!

Wer Sie näher kennt, teuerster Freund! und Ihre Talente zu schätzen weiß, dem kann es gewiß an keinem Exempel fehlen, wie leicht sich glückliche Geister ohne Vorbild und Erziehung emporschwingen, ihre unschätzbaren Gaben ausarbeiten, Geist und Herz bessern, und sich in den Rang der größten Männer erheben können. Ich gebe einem jeden zu bedenken, ob Sie, großmütiger Freund! nicht die Rolle des Juden im Schauspiel übernommen hätten, wenn Sie auf Ihrer gelehrten Reise in seine Umstände gesetzt worden wären. Ja ich würde une Nation erniedrigen, wenn ich fortfahren wollte, einzelne Exempel von edlen Gemütern anzuführen. Nur das Ihrige konnte ich nicht übergehen, weil es so sehr in die Augen leuchtet, und weil ich es allzuoft bewundere.

Überhaupt sind gewisse menschliche Tugenden den Juden gemeiner, als den meisten Christen. Man bedenke den gewaltigen Abscheu, den sie für eine Mordtat haben. Kein einziges Exempel wird man anführen können, daß ein Jude (ich nehme die Diebe von Profession aus) einen Menschen ermordet haben sollte. Wie leicht wird es aber nicht manchem sonst redlichem Christen, seinem Nebenmenschen für ein bloßes Schimpfwort das Leben zu rauben? Man sagt, es sei Niederträchtigkeit bei den Juden. Wohl! wenn Niederträchtigkeit Menschenblut verschont; so ist Niederträchtigkeit eine Tugend.

Wie mitleidig sind sie nicht gegen alle Menschen, wie milde gegen die Armen beider Nationen? Und wie hart verdient das Verfahren der meisten Christen gegen ihre Arme genennt zu werden? Es ist wahr, sie treiben diese beiden Tugenden fast zu weit. Ihr Mitleiden ist allzu empfindlich, und hindert beinah die Gerechtigkeit, und ihre Mildigkeit ist beinah Verschwendung. Allein, wenn doch alle, die ausschweifen, auf der guten Seite ausschweiften!

Ich könnte noch vieles von ihrem Fleiße, von ihrer bewundernswürdigen Mäßigkeit, von ihrer Heiligkeit in den Ehen hinzusetzen. Doch schon ihre gesellschaftliche Tugenden sind hinreichend genug, die »Göttingsche Anzeigen« zu widerlegen; und ich bedaure den, der eine so allgemeine Verurteilung ohne Schauern lesen kann.

Ich bin etc.

*
* *

Ich habe auch die Antwort auf diesen Brief vor mir. Allein ich mache mir ein Bedenken, sie hier drucken zu lassen. Sie ist mit zuviel Hitze geschrieben, und die Retorsionen [Erwiderungen] sind gegen die Christen ein wenig zu lebhaft gebraucht. Man kann es mir aber gewiß glauben, daß beide Korrespondenten auch ohne Reichtum Tugend und Gelehrsamkeit zu erlangen gewußt haben, und ich bin überzeugt, daß sie unter ihrem Volke mehr Nachfolger haben würden, wenn ihnen die Christen nur vergönnten, das Haupt ein wenig mehr zu erheben. – –

Der übrige Teil der göttingschen Erinnerungen, worinne man mich zu einem andern ähnlichen Lustspiele aufmuntert, ist zu schmeichelhaft für mich, als daß ich ihn ohne Eitelkeit wiederholen könnte. Es ist gewiß, daß sich nach dem daselbst angegebnen Plane ein sehr einnehmendes Stück machen ließe. Nur muß ich erinnern, daß die Juden alsdenn bloß als ein unterdrücktes Volk und nicht als Juden betrachtet werden, und die Absichten, die ich bei Verfertigung meines Stücks gehabt habe, größten Teils wegfallen würden.

(Lessing, Gesammelte Werke, hrsg. v. P. Rilla, Bd. III, S. 652–659)

[Anekdote: Um 1960 wollte eine Berliner Studententheatergruppe in Stockholm »Die Juden« aufführen. In der deutschen Botschaft meinte man dazu: ›Aber doch nicht so ein Stück!‹]

Moses Mendelssohn,
1729–1786

Moses Mendelssohn

Mit dem Verfasser des zitierten Briefes, Moses Mendelssohn, ist zugleich eine wichtige Freundschaft Lessings angesprochen. In Berlin lernte der freie Schriftsteller Anfang der
50er Jahre den gleichaltrigen Mendelssohn kennen. Wenn
man auch heute in der Nathan-Figur nicht mehr nur positi-
vistisch naiv Moses Mendelssohn sieht, so ist doch Lessings
intime Kenntnis der Not und der praktischen und schriftstellerischen Leistung dieses gescheiten und mutigen Juden
sicher eine der wichtigen Anregungen für den »Nathan«.
Lessing und Mendelssohn sollen sich beim Schachspiel ken-
nengelernt haben. Zu ihrem Gesprächszirkel gehörten bald
die anderen Berliner Freunde Lessings, die auch Freunde
Mendelssohns wurden: der Verleger Friedrich Nicolai und
der Schriftsteller und Poetiklehrer Karl Wilhelm Ramler.
Lessing gibt ohne Wissen Mendelssohns dessen »Philoso-
phische Gespräche« heraus; zusammen verfassen sie eine

Schrift über Alexander Pope; mit Mendelssohn und Nicolai diskutiert Lessing die neuen Möglichkeiten der Wirkung eines Trauerspiels, nachdem er das für die deutsche Literaturgeschichte epochemachende Drama »Miß Sara Sampson« bewußt als *bürgerliches* Trauerspiel verfaßt hatte, d. h. daß für die tragische Darstellung nun Charaktere mit bürgerlicher Tugend und Moral stehen können, was bis dahin Personen mit Gesinnungen des Adels vorbehalten war. Gemeinsam greifen die Freunde dann auch öffentlich für die Verbesserung der deutschen Literatur mit einer kritischen Aufklärungszeitschrift, den »Briefen, die neueste Literatur betreffend«, in den Literaturbetrieb ein.

Moses Mendelssohn war in den 50er und 60er Jahren zu *dem* berühmten Juden in Deutschland geworden. Seine flüssig und leicht geschriebenen philosophischen Schriften fanden überall Bewunderer, sein Eintreten für eine Verbesserung der Situation der Juden wirkte in vielen jüdischen Gemeinden. Ganz Aufklärer, vertrat Mendelssohn in der öffentlichen Diskussion den philosophischen Deismus, während er für sich auch streng auf die Einhaltung der orthodox-jüdischen Sabbath-Vorschriften achtete. Vielleicht weil Mendelssohn nur als öffentlich wirkender Philosoph so bekannt war, forderte ihn der schwärmerische Schweizer Theologe und Schriftsteller Lavater 1769 öffentlich auf, zum Christentum überzutreten. Mendelssohns Antwort basierte auf einer vorsichtigen, vernünftigen Argumentation und dem Toleranzgedanken. Er weist auf die unterschiedliche Erziehung und Gewöhnung Lavaters und seiner selbst hin und gibt zu bedenken, daß in einer Diskussion um die Vorzüge einer Religion »die Vernunft durch den leichtesten Schwung aus dem Gleise gehoben werden« könne. Für ihn sei es wichtig, daß seine jüdische Religion wie jede Religion in ihren sittlichen Maßstäben mit dem »Gesetze des Naturrechts« übereinstimme und damit eine »natürliche Religion« sei. Warum also sollte er sich von ihr trennen? Lessing bedauerte seinen Freund, der zu dieser Stellungnahme gezwungen wurde. »Nathan«-Parallelen hat die Mendelssohnsche Antwort gewiß.

In einer Anekdote findet sich in der Doppelbedeutung ihres Kernwortes eine weitere Analogie zum »Nathan«:

PFARRER Teller wollte Moses Mendelssohn zur Taufe überreden. Sie wechselten miteinander folgende Versbriefe, die auf der Doppelbedeutung des hebräischen Wortes ›haamin‹ = glauben und kreditieren basieren, die es ursprünglich auch im Deutschen und Lateinischen gab:

Teller: »An Gott, den Vater, glaubt Ihr schon,
So glaubt doch auch an seinen Sohn.
Ihr pflegt doch sonst bei Vaters Leben
Dem Sohne gern Kredit zu geben.«

Mendelssohn: »Wie könnten wir Kredit ihm geben,
Der Vater wird ja ewig leben!«

(Aus: S. Landmann, Der jüdische Witz. Olten, Freiburg i. B. 1973, S. 535)

Der Sekretär und Dramaturg

Bis Lessing jedoch in Wolfenbüttel 1770 Bibliothekar wird und 1779 den »Nathan« veröffentlicht, vergehen noch viele Jahre, in denen er in Breslau und Hamburg tätig ist. Es entstehen neben bedeutenden ästhetischen und gelehrten Arbeiten der Anti-Kriegs-Einakter »Philotas«, die »Minna von Barnhelm oder das Soldatenglück«, eine Komödie, in die seine Erfahrungen aus dem 3. Schlesischen Krieg (1756–1763) eingehen, und die im Selbstverlag erschienene »Hamburgische Dramaturgie«.

Dem in preußischen Diensten stehenden General Bogislaw Friedrich von Tauentzien, als dessen Sekretär Lessing arbeitete, unterstand während des Krieges u. a. die Aufsicht für die preußische Münzherstellung in Breslau. Lessing lernte dabei an der Quelle, wie in Kriegszeiten für die neu geprägten Münzen der Gehalt an Gold und Silber absichtlich kleiner gehalten wurde als vor dem Krieg, wie also der tatsächliche Geldwert bei gleichzeitiger Verteuerung vor allem des Grundnahrungsmittels Korn fällt. In Kamenz stieg der Kornpreis in wenigen Jahren um fast 50%. (Vgl. H. Scheller, Kamenz als Sechsstadt von der Gründung bis 1815, Kamenz o. J.,Seite 60)

Für den Sekretär Lessing aber waren die Breslauer Jahre beruhigend sorglos. Er verdiente gut, so gut, daß er sich eine Bibliothek von ungefähr 6000 Bänden anschaffen konnte. Neben den Sekretärsarbeiten führt er ein recht wechselvolles Leben, einerseits im geselligem Kreis von Soldaten beim

Schach- und Glücksspiel, andererseits im gelehrten Gespräch mit einem Historiker oder Schulrektor, dann wieder allein vertieft in die barocke Literatur oder in kirchengeschichtliche Studien.

Als er die Sekretariatsstelle beim General aufgab, dachte Lessing daran, als Leiter der Berliner Königlichen Bibliothek oder als Vorsteher einer der fürstlichen Antikensammlungen in Dresden oder Kassel eine neue Anstellung zu erhalten. Mit Vermittlungen und Empfehlungen reiste er, besuchte unterwegs Gelehrte und Freunde und übernahm schließlich die Dramaturgen- und Kritikerarbeit am (von einer Theatervereinigung neu gegründeten) Hamburger Nationaltheater, mit einem Jahresgehalt von 800 Talern. Zugleich begann er mit dem Schriftsteller Johann Joachim Bode in Hamburg ein risikoreiches Unternehmen. Er wollte von Verlagen unabhängig werden und verschiedene Projekte in der Druckerei von Bode verwirklichen, an dessen Geschäft er sich deshalb finanziell beteiligte. Das Gesellschafterkapital besorgte er sich aus der Versteigerung eines Teils seiner Bibliothek. Doch der freie und kritische, aufklärende Schriftsteller war nie auch Kaufmann; hatte Lessing Geld, gab er es mit vollen Händen aus, unterstützte bereitwillig andere, vor allem die ihn um Hilfe bittende Familie. So hatte er bald wieder finanzielle Sorgen und Schulden. Die guten Einnahmen als Sekretär konnte er mit seinen neuen Büchern und dem Hamburger Dramaturgen- und Kritikeramt nicht wieder erreichen. An den Büchern und Zeitschriften verdienten, wenn sie Erfolg hatten, der Erstverleger und die zum Teil mit landesherrlichen Vollmachten ausgestatteten anderen Verleger, die sich an den Erfolg anhängten und schon erschienene Werke ohne Erlaubnis und Gebühr räuberisch nachdruckten. Am Ende der »Hamburgischen Dramaturgie« wetterte er gegen den Raubdruck und verteidigte die Selbstverlage, womit er seine Arbeit an der Dramaturgie dann auch einstellte.

Die Verlagsbeteiligung machte ihn nicht nur reicher an Erfahrungen, sondern auch an Schulden. Mit dem Ertrag aus der Versteigerung seiner restlichen Bibliothek konnte er nur einen Teil dieser Schulden decken. Wieder einmal wollte Lessing nun auf und davon gehen, am liebsten nach

Italien – ein alter Wunsch. Seine Hamburger Freunde und Bekannten, Gelehrte, Schriftsteller, Pastoren und Kaufmannsfamilien hielten ihn nicht. In Italien plante er, die von ihm schon lang gepflegten Studien zur Kunst, Malerei und Literatur der Antike fortzusetzen. Da erreicht ihn durch Vermittlung eines Freundes das Angebot, in der berühmten Wolfenbüttler Bibliothek des Herzogs von Braunschweig – Voltaire zählte sie zu den Weltwundern – Bibliothekar zu werden. Lessing gab seine Italienpläne auf und nahm das Angebot an. Für die letzten elf Jahre seines Lebens wurde er Untertan des Herzogs, im höfischen Briefstil der Zeit ausgedrückt: »in tiefster Devotion Ehrwürdiger Durchlaucht untertänigster Knecht«, und bald auch verdächtig, Radikaler im herzoglichen Dienst zu sein.

Der Beamte

Von nun an unterstanden Lessing ein Sekretär, ein Bibliotheksdiener und weit mehr als 100000 Bücher, Handschriften und Drucke. Er selbst war dem Geheimen Rat, Kanzlei- und Konsistorialpräsidenten von Praun untergeordnet, der die Verwaltung des alten Herzogs Karl I. wesentlich bestimmte. Besonders zugetan war ihm zu Beginn seiner Arbeit in Wolfenbüttel der Erbprinz Karl Wilhelm Ferdinand, der 1780 Herzog wurde und schon ab 1770 politisch mitentschied.

Wolfenbüttel hatte zur Zeit von Lessings Amtsantritt an Bedeutung verloren. Braunschweig war siebzehn Jahre zuvor Residenzstadt geworden, die Hofhaltung mit Handwerkern und Kaufleuten, die gelehrte Schule, die wichtige Waisenhausbuchhandlung waren also knapp zwanzig Kilometer entfernt. In Wolfenbüttel lebten 5000 Einwohner, unter ihnen die Angehörigen einiger kirchlicher und juristischer Behörden des Landes, die den kritischen Gelehrten und Aufklärer als Störenfried betrachteten. Mit ihnen allerdings wollte der bis dahin an geselliges Leben und das Gespräch gewöhnte Lessing auch nicht viel zu tun haben. So war er auf Besuche angewiesen oder er mußte sich selbst auf den Weg machen, um lebendigere Gesellschaft, als es Bücher

Herzog Karl Wilhelm Ferdinand von Braunschweig 1735–1806

sind, zu finden. In holpriger ununterbrochener Kutschen-
fahrt konnte er in rund 36 Stunden in Hamburg sein; in
dieser Zeit fährt heute die Bahn von der Ostsee zur Adria.

Der Bibliothekar Lessing erhielt in Wolfenbüttel anfangs
600 Taler jährlich. Davon lebte er, zahlte seine restlichen
Hamburger Schulden ab und unterstützte seine Schwester
und die 1770 verwitwete Mutter mit 50 Talern im Jahr.
Die gelehrten historischen, theologiekritischen und dichterischen Arbeiten brachten zusätzliche Einnahmen. Von ihnen und von einer neuen Ausgabe seiner gesammelten
Werke erhoffte er sich so viel, daß er den Berliner Verleger
Voß um Geld bitten konnte, das er mit 200 Talern jährlich
zu begleichen beabsichtigte. Glücklos versuchte er sich immer wieder im Hamburger oder Braunschweiger Lotterie-
spiel. Nach mehrmaligen Gehaltsvorschüssen und nach einem Angebot vom Erbprinzen, zum Bibliothekariat eine

Hofratsstelle dazuzubekommen, welche die »Geschichte und die Rechte des Hauses« Braunschweig betreffen sollte – der Erbprinz kam nie mehr darauf zurück und Lessing wartete vergeblich –, gingen Angebote aus Wien und Mannheim ein, zu denen sich Lessing abwartend verhielt, mit denen sich jedoch erhebliche finanzielle Verbesserungen hätten ergeben können. Er forderte in Wien 2000 Taler Gehalt, eben das, was der Leiter der Königlichen Bibliothek, des Münz- und Antikenkabinetts, jährlich bekam. Schließlich blieb Lessing aber in Wolfenbüttel, nachdem er sich in Wien und Mannheim umgesehen hatte. Die erste indirekte Bitte um Gehaltserhöhung übermittelte Lessing dem Herzog schon 1772. In seinem in Wolfenbüttel fertiggestellten Trauerspiel »Emilia Galotti« tritt im ersten Akt dem launisch und willkürlich über Tod und Leben verfügenden Prinzen ein Maler gegenüber, der auf die Frage, was die Kunst mache, antwortet: »Prinz, die Kunst geht nach Brot.« Der Prinz antwortet: »Das muß sie nicht; das soll sie nicht, – in meinem kleinen Gebiete gewiß nicht . . .«

Das Theaterstück schrieb Lessing absichtlich so fertig, daß es zum Geburtstag der Herzogin Philippe Charlotte am 13. März 1772 in Braunschweig aufgeführt werden konnte. Später besserte man sein Gehalt erheblich auf. In den letzten Jahren verdiente er um fünfzig Prozent mehr und bekam zusätzlich Brennholz. Der Hofrattitel brachte nichts ein. Lessing nahm ihn an, um dem alten Herzog gegenüber nicht undankbar zu erscheinen.

Gehälter nach den Kammerabrechnungen für das Rechnungsjahr von Trinitatis 1778 bis Trinitatis 1779:

Der Geheime Rath, Canzley= und Consistorial-
Präsident von Praun . . .   2200 Taler
und für 213¹/₃ Taler Holz

Der Geheime Rath, Oberhofmarschall und Oberkammerherr von
Münchhausen . . .   2000 Taler

Der Geheime Rath von Flögen   600 Taler

»Auf Besoldung der Bediente bey der Fürstl.
Bibliothec . . . Bibliothecarius, Hofrath Lessing,
Besoldung   900 Taler
16 Klafter 6 füßig buchen Brennholz à 3 Taler . . .   48 Taler
. . .
Secretarius v. Cichin, Besoldung   500 Taler
Noch statt freyen Brennholzes . . .   18 Taler
. . .
Bibliothec=Diener Helms«
. . . (4 mal 31 Taler 9 Groschen = 125 Taler)

(Niedersächs. Staatsarchiv Wolfenbüttel 17, III, Alt 225)

Der Bücheretat der Bibliothek betrug 200 Taler; für die drei an der Bibliothek Arbeitenden und für Bücherneuanschaffungen gab das Herzogtum weniger aus als für den ersten und wichtigsten Geheimen Rat von Praun. Manches Schmuckstück für die Herzogin wird ein Vielfaches gekostet haben. Die Bibliothek hatte unter früheren Herzögen bessere Zeiten gesehen und konnte nun mit der 40 Jahre alten Göttinger Universitätsbibliothek nicht mehr konkurrieren.

Die Gehaltserhöhung war auch für Lessings private Lebensumstände wichtig. Nach langer Verlobungszeit heiratete er die Hamburger Kaufmannswitwe Eva König. Nach fünfzehn Monaten glücklicher Ehe kam ein Sohn zur Welt, der zwei Tage später starb, und wenige Tage danach war auch Eva Lessing tot. Dazu schrieb Lessing an seinen Braunschweiger Gelehrtenfreund Eschenburg:

Mein lieber Eschenburg,

Ich ergreife den Augenblick, da meine Frau ganz ohne Besonnenheit liegt, um Ihnen für Ihren gütigen Anteil zu danken. Meine Freude war nur kurz: Und ich verlor ihn so ungern, diesen Sohn! denn er hatte so viel Verstand! so viel Verstand! – Glauben Sie nicht, daß die wenigen Stunden meiner Vaterschaft mich schon zu so einem Affen von Vater gemacht haben! Ich weiß, was ich sage. – War es nicht Verstand, daß man ihn mit eisern Zangen auf die

Welt ziehen mußte? daß er so bald Unrat merkte? – War es nicht Verstand, daß er die erste Gelegenheit ergriff, sich wieder davon zu machen? – Freilich zerrt mir der kleine Ruschelkopf auch die Mutter mit fort! – Denn noch ist wenig Hoffnung, daß ich sie behalten werde. – Ich wollte es auch einmal so gut haben, wie andere Menschen. Aber es ist mir schlecht bekommen.

Lessing.

Lieber Eschenburg,

Meine Frau ist tot: und diese Erfahrung habe ich nun auch gemacht. Ich freue mich, daß mir viel dergleichen Erfahrungen nicht mehr übrig sein können zu machen; und bin ganz leicht. – Auch tut es mir wohl, daß ich mich Ihres, und unsrer übrigen Freunde in Braunschweig, Beileids versichert halten darf.

Wolfenb.,   Der Ihrige
den 10. Jenner 1778   Lessing.

(Lessing, Gesammelte Werke, hrsg. v. P. Rilla, Bd. IX, 765f. u. 768)

Eva König. Gemälde von Georg Desmarées

Das unmittelbare Vorspiel zum »Nathan«:
Die theologischen Auseinandersetzungen

Zu dieser Zeit begann Lessing eine heftige Fehde mit protestantischen Theologen in Deutschland. Seine theologiekritischen Arbeiten wirbelten fast im ganzen deutschen Sprachgebiet protestantisch orthodoxen Staub auf. Aus Furcht, die Reichsbehörden könnten auch noch zu husten anfangen, verbot die herzogliche Zensur Lessing, weiter öffentlich zu wirken.

Die Vorgeschichte: Einige Zeit, nachdem Lessing seine Arbeit in Wolfenbüttel aufgenommen, schon die ersten kritischen Arbeiten veröffentlicht und das neue Trauerspiel, seine »Emilia Galotti«, fast abgeschlossen hatte, erhielt er für den Druck weiterer Arbeiten zunächst Zensurfreiheit:

> *Resolutio für den Bibliothecarium Lessing*
> *zu Wolfenbüttel den Druck der Beyträge*
> *zur Literatur etc. betreffend.*

Der durchlauchtigste Fürst und Herr: *Tit. Serenissimi:* lassen dem *Bibliothecario Lessing* zu Wolfenbüttel auf dessen unterthänigstes Gesuch, daß ihm gnädigst verstattet werden möge, das von ihm verfertigte Werk unter dem Titul: Beyträge zur Literatur, aus den Schätzen der Herzogl. *Bibliothec* zu Wolfenbüttel, durch den Druck herausgeben zu dürfen, hiedurch zur gnädigsten *Resolution* erteilen: daß dem Supplicanten das gebetene gnädigst gestattet seyn soll, wie denn auch derselbe solches Werk unter seinen Augen daselbst drucken lassen kann; da man von dem Supplicanten wol versichert ist, daß er nichts werde drucken lassen, was die Religion und guten Sitten beleidigen könne: so soll derselbe auch ebenfalls vor dieses mahl von der sonst gewöhnlichen *Censur,* gegen Vorzeigung dieses, gnädigst *dispensiret* seyn.
Urkundl. Braunschweig, d. 13ten Febr. 1772.

C.

(O. v. Heinemann, Zur Erinnerung an G. E. Lessing. Briefe u. Aktenstücke . . . Leipzig 1870, S. 51 f.)

Im zitierten Erlaß des Herzogs wird eine neue Zeitschriftenfolge Lessings genannt, seine »Beiträge zur Literatur aus den Schätzen der Herzoglichen Bibliothek zu Wolfenbüttel«, kurz die »Wolfenbütteler Beiträge«. Damit setzte er seine Aufklärungsabsicht zunächst in einer Form fort, die an seine frühen »Rettungen« anschloß. Vor der doch noch zustandegekommenen Italienreise veröffent-

Die alte Wolfenbüttler Bibliothek

lichte er 1774 und nachher 1777 Ausschnitte eines Manuskripts des 1768 verstorbenen Hamburger Gymnasialprofessors Hermann Samuel Reimarus. Mit Rücksicht auf dessen Familie nannte Lessing den Verfasser nicht, gab die Texte mit Vor- und Nachworten heraus und nahm es auf sich, daß sich alle Proteste gegen ihn als Herausgeber richteten. Der Verfasser dieser »Apologie oder Schutzschrift der vernünftigen Verehrer Gottes« wurde am Anfang des 19. Jahrhunderts offiziell von der Familie Reimarus bekannt gegeben, die Schrift wurde erst 1972 vollständig veröffentlicht.

Was eigentlich Anstoß erregte, läßt heute der Reimarus-Titel nur ahnen. In Schutz genommen werden sollten »vernünftige Verehrer Gottes«, also Philosophen, Theologen und Anhänger des Aufklärungsdeismus, die ihre Glaubens- und Weltvorstellungen nicht mehr von kirchlichen Glaubensvorschriften und dem Offenbarungstext der Bibel, sondern allein von Vernunft und Erfahrung ableiteten. Lessings Auswahl trug den Titel »Fragmente eines Unbekannten«. Das erste Fragment forderte »Duldung der Deisten«, also Toleranz gegenüber all denen, die sich auf Grund ihrer Aufklärungseinsichten nicht oder nicht mehr voll zu einer besonderen Offenbarungsreligion bekennen. In den nächsten Fragmenten folgten die rationalistischen Begründungen, es wurden zentrale Teile des Alten und Neuen Testaments in ihrer heilsgeschichtlichen Bedeutung bestritten. Jesus sei nicht Sohn Gottes, er habe lediglich die Messiaserwartung und Endzeitvorstellungen seiner Zeit ausgenutzt; das wichtigste Dogma der christlichen Religion, die Auferstehungsgeschichte Jesu, wurde als egoistische Erfindung der Jünger hingestellt; die Bibel sei auch nicht durch das Wirken des Heiligen Geistes entstanden, sondern als profane historische Erzählung von Menschen einer Generation nach dem Tod Jesu zu schreiben begonnen worden; auf den Kanzeln also predige man immer noch die unwahrscheinlichsten Geschichten, die das Volk unmündig und intolerant hielten.

Lessings Meinung ist nicht mit der in den Fragmenten geäußerten gleichzusetzen. Er veröffentlichte die deistischen, bibelkritischen Vorstellungen, um sie öffentlich diskutieren zu können. Seine »Gegensätze« beginnen folgendermaßen:

Und nun genug dieser Fragmente! – Wer von meinen Lesern mir sie aber lieber ganz geschenkt hätte, der ist sicherlich *furchtsamer*, als *unterrichtet*. Er kann ein sehr *frommer* Christ sein, aber ein sehr *aufgeklärter* ist er gewiß nicht. Er kann es mit seiner Religion herzlich gut *meinen:* nur müßte er ihr auch mehr *zutrauen*.

Denn wie vieles läßt sich noch auf alle diese Einwürfe und Schwierigkeiten antworten! Und wenn sich auch schlechterdings nichts darauf antworten ließ: was dann? Der gelehrte Theolog könnte am Ende darüber verlegen sein: aber auch der Christ? Der gewiß nicht. Jenem höchstens könnte es zur Verwirrung gereichen, die Stützen, welche er der Religion unterziehen wollen, so erschüttert zu sehen; die Strebepfeiler so niedergerissen zu finden, mit welchen er, wenn Gott will, sie so schön verwahrt hatte. Aber was gehen den Christen dieses Mannes Hypothesen und Erklärungen und Beweise an? Ihm ist es doch einmal da, das Christentum, welches er so wahr, in welchem er sich so selig *fühlet* – . . .

Kurz: der Buchstabe ist nicht der Geist; und die Bibel ist nicht die Religion. Folglich sind Einwürfe gegen den Buchstaben, und gegen die Bibel, nicht eben auch Einwürfe gegen den Geist und gegen die Religion.

Denn die Bibel enthält offenbar mehr als zur Religion Gehöriges: und es ist bloße Hypothes, daß sie in diesem mehrern gleich unfehlbar sein müsse. Auch war die Religion, ehe eine Bibel war. Das Christentum war, ehe Evangelisten und Apostel geschrieben hatten. Es verlief eine geraume Zeit, ehe der erste von ihnen schrieb; und eine sehr beträchtliche, ehe der ganze Kanon zu Stande kam. Es mag also von diesen Schriften noch so viel abhängen: so kann doch unmöglich die ganze Wahrheit der Religion auf ihnen beruhen. . . . Die Religion ist nicht wahr, weil die Evangelisten und Apostel sie lehrten: sondern sie lehrten sie, weil sie wahr ist. Aus ihrer innern Wahrheit müssen die schriftlichen Überlieferungen erklärt werden, und alle schriftliche Überlieferungen können ihr keine innere Wahrheit geben, wenn sie keine hat.

Dieses also wäre die allgemeine Antwort auf einen großen Teil dieser Fragmente . . .

(Lessing, Gesammelte Werke, hrsg. v. P. Rilla, Bd. VIII, S. 812 f.)

Mit der Veröffentlichung der Reimarus-Fragmente und des »Nachwortes« war Lessing Aufklärer; zugleich ging er aber einen Schritt über die Aufklärung hinaus. Nicht nur die Autorität des biblischen Buchstabens und der Kirche wurde im Vernunftsinn der Aufklärung geleugnet; er fügte dem das »Fühlen« des einzelnen Christenmenschen angesichts einer Gewißheit von »innerer Wahrheit« hinzu – ein Grundgedanke des modernen Subjektivismus. In der Polari-

tät und dem Zusammenwirken von »Kopf« und »Herz«
gehen Aufklärung und ihre Relativierung in den »Nathan«
ein.

Mit dieser Position forderte Lessing zwei Parteien der
Zeit zugleich heraus, die reinen Aufklärer, die, wie er
meinte, das Kind mit dem Bade ausschütteten, und die alten orthodoxen Theologen und Pastoren. Von nun an hätte
Lessing einen ›Zweifrontenkrieg‹ führen müssen, und er
war auch darauf gefaßt. Später fand man in seinem Nach-
laß viele, teilweise schon weit ausgearbeitete Gegenstücke
zu der tatsächlich nur in eine Richtung zielenden öffentlichen Auseinandersetzung mit dem Hamburger Hauptpastor Johann Melchior Goeze, ein in der unabhängigen
Kaufmannsstadt und über sie hinaus einflußreicher Pfarrer
und gelehrter Vertreter des orthodoxen lutherischen Protestantismus.

Der Streit mit Goeze begann mit einem Vorgeplänkel.
Lessing schrieb zunächst kurze Stücke gegen die entrüsteten
Äußerungen aus seiner Nachbarschaft, gegen den Hanno-
veraner Superintendenten und Gymnasialdirektor Johann
Daniel Schumann und gegen den Wolfenbüttler Superinten-

J. Melchior Goeze
1717–1786

denten Johann Heinrich Reß. [Superintendent ist der in einigen evangelischen Landeskirchen eingesetzte oberste Aufsichtsbeamte.]

Goeze schloß sich an dieses Vorgeplänkel an und veröffentlichte in rascher Folge vom Winter 1777/78 an zunächst Artikel in den »Freiwilligen Beiträgen«, einer Beilage zu einer Hamburger Zeitung, darauf im »Reichs-Postreuther«, Altona, schließlich, ältere Stücke wiederholend, in Buchform »Etwas Vorläufiges gegen des Herrn Hofrath Leßings mittelbare und unmittelbare feindselige Angriffe auf unsre allerheiligste Religion, und auf den einigen Lehrgrund derselben, die heilige Schrift«, Hamburg 1778, und »Leßings Schwächen«, Hamburg 1778. Lessing antwortete, sobald ihm wieder ein Schriftstück zugeschickt wurde, zunächst mit »Eine Parabel. Nebst einer kleinen Bitte und einem eventualen Absagungsschreiben an den Herrn Pastor Goeze, in Hamburg« und

Etwas Vorläufiges
gegen
des Herrn Hofraths Leßings
mittelbare und unmittelbare
feindselige Angriffe
auf
unsre allerheiligste Religion,
und
auf den einigen Lehrgrund derselben,
die heilige Schrift,
von
Johan Melchior Goeze,
Hauptpastor an der St. Catharinen-Kirche
in Hamburg.

Hamburg.
Gedruckt und zu bekommen bey D. A. Harmsen.
1778.

dann bald mit elf kurzen Stücken, den berühmten »Anti-Goeze«. Der öffentliche Streit wurde scharf, polemisch und teilweise satirisch mit bis ins Private gehenden Angriffen geführt. Im gesamten deutschen Sprachraum schließen sich Streitschriften an, die vor allem Goeze unterstützen, was nicht verwunderlich war, weil der Hamburger Pastor schon in einer seiner ersten Schriften scharfsinnig erkannt hatte, daß die orthodoxe Ordnung der Kirche im festen Bündnis mit dem absolutistischen Staat steht und fällt, daß also ein Angriff auf die Kirche zugleich den staatlichen Institutionen gilt.

Die Fragmente eines Ungenannten, welche der Herr Hofrath *Leßing* durch den Druck der Welt mitgetheilet, sonderlich das fünfte unter denselben, in welchem der Verfasser die Wahrheit der Auferstehung Christi zu stürzen, und die Apostel als die ärgsten Betrüger und Lügner darzustellen sucht, sind gewis *das ärgste,* was man denken kan. Nur derjenige kan Unternehmungen von dieser Art als etwas gleichgültiges ansehen, der die christliche Religion entweder für ein leeres Hirngespinst, oder gar für einen schädlichen Aberglauben hält, und der nicht eingesehen hat, oder nicht einsehen wil, daß die ganze Glückseligkeit der bürgerlichen Verfassung unmittelbar auf derselben beruhe, oder der den Grundsatz hat: *Sobald ein Volk sich einig wird, Republik seyn zu wollen, so darf es* [Eine hierzu gehörige Anmerkung folgt am Ende] folglich die biblischen Aussprüche, auf welchen die Rechte der Obrigkeit beruhen, als Irthümer verwerfen.

(»Etwas Vorläufiges . . .« In: Goezes Streitschriften gegen Lessing. Hrsg. v. E. Schmidt, Stuttgart 1893, Reprint Nendeln, Lichtenst. 1968, S. 24)

Zu diesem Stück schrieb Goeze die genannte ›Anmerkung‹, die an Deutlichkeit nichts zu wünschen läßt. Die staatlichen Behörden werden darauf aufmerksam gemacht, was Lessing oder etwa der Theologe und freigeistige Schriftsteller Karl Friedrich Bahrdt veröffentlichen, daß sie Gesinnungen zeigten, wie sie in Zeiten der römischen Antike oder der Münsteraner Wiedertäuferbewegung im 16. Jahrhundert schon einmal zu staatlichen Umstürzen, zu Revolutionen geführt hätten:

. . . Man wird über die närrischen Einfälle eines Witzlings lachen: und ich lache auch über dieselben; allein fehlt es denn in der Geschichte an Beyspielen, daß der Same der Rebellion, wenn er auch durch die Hände eines Gecken ausgestreuet worden, Wurzel geschlagen, und verderbliche Früchte getragen hat? Wer waren

Krechting, Knipperdolling, Johan von Leyden? Wer war Ignatius Loyola? und was für eine Societat hat ihm ihren Ursprung zu danken? Man wird sagen, mit solchen Narren macht man in unsern Tagen kurzen Proces. Die gegenwartige Einrichtung unsers Militair-Etats und der Kriegszucht läst sie nicht aufkommen. Gut! aber ist es denn nicht auch möglich, daß auch Officier und Soldaten von einem Brutussinne angesteckt werden können? Ist unsre Kriegeszucht besser eingerichtet, als die ehemalige römische war? Unsre Monarchen sind Gottlob sicher, daß ihre Garden die Wege nie betreten werden, auf welchen ehemals die prätorianische Leibwache die souveraine Macht an sich gerissen hatte, und, nach ihrem Wohlgefallen Kaysern den Hals brach, und andre auf den Thron setzte; allein woher entspringt ihre Sicherheit und die Treue, welche sie von ihren Kriegern erwarten, und wirklich bey ihnen finden? daher, weil solche Christen sind. Sind sie es gleich nicht alle im schärfsten Verstande; so sind doch die Grundgesetze der christlichen Religion von dem Rechte der Obrigkeit, und von der Pflicht der Unterthanen, zu tief in ihre Herzen geprägt, als daß es ihnen so leicht, als den Heyden, werden solte, solche daraus zu vertilgen. Werden sie aber Christen bleiben? wird nicht mit der Ehrerbietung gegen die heil. Schrift und Religion, auch zugleich die Bereitwilligkeit ihren Oberherren den schuldigen Gehorsam zu leisten, und der Abscheu gegen Rebellion, in ihren Herzen ausgelöschet werden, wenn es jedem Witzlinge und Narren frey stehet, mit der christlichen Religion und mit der Bibel vor den Augen des ganzen christlichen Publici das dolkühnste Gespötte zu treiben? Ich habe die Hofnung zu Gott, daß die Zeit nahe sey, welche diesem unsinnigen Unfuge ein Ende machen wird, und daß große Herren, um ihrer eignen Sicherheit willen, oder wenigstens zu verhüten, daß sie, als Gottes Stathalter, als Liebhaber des Lebens, nicht nöthig haben mögen, Schwerdt und Rad, zur Rache über die Uebelthäter gebrauchen zu dürfen, solchen Thoren und den verwegenen Ausbrüchen ihres Unsins, Grenzen setzen werden. Dabey kan es verständigen und gesetzten Männern vergönt bleiben, bescheidne Einwürfe gegen die christliche Religion, und selbst gegen die Bibel, zu machen. Es wird solches nötig seyn, um die Lehrer in Othem zu erhalten, und solche Zeiten der Ruhe zu verhüten, unter welchen die Christenheit von dem 9ten bis zum 15ten Jahrhundert beynahe völlig zu Grunde gegangen wäre. Nur müßte solches nicht, ohne besondere wichtige Ursachen, in einer andern Sprache, als in der Sprache der Gelehrten geschehen, und der angreifende Theil müßte die Freyheit nicht haben, die heiligen Männer Gottes, von welchen die ganze Christenheit glaubt, daß sie geredet und geschrieben haben, getrieben von dem heiligen Geiste, als Dumköpfe, als Bösewichter, als Leichenräuber zu lästern.

Ich hoffe zugleich, daß die Zeitungsschreiber, welche so unersetzlichen Schaden thun, und die verderblichsten Grundsätze unter dem großen Haufen verbreiten, durch ihre, nun beynahe auf das höchste gestiegne Verwegenheit selbst, große Herren und andre Obrigkeiten auffordern werden, ihnen Zaum und Gebis anzulegen.

Die Schrift, von welcher ich vorher geredet, in welcher ein solcher giftiger Same der Rebellion ausgestreuet, ja in welcher einer der größesten Monarchen des Erdbodens nahmentlich auf die dol- kühnste Art angegriffen worden, ist in einer Menge von Zeitun- gen, Buchhändler-Zeitungen sowohl als andern, als ein Wunder angepriesen worden. Ja die Zeitungsschreiber gehen so weit, daß sie selbst den allerhöchsten Kayserlichen Rescripten Hohn spre- chen. In allen hiesigen und benachbarten Zeitungen standen unter den 6 Merz die Kayserlichen Verordnungen, nach welchen *Bahrdts Neue Offenbarungen* unterdrücket, und beyseite geschaffet wer- den solten. Und eine gewisse Zeitung, welche die Worte: mit *al- lergnädigsten Kayserl. Privilegio*, an der Stirne führet, bietet dieses Buch unterm 16 Merz zum öffentlichen Verkaufe aus. Höher kan der Frevel doch wohl nicht steigen.

(*»Etwas Vorläufiges . . .«* In: Goezes Streitschriften, S. 70–72)

Auszüge von Lessings Antworten, seinen »Axiomata« und den ersten beiden »Anti-Goeze«:

> *Die Bibel enthält offenbar mehr,*
> *als zur Religion gehöret.*

Dieses geschrieben zu haben darf mich nicht reuen. Aber darauf geantwortet haben, wie der Hr. Pastor *Goeze* darauf antwortet, möchte ich um alles in der Welt nicht.

»In diesem Satze«, antwortet er, »liegen zwei Sätze. Einmal: die Bibel enthält das, was zur Religion gehört. Zweitens: die Bibel ent- hält mehr, als zur Religion gehört. In dem ersten Satze räumt der Hr. H.(erausgeber) das ein, was er in dem vorhergehenden geleug- net hat. Enthält die Bibel das, was zur Religion gehört: so enthält sie die Religion objektive selbst.«

Ich erschrecke! Ich soll geleugnet haben, daß die Bibel die Reli- gion *enthalte?* Ich? Wo das? Gleich in dem Vorhergehenden? Doch wohl nicht damit, daß ich gesagt habe: die Bibel ist nicht die Reli- gion? damit?

Lieber Herr Pastor, wenn Sie mit allen Ihren Gegnern so zu Werke gegangen sind! Ist denn *sein* und *enthalten* einerlei? Sind es denn ganz identische Sätze: die Bibel *enthält* die Religion; und die Bibel *ist* die Religion? Man wird doch nimmermehr in Hamburg den ganzen Unterschied zwischen *Brutto* und *Netto* wollen streitig machen? Da, wo so viele Waren ihre bestimmte *Tara* haben, wollte man mir auf die h. Schrift, auf eine so kostbare Ware, nicht auch eine kleine Tara gut tun? – Nun, nun; der Hr. Pastor ist auch wirklich so *unkaufmännisch!*

. . . Was andere *auch gute* lutherische Theologen von ganzen Schriften der Bibel behauptet haben, darf ich doch wohl von ein- zeln Nachrichten in dieser und jener Schrift behaupten? . . .

(Lessing, Gesammelte Werke, hrsg. v. P. Rilla, Bd. VIII, a.a.O., S. 168 f.)

Gotth. Ephr. Lessings

nöthige Antwort

auf eine

sehr unnöthige Frage

des Herrn Hauptpastor Goeze, in Hamburg.

Wolfenbüttel 1778.

ANTI-GOEZE

D. i. Notgedrungener Beiträge
zu den
»Freiwilligen Beiträgen« des Hrn. Past. Goeze

ERSTER
(Gott gebe, letzter!) . . .

Lieber Herr Pastor.

Poltern Sie doch nicht so in den Tag hinein: Ich bitte Sie. – Ich gehe ungern daran, daß ich meiner *Absage* schon so bald nachleben muß. Aber Sie glaubten wohl sonst, es sei mein Ernst nicht. – Sehen Sie also, welchen Plan zu meiner Fehde gegen Sie ich hiermit anlege. Auch schließen Sie auf den Ton aus dem Lemma (Motto, Leitspruch) des Tertullian, und den fernern Worten, die bei ihm folgen. *Überschreien* können Sie mich alle acht Tage: Sie wissen, wo. *Überschreiben* sollen Sie mich gewiß nicht.

Gott weiß es, ich habe nichts dagegen, daß Sie und alle Schulrektores in Niedersachsen gegen meinen Ungenannten zu Felde ziehen. Vielmehr freue ich mich darüber; denn eben darum zog ich ihn an das Licht, damit ihn recht viele prüfen, recht viele widerlegen könnten. Ich hoffe auch, er wird noch Zeit genug unter die rechten Hände kommen, unter welchen er mir noch nicht zu sein scheinet: und so dann glaube ich wirklich der christlichen Religion durch seine Bekanntmachung einen größern Dienst erwiesen zu haben, als Sie, mit allen Ihren Postillen und Zeitungen.

Wie? weil ich der christlichen Religion mehr zutraue, als Sie, soll ich ein Feind der christlichen Religion sein? Weil ich das Gift, das im Finstern schleichet, dem Gesundheitsrate anzeige, soll ich die Pest in das Land gebracht haben? Denn kurz, Herr Pastor – Sie irren sich sehr, wenn Sie glauben, daß der Ungenannte ganz aus der Welt geblieben wäre, wenn ich ihm nicht herein geholfen hätte. Vernehmen Sie, daß das Buch ganz existieret, und bereits in mehrern Abschriften existieret, wovon, ich weiß nicht wie, nur Fragmente des *ersten Entwurfs* sich in die Bibliothek verlaufen haben, die ich der Welt freilich nutzbarer hätte machen können, wenn ich alle darin befindlichen plattdeutsche Bibeln von Wort zu Wort für Sie konferieret (verglichen) hätte. [Goeze hatte Lessing brieflich gebeten, ihm für seine ›Historie der Niedersächsischen Bibeln‹ einige Angaben über eine in der Wolfenbüttler Bibliothek vorhandene Bibel zu machen. Lessing ließ die Anfrage unbeantwortet. Goeze hatte das als absichtliche Vernachlässigung empfunden.]

Versichern Sie indes nicht selbst, daß diese *leidigen* Fragmente schon ein paar Werke hervorgebracht haben, deren Nutzen den besorglichen Schaden derselben unendlich überwiege? Und ich sollte desfalls ein Reichshofratskonklusum zu besorgen haben? Vielmehr verspreche ich mir eine Belohnung von dem Reichshofrate, so bald es nicht bloß die traurige Pflicht des Reichshofrats sein wird, Unrecht zu steuern, und böse Handlungen zu ahnden, – so bald aufgeklärtere tugendhaftere Zeiten, wie wir unter einem *Joseph II.* sie uns immer mehr und mehr versprechen dürfen, auch dem Reichshofrate Muße und Stoff geben werden, verborgene Tugend aufzusuchen, und gute Taten zu belohnen. Bis dahin hat es wenigstens keine Not, daß nur *einer* in den ersten Gerichten des Reichs sein sollte, der so dächte – wie *Goeze.*

Schön, vortrefflich, ganz in Luthers Geiste ist es von diesem lutherschen Pastor gedacht, daß er den Reichshofrat zu einem Schritte gern verhetzen möchte, der, vor zweihundertundfunfzig Jahren mit Ernst getan, uns um alle Reformation gebracht hätte! Was hatte Luther für Rechte, die nicht noch jeder Doktor der Theologie hat? Wenn es itzt keinem Doktor der Theologie erlaubt sein soll, die Bibel aufs neue und so zu übersetzen, wie er es vor Gott und seinem Gewissen verantworten kann: so war es auch Luthern nicht erlaubt. Ich setze hinzu: so war es Luthern noch weniger erlaubt. Denn Luther, als er die Bibel zu übersetzen unternahm, arbeitete eigenmächtig gegen eine von der Kirche angenommene Wahrheit: nämlich gegen die, daß es besser sei, wenn die Bibel von dem gemeinen Manne in seiner Sprache nicht gelesen werde. Den Ungrund dieses von seiner Kirche für wahr angenommenen Satzes mußte er erst erweisen; er mußte die Wahrheit des Gegensatzes erst erfechten; er mußte sie als schon erfochten voraussetzen: ehe er sich an seine Übersetzung machen konnte. Das alles braucht ein itziger protestantischer Übersetzer nicht; die Hände sind ihm durch seine Kirche weniger gebunden, die es für einen Grundsatz annimmt, daß der gemeine Mann die Bibel in seiner Sprache lesen dürfe, lesen müsse, nicht genug lesen könne. Er tut also etwas, was ihm niemand streitig macht, *daß* er es tun könne: anstatt daß Luther etwas tat, wobei es noch sehr streitig war, ob er es tun dürfe. – Das ist ja sonnenklar. – Kurz, *Bahrdtens,* oder eines andern Itztlebenden, Übersetzung verdammen, heißt der Lutherschen Übersetzung den Prozeß machen; wenn jene auch noch so sehr von dieser abgehen. Luthers Übersetzung ging von den damals angenommenen Übersetzungen auch ab; und mehr oder weniger, darauf kömmt nichts an.

Der wahre Lutheraner will nicht bei Luthers Schriften, er will bei Luthers Geiste geschützt sein; und Luthers Geist erfordert schlechterdings, daß man *keinen* Menschen, in der Erkenntnis der Wahrheit nach seinem eigenen Gutdünken fortzugehen, hindern muß. Aber man hindert *alle* daran, wenn man auch nur *einem* verbieten will, seinen Fortgang in der Erkenntnis andern mitzuteilen. Denn ohne diese Mitteilung im einzeln ist kein Fortgang im ganzen möglich.

Herr Pastor, wenn Sie es dahin bringen, daß unsere lutherschen Pastores unsere Päpste werden; – daß diese uns vorschreiben können, wo wir aufhören sollen, in der Schrift zu forschen; – daß diese unserm Forschen, der Mitteilung unsers Erforschten, Schranken setzen dürfen: so bin ich der erste, der die Päpstchen wieder mit dem Papste vertauscht. – Hoffentlich werden mehrere so entschlossen denken, wenn gleich nicht viele so entschlossen reden dürften. Und nun, Herr Pastor, arbeiten Sie nur darauf los, so viele Protestanten, als möglich, wieder in den Schoß der katholischen Kirche zu scheuchen. So ein lutherscher Eiferer ist den Katholiken schon recht. Sie sind ein Politikus wie ein Theolog. – . . .

ANTI-GOEZE

ZWEITER . . .

Mein Herr Hauptpastor
Ich erhielt Ihr *Etwas Vorläufiges* gegen meine – wenn es nicht Ihre erste Lüge ist – *mittelbare und unmittelbare feindselige Angriffe auf unsre allerheiligste Religion* etc. am Abend des Osterabends; und hatte noch eben Zeit, den herrlichen *Vorlauf* zu kosten. Der soll mir auf das Fest schmecken! dachte ich. Und er hat mir geschmeckt. Gott gebe, daß mir der *Nachlauf* zu seiner Zeit auch so schmecken, auch so wohl bekommen mag!
Aber was das nun wieder ist! Der Herr Hauptpastor verweisen

mir in Ihrem *Etwas Vorläufigen,* welches ich, der Geschmeidigkeit wegen, lieber das *vorläufige Etwas* nennen will, mit so vielem Ernst und Nachdruck meine *Äquivoken* ... und Wortspiele: und dennoch mache ich schon wieder ein so häßlich Ding, und äquivoziere und wortspiele mit *vorläufig* und *Vorlauf;* ohne auch nur im geringsten vorher zu erklären, ob ich den Vorlauf von der *Kelter* oder von der *Blase* verstehe. [Vorlauf hieß bei der Weinbereitung der Most, der aus der Kelter schon vor dem Pressen der Trauben abfloß; bei der Branntweindestillation in der Blase der zuerst übergehende stärkste Branntwein.]

Doch lieber vergeben Sie mir immer, Herr Hauptpastor, eine Schwachheit, die mir zur andern Natur geworden ist. Jeder Mensch hat seinen eignen Stil, so wie seine eigne Nase; und es ist weder artig noch christlich, einen ehrlichen Mann mit seiner Nase zum besten zu haben, wenn sie auch noch so sonderbar ist. Was kann ich dafür, daß ich nun einmal keinen andern Stil habe? Daß ich ihn nicht erkünstle, bin ich mir bewußt. Auch bin ich mir bewußt, daß er gerade dann die ungewöhnlichsten Kaskaden zu machen geneigt ist, wenn ich der Sache am reifsten nachgedacht habe. Er spielt mit der Materie oft um so mutwilliger, je mehr ich erst durch kaltes Nachdenken derselben mächtig zu werden gesucht habe.

Es kömmt wenig darauf an, wie wir schreiben: aber viel, wie wir denken. Und Sie wollen doch wohl nicht behaupten, daß unter verblümten, bilderreichen Worten notwendig ein schwanker, schiefer Sinn liegen muß? daß niemand richtig und bestimmt denken kann, als wer sich des eigentlichsten, gemeinsten, plattesten Ausdruckes bedienet? daß, den kalten, symbolischen Ideen auf irgend eine Art etwas von der Wärme und dem Leben natürlicher Zeichen zu geben suchen, der Wahrheit schlechterdings schade?

Wie lächerlich, die Tiefe einer Wunde nicht dem *scharfen,* sondern dem *blanken* Schwerte zuschreiben! Wie lächerlich also auch, die Überlegenheit, welche die Wahrheit einem Gegner über uns gibt, einem blendenden Stile desselben zuschreiben! Ich kenne keinen blendenden Stil, der seinen Glanz nicht von der Wahrheit mehr oder weniger entlehnet. Wahrheit allein gibt echten Glanz; und muß auch bei Spötterei und Posse, wenigstens als Folie, unterliegen.

Also von *der,* von der Wahrheit lassen Sie uns sprechen, und nicht vom Stil. – Ich gebe den meinen aller Welt preis; und freilich mag ihn das Theater ein wenig verdorben haben. Ich kenne den Hauptfehler sehr wohl, der ihn von so manchen andern Stilen auszeichnen soll: und alles, was zu merklich auszeichnet, ist Fehler. Aber es fehlt nicht viel, daß ich nicht, wie Ovid, die Kunstrichter, die ihn von allen seinen Fehlern säubern wollten, gerade für diesen einzigen um Schonung anflehen möchte. Denn er ist nicht sein Fehler: er ist seine Erbsünde. Nämlich: er verweilt sich bei seinen Metaphern, spinnt sie häufig zu Gleichnissen, und malt gar zu gern mitunter eine in Allegorie aus; wodurch er sich nicht selten in allzuentfernte und leicht umzuformende »tertia comparationis« [Mehrzahl von »tertium comparationis«, wörtlich: »Das dritte des

Vergleichs«, d. i. der Vergleichungspunkt; der Punkt, in dem zwei verglichene Dinge übereinstimmen.] verwickelt. Diesen Fehler mögen auch gar wohl meine dramatische Arbeiten mit verstärkt haben: denn die Sorge für den Dialog gewöhnt uns, auf jeden verblümten Ausdruck ein scharfes Auge zu haben; weil es wohl gewiß ist, daß in den wirklichen Gesprächen des Umganges, deren Lauf selten die Vernunft, und fast immer die Einbildung steuert, die mehresten Übergänge aus den Metaphern hergenommen werden, welche der eine oder der andere braucht. Diese Erscheinung allein, in der Nachahmung gehörig beobachtet, gibt dem Dialog Geschmeidigkeit und Wahrheit. Aber wie lange und genau muß man denn auch eine Metapher oft betrachten, ehe man den Strom in ihr entdecket, der uns am besten weiter bringen kann! Und so wäre es ganz natürlich, daß das Theater eben nicht den besten prosaischen Schriftsteller bilde. Ich denke sogar, selbst Cicero, wenn er ein beßrer Dialogist gewesen wäre, würde in seinen übrigen in eins fortlaufenden Schriften so wunderbar nicht sein. In diesen bleibt die Richtung der Gedanken immer die nämliche, die sich in dem Dialog alle Augenblicke verändert. Jene erfordern einen gesetzten, immer gleichen Schritt; dieser verlangt mitunter Sprünge: und selten ist ein hoher Springer ein guter ebner Tänzer.

Aber, Herr Hauptpastor, das ist mein Stil, und mein Stil ist nicht meine Logik. – Doch ja! Allerdings soll auch meine Logik sein, was mein Stil ist: eine Theaterlogik. So sagen Sie. Aber sagen Sie, was Sie sollen: die gute Logik ist immer die nämliche, man mag sie anwenden, worauf man will. Sogar die Art, sie anzuwenden, ist überall die nämliche. Wer Logik in einer Komödie zeigt, dem würde sie gewiß auch zu einer Predigt nicht entstehen [mangeln] . . .

Doch wozu alles dieses Geschwätz? Was gehen mich itzt die Armseligkeiten des Stils und Theaters an; itzt da ein so schreckliches Halsgericht über mich verhangen wird? – Da steht er, mein unbarmherziger Ankläger, und wiehert Blut und Verdammung: und ich, einfältiger Tropf, stehe bei ihm, und lese ihm ruhig die Federn vom Kleide. –

Ich muß, ich muß entbrennen, – oder meine Gelassenheit selbst, meine Kälte selbst, machen mich des Vorwurfs wert.

Wie, Herr Hauptpastor? Sie haben die Unverschämtheit, mir mittelbare und unmittelbare feindselige Angriffe auf die christliche Religion Schuld zu geben? Was hindert mich, in die Welt zu schreiben, daß alle die heterodoxen Dinge, die Sie itzt an mir verdammen, ich ehedem aus Ihrem eigenen Munde gehört und gelernt habe? . . .

Gleichwohl, Herr Hauptpastor, befürchten Sie von mir nur nicht, daß ich die Grenzen der Wiedervergeltung überschreiten werde. Ich werde diese Grenzen noch lange nicht berühren, wenn ich von Ihnen auch noch so höhnend, auch noch so verachtend, auch noch so wegwerfend schreibe. Sie können einen *ungesitteten* Gegner vielleicht an mir finden: aber sicherlich keinen *unmoralischen*.

56

Dieser Unterschied, zwischen *ungesittet* und *unmoralisch,* der sehr wichtig ist, obgleich beide Wörter, ihrer Abkunft nach, vollkommen das nämliche bedeuten müßten, soll ewig unter uns bleiben. Nur Ihre *unmoralische* Art zu disputieren will ich in ihr möglichstes Licht zu setzen suchen, sollte es auch nicht anders, als auf die *ungesitteteste* Weise geschehen können.

Itzt ist mein Bogen voll; und mehr als einen Bogen sollen Sie auf einmal von mir nicht erhalten. Es ist erlaubt, Ihnen den Eimer faulen Wassers, in welchem Sie mich ersäufen wollen, tropfenweise auf den entblößten Scheitel fallen zu lassen.

(Lessing, Gesammelte Werke, hrsg. v. P. Rilla, Bd. VIII, a. a. O., S. 202–205, 210–216)

Damit es nicht zu noch größerem Aufsehen und zu der von Goeze heraufbeschworenen Unruhe und Unordnung kommt, greifen schließlich die Zensoren des Herzogs von Braunschweig ein und verbieten Lessing, weiter gegen Goeze zu schreiben. Verschärft wurde die Situation noch, weil Lessing zwischen den »Anti-Goeze« ein weiteres Fragment des Reimarus mit dem Titel »Vom Zwecke Jesu und seiner Jünger« abdruckte.

Anlage zu einem Bericht an den unmittelbaren Vorgesetzten von Lessing, den Geheimen Rat von Praun – der Lessing denunziert hatte – über die Wirkung der Zensur auf Lessing: »...H Leßing hat solches sehr ungnädig vermerket u. soll so gar drohen, seine Dimission nehmen zu wollen. Ich glaube aber der Hof wird wenig darnach fragen, und Herr Leßing besinnt sich auch wohl. Vermuthlich wird an ihn selbst auch wohl ein Reskript ergangen seyn, daß er aber nicht vielen zu lesen geben dürfte.« (Niedersächs. Staatsarchiv Wolfenbüttel, Archivbez.: VI HS 6, No. 31 Bl. 713)

Cabinetsbefehl des Herzogs Carl an Lessing.

Euch ist zwar bey Gelegenheit der von euch unterthänigst nachgesuchten Erlaubnis zur Herausgabe der sogenannten Beyträge aus den Schäzzen Unsrer Fürstl. Bibliothek zu Wolfenbüttel die *Censur*-Freyheit, jedoch nur allein in Ansehung dieser Beyträge, und für dasmal, wiewohl auch in dem zum Ueberfluß dabey ausdrücklich vorausgesezten Vertrauen, daß nichts was die Religion und gute Sitten beleidigen könne, darin werde abgedrucket werden, in Gnaden erteilet worden; wie ihr aber, wider solches bessere Vertrauen, nicht nur gewisse Fragmente eines Ungenannten, die Fürtreflichkeit und Hinlänglichkeit der Natürlichen Religion und die Göttliche Offenbahrung betreffend, in diese Beyträge mit eindrukken, sondern auch außer selbigen verschiedne andre zum Anstoß und öffentlichen Aergerniß gereichende Schriften, insbesondere ein Fragment eben dieses Ungenannten unter dem Titel von dem Zweck Jesu und seiner Jünger, welches nichts geringeres als die christliche Religion aufs schlüpfrige zu sezzen, wo nicht völlig einzureissen, zur Absicht zu haben scheinet, zum Vorschein kommen lassen; diesem ganz unleidlichen Unwesen und fast unerhörten Bestreben aber, die Religion in ihrem Grunde zu erschüttern, lächerlich und verächtlich machen zu wollen, nicht nachgesehen werden mag; als wird, nachdem bereits deshalb an die Waysenhauß-Buchhandlung das Nötige ergangen, auch vorerst, das mehrere vorbehältlich, hierdurch alles Ernstes befohlen, Handschrift des Ungenannten, woraus solche Fragmente genommen, so wie sie vorhanden ist, *integraliter,* nebst den etwa davon genommenen Abschriften binnen acht Tagen ohnfehlbar einzuschicken, und auch aller ferneren Bekanntmachung dieser Fragmente und anderer ähnlichen Schriften, bey Vermeidung schwerer Ungnade und schärferen Einsehens, gänzlich zu enthalten. Wie denn auch die euch ehmals verliehene *Dispensation* von der *Censur* hiemit gänzlich aufgehoben, und die Zurücklieferung des Originals davon euch hiemit befohlen wird.

Braunschweig, den 13ten Juli 1778.

Cabinetsbefehl an den Magistrat der Stadt Braunschweig.

Da das neuerlich herausgekommene Buch, welches den Titul führet, von dem Zweck Jesu und seiner Jünger, zum Anstoß und öffentlichen Aergernis gereicht, so habt ihr denen hiesigen Buchhändlern, *exlusive* der Fürstl. Waysenhauß Buchhandlung, als weshalb das nötige bereits verordnet ist, sämmtliche hievon vorräthige *Exemplaria* sofort nach Empfang dieses abzufordern, und zu versiegeln, zugleich aber ihnen anzudeuten, daß sie selbiges aus ihren *Catalogis* ausstreichen, und künftig dergleichen zum öffentlichen Aergernis gereichende Schriften, nicht mehr annehmen noch in ihren Buchläden führen sollen.   C.

Braunschweig, den 13ten Juli 1778.

(O. v. Heinemann, Zur Erinnerung an Lessing. Briefe S. 70 f.)

58

Die oberste Kirchenbehörde des Herzogtums ist entsetzt. Briefe, Anordnungen und Anfragen gingen zwischen den staatlichen und kirchlichen Behörden hin und her. Die von Goeze zuerst formulierte Parallele zwischen Lessing und Bahrdt beschäftigt noch zwei Jahre danach höchste kirchliche Reichsstellen.

Neben und nach dem »Nathan« entstanden in den letzten zwei Lebensjahren weitere theologische Arbeiten; Lessing veröffentlichte noch seine politische Schrift »Ernst und Falk« und die aus Vorrede und 100 Paragraphen bestehende »Erziehung des Menschengeschlechts«, in der in einem dreistufigen Geschichts- und Erziehungsprozeß die Religionen in die Vernunft aufgehen.

Lessing starb am 15. Februar 1781 in Braunschweig, nachdem er häufiger krank gewesen, teilweise schon sprachunfähig und fast erblindet war. Er hinterließ eine Fülle von Manuskripten, einen weder üppigen noch armen bürgerlichen Haushalt und ganze 20 Taler Bargeld, wovon seinem Bedienten Joseph Pförtner noch 6 Taler als monatliches Lohn- und Kostgeld ausgezahlt wurden. Abgesehen von sonstigen Gebühren kostete ein Sarg damals rund 100 Taler. Der Herzog übernahm die Beerdigungskosten.

Nach dem Tod wurde ein Gespräch Lessings veröffentlicht, in dem der Verfasser des »Nathan« sich zum Spinozismus bekannt haben soll, zur Weltsicht Spinozas, die als finsterster Atheismus galt. Wieder begann eine öffentliche Auseinandersetzung . . .

Lessing, 1780. Mit Autograph

Als Lessing im Sommer 1778 wegen der herzoglichen Zensur den 12. Anti-Goeze nicht mehr schreiben bzw. nicht mehr veröffentlichen konnte, versuchte er, auf seiner alten Kanzel, dem Theater, zu predigen, wie er es in einem Brief an Elise Reimarus formulierte. Diese Theaterpredigt wurde »Nathan der Weise«. Er nahm sich jetzt die älteren Pläne vor und kündigte das Stück mit einer Subsriptionsaufforderung öffentlich an.

Lessing an Bruder Karl am 11. August 1778:

Noch weiß ich nicht, was für einen Ausgang mein Handel nehmen wird. Aber ich möchte gern auf einen jeden gefaßt sein. Du weißt wohl, daß man das nicht besser ist, als wenn man Geld hat, so viel man braucht; und da habe ich diese vergangene Nacht einen närrischen Einfall gehabt. Ich habe vor vielen Jahren einmal ein Schauspiel entworfen, dessen Inhalt eine Art von Analogie mit meinen gegenwärtigen Streitigkeiten hat, die ich mir damals wohl nicht träumen ließ. Wenn Du und Moses es für gut finden, so will ich das Ding auf Subskription drucken lassen, und Du kannst nachstehende Ankündigung nur je eher je lieber ein paar hundertmal auf einem Oktavblatte abdrucken lassen, und ausstreuen, so viel und so weit Du es für nötig hältst. Ich möchte zwar nicht gern, daß der eigentliche Inhalt meines anzukündigenden Stücks allzufrüh bekannt würde; aber doch, wenn Ihr, Du oder Moses, ihn wissen wollt, so schlagt das »Decamerone« des Boccaccio auf: Giornata I, Nov. III. Melchisedech Giudeo. Ich glaube, eine sehr interessante Episode dazu erfunden zu haben, daß sich alles sehr gut soll lesen lassen, und ich gewiß den Theologen einen ärgern Possen damit spielen will, als noch mit zehn Fragmenten.

(Lessing, Werke, hrsg. v. P. Rilla, Bd. 9, S. 797)

Ankündigung

Da man durchaus will, daß ich auf einmal von einer Arbeit feiern soll, die ich mit derjenigen frommen Verschlagenheit ohne Zweifel nicht betrieben habe, mit der sie allein glücklich zu betrieben ist: so führt mir mehr Zufall als Wahl einen meiner alten theatralischen Versuche in die Hände, von dem ich sehe, daß er schon längst die letzte Feile verdient hätte. Nun wird man glauben, daß ihm diese zu geben, ich wohl keine unschicklichere Augenblicke hätte abwarten können, als Augenblicke des Verdrusses, in welchen man immer gern vergessen möchte, wie die Welt wirklich ist. Aber mit nichten: die Welt, wie ich sie mir denke, ist eine ebenso natürliche Welt, und es mag an der Vorsehung wohl nicht allein liegen, daß sie nicht ebenso wirklich ist.

Dieser Versuch ist von einer etwas ungewöhnlichen Art, und heißt: *Nathan, der Weise, in fünf Aufzügen*. Ich kann von dem nähern Inhalte nichts sagen; genug, daß er einer dramatischen Bearbeitung höchst würdig ist, und ich alles tun werde, mit dieser Bearbeitung *selbst zufrieden* zu sein.

Ist nun das deutsche Publikum darauf begierig: so muß ich ihm den Weg der Subskription vorschlagen. Nicht weil ich mit einem einzigen von den Buchhändlern, mit welchen ich noch bisher zu tun gehabt habe, unzufrieden zu sein Ursache hätte: sondern aus andren Gründen.

Meine Freunde, die in Deutschland zerstreuet sind, werden hiermit ersucht, diese Subskription anzunehmen und zu befördern. Wenn sie mir gegen Weihnachten dieses Jahres wissen lassen, wie weit sie damit gekommen sind: so kann ich um diese Zeit anfangen lassen, zu drucken. Das Quantum der Subskription wird kaum einen Gulden betragen: den Bogen zu einem Groschen gerechnet, und so gedruckt, wie meine übrigen dramatischen Werke bei Voß gedruckt sind.

Wolfenbüttel den 8ten August 1778.

Gotthold Ephraim Lessing

(Lessing, Werke, hrsg. v. P. Rilla, Bd. 2, S. 321f.)

Nachrichten. Wien.

Für Herrn Hofrath Lessings neues Schauspiel: Nathan der Weise, in fünf Aufzügen, nimmt der Rath Schmidt, im Lekturkabinet zu erfragen, Subscription an. Das Quantum der Subscription wird kaum einen Gulden betragen, den Bogen zu einen Groschen gerechnet, und so gedruckt wie die Lessingischen dramatischen Werke bey Voß in Berlin. Gegen Weihnachten d. J. soll mit dem Drucke der Anfang gemacht werden. Die nähere Anzeige vom Herrn Hofrath Lessing, liefern wir im 19ten Stücke.

(Journal von auswärtigen und deutschen Theatern, Teil 1, Nr. XVIII, den 3. Weinmonat 1778, S. 141)

Von Lessing nicht veröffentlichte Entwürfe zu einer Vorrede:

I

Es ist allerdings wahr, und ich habe keinem meiner Freunde verhehlt, daß ich den ersten Gedanken zum »Nathan« im »Dekameron« des Boccaz gefunden. Allerdings ist die dritte Novelle des ersten Buchs, dieser so reichen Quelle theatralischer Produkte, der Keim, aus dem sich »Nathan« bei mir entwickelt hat. Aber nicht erst jetzt, nicht erst *nach* der Streitigkeit, in welche man einen Laien, wie mich, nicht bei den Haaren hätte ziehen sollen. Ich erinnere dieses gleich anfangs, damit meine Leser nicht mehr Anspielungen suchen mögen, als deren noch die letzte Hand hineinzubringen im Stande war.

Nathans Gesinnung gegen *alle* positive Religion ist von jeher *die meinige* gewesen. Aber hier ist nicht der Ort, sie zu rechtfertigen.

2

Wenn man sagen wird, dieses Stück lehre, daß es nicht erst von gestern her unter allerlei Volke Leute gegeben, die sich über alle geoffenbarte Religion hinweggesetzt hätten, und doch gute Leute gewesen wären; wenn man hinzufügen wird daß ganz sichtbar meine Absicht dahin gegangen sei, dergleichen Leute in einem weniger abscheulichen Lichte vorzustellen, als in welchem der christliche Pöbel sie gemeiniglich erblickt: so werde ich nicht viel dagegen einzuwenden haben.

Denn beides kann auch ein Mensch lehren und zur Absicht haben wollen, der nicht jede geoffenbarte Religion, nicht jede ganz verwirft. Mich als einen solchen zu stellen, bin ich nicht verschlagen genug: doch dreist genug, mich als einen solchen nicht zu verstellen. –

Wenn man aber sagen wird, daß ich wider die poetische Schicklichkeit gehandelt, und jenerlei Leute unter Juden und Muselmännern wolle gefunden haben: so werde ich zu bedenken geben, daß Juden und Muselmänner damals die einzigen Gelehrten waren; daß der Nachteil, welchen geoffenbarte Religionen dem menschlichen Geschlechte bringen, zu keiner Zeit einem vernünftigen Manne müsse auffallender gewesen sein, als zu den Zeiten der Kreuzzüge, und daß es an Winken bei den Geschichtsschreibern nicht fehlt, ein solcher vernünftiger Mann habe sich nun eben in einem Sultane gefunden.

Wenn man endlich sagen wird, daß ein Stück von so eigner Tendenz nicht reich genug an eigner Schönheit sei: – so werde ich schweigen, aber mich nicht schämen. Ich bin mir eines Ziels bewußt, unter dem man auch noch viel weiter mit allen Ehren bleiben kann.

Noch kenne ich keinen Ort in Deutschland, wo dieses Stück schon jetzt aufgeführt werden könnte. Aber Heil und Glück dem, wo es zuerst aufgeführt wird. –

(Lessing, Werke, hrsg. v. P. Rilla, Bd. 2, S. 322 f.)

In den folgenden Monaten berichtete Lessing laufend in Briefen vom Gang der Arbeit am »Nathan«:

an Bruder Karl am 7. 11. 1778:

Mein Stück hat mit unsern jetzigen Schwarzröcken nichts zu tun; und ich will ihm den Weg nicht selbst verbauen, endlich doch einmal aufs Theater zu kommen, wenn es auch erst nach hundert Jahren wäre. Die Theologen aller geoffenbarten Religionen werden freilich innerlich darauf schimpfen; doch dawider sich öffentlich zu erklären, werden sie wohl bleiben lassen.

an Bruder Karl am 19. 12. 1778:
Ich will doch nicht hoffen, daß mir der Zensor in Berlin wird Händel machen? Denn er dürfte leicht in der Folge mehr sehr auffallende Zeilen finden, wenn er aus der Acht läßt, aus welchem Munde sie kommen, und die Personen für den Verfasser nimmt.

an Johann Gottfried Herder am 10. 1. 1779:
Ich will hoffen, daß Sie weder den Prophet Nathan, noch eine Satire auf Goezen erwarten. Es ist ein Nathan, der beim Boccaz (Giornata I. Novella 3.) Melchisedek heißt, und dem ich diesen Namen nur immer hätte lassen können, da er doch wohl wie Melchisedek, ohne Spur vor sich und nach sich, wieder aus der Welt gehen wird. »Introite, et hic Dii sunt!« kann ich indes sicher meinen Lesern zurufen, die dieser Fingerzeig noch unmutiger machen wollte.

an Bruder Karl am 15. 1. 1779:
. . . doch ich denke, wer von meinen Subskribenten einen Gulden daran hat wagen wollen, der wagt auch wohl einen Taler daran, und so komme ich wieder dem Rabatt nach, den ich den Buchhändlern abgebe. Aber nun möchte ich auch gern wissen, wie viel Du und Voß eigentlich Subskribenten habt? Ich für mein Teil muß wenigstens 1000 Exemplare haben: denn so viel haben sich bei mir unmittelbar gemeldet; und ich will hoffen, daß Du hierauf schon gerechnet hast, wenn Du mir schreibst, daß eine starke Auflage gedruckt werden müsse.
Was bei dem Abdrucke zu beobachten ist, habe ich für den Setzer auf ein einzelnes Blatt geschrieben. Besonders muß der Unterschied an Strichen – und Punkten . . . ja wohl beobachtet werden. Denn dieses ist ein wesentliches Stück meiner neuen Interpunktion für die Schauspieler; über welche ich mich in der Vorrede erklären wollte, wozu ich aber nun wohl schwerlich Platz haben dürfte. Auch sollte, nach meinem ersten Anschlage, noch ein Nachspiel dazu kommen, genannt *Der Derwisch*, welches auf eine neue Art den Faden einer Episode des Stücks selbst wieder aufnähme, und zu Ende brächte.

an Bruder Karl am 18. 4. 1779:
Es kann wohl sein, daß mein »Nathan« im Ganzen wenig Wirkung tun würde, wenn er auf das Theater käme, welches wohl nie geschehen wird. Genug, wenn er sich mit Interesse nur lieset, und unter tausend Lesern nur *einer* daraus an der Evidenz und Allgemeinheit seiner Religion zweifeln lernt.

Schließlich erscheint das Theaterstück zur Leipziger Buchmesse, Ostern 1779, gedruckt beim Verlag und Buchhandel Voß in Berlin.

In Lessings Materialien zum ›Nathan‹ fand man eine chronologische Übersicht zur Arbeit:

Zu Versifizieren angefangen den 14ten Novbr. 78.

den 2ten Aufzug	6. Xbr. [= Dezember]
den 3tn Aufzug	28 –.
4t	2 Febr. 79
5	7 Mrz. –

Titel der Erstausgabe, 1779

Gleims Widmung:

An unsre großen Künstler.
Grabt ihn in Kupfer, schneidet ihn in Stein
Gießt ihn in Erz! Er soll Exempel seyn
den Weisesten, die seine Werke lesen;
der Nathan, den er malt, der ist er
selbst gewesen.
Gleim.

NATHAN DER WEISE

Ein dramatisches Gedicht in fünf Aufzügen

Introite, nam et heic Dii sunt!
APUD GELLIUM

[1779]

PERSONEN

SULTAN SALADIN

SITTAH, dessen Schwester

NATHAN, ein reicher Jude in Jerusalem

RECHA, dessen angenommene Tochter

DAJA, eine Christin, aber in dem Hause des Juden,
als Gesellschafterin der Recha

EIN JUNGER TEMPELHERR

EIN DERWISCH

DER PATRIARCH von Jerusalem

EIN KLOSTERBRUDER

EIN EMIR nebst verschiednen MAMELUCKEN des Saladin

Die Szene ist in Jerusalem

ERSTER AUFZUG

ERSTER AUFTRITT

(Szene: Flur in Nathans Hause)

Nathan von der Reise kommend. Daja ihm entgegen

DAJA. Er ist es! Nathan! – Gott sei ewig Dank,
  Daß Ihr doch endlich einmal wiederkommt.
NATHAN. Ja, Daja; Gott sei Dank! Doch warum *endlich?*
  Hab' ich denn eher wiederkommen wollen?
  Und wiederkommen können? Babylon
  Ist von Jerusalem, wie ich den Weg,
  Seit ab bald rechts, bald links, zu nehmen bin
  Genötigt worden, gut zwei hundert Meilen;
  Und Schulden einkassieren, ist gewiß
  Auch kein Geschäft, das merklich födert, das
  So von der Hand sich schlagen läßt.
DAJA.   O Nathan,
  Wie elend, elend hättet Ihr indes
  Hier werden können! Euer Haus ...
NATHAN.   Das brannte.
  So hab' ich schon vernommen. – Gebe Gott,
  Daß ich nur alles schon vernommen habe!
DAJA. Und wäre leicht von Grund aus abgebrannt.
NATHAN. Dann, Daja, hätten wir ein neues uns
  Gebaut; und ein bequemeres.
DAJA.   Schon wahr! –
  Doch *Recha* wär' bei einem Haare mit
  Verbrannt.
NATHAN.   Verbrannt? Wer? meine Recha? sie? –
  Das hab' ich nicht gehört. – Nun dann! So hätte
  Ich keines Hauses mehr bedurft. – Verbrannt
  Bei einem Haare! – Ha! sie ist es wohl!

Ist wirklich wohl verbrannt! – Sag' nur heraus!
Heraus nur! – Töte mich: und martre mich
Nicht länger. – Ja, sie ist verbrannt.

DAJA.   Wenn sie
Es wäre, würdet Ihr von mir es hören?

NATHAN. Warum erschreckest du mich denn? – O Recha!
O meine Recha!

DAJA.   Eure? Eure Recha?

NATHAN. Wenn ich mich wieder je entwöhnen müßte,
Dies Kind mein Kind zu nennen!

DAJA.   Nennt Ihr alles,
Was Ihr besitzt, mit eben so viel Rechte
Das Eure?

NATHAN.   Nichts mit größerm! Alles, was
Ich sonst besitze, hat Natur und Glück
Mir zugeteilt. Dies Eigentum allein
Dank' ich der Tugend.

DAJA.   O wie teuer laßt
Ihr Eure Güte, Nathan, mich bezahlen!
Wenn Güt', in solcher Absicht ausgeübt,
Noch Güte heißen kann!

NATHAN.   In solcher Absicht?
In welcher?

DAJA.   Mein Gewissen ...

NATHAN.   Daja, laß
Vor allen Dingen dir erzählen ...

DAJA.   Mein
Gewissen, sag' ich ...

NATHAN.   Was in Babylon
Für einen schönen Stoff ich dir gekauft.
So reich, und mit Geschmack so reich! Ich bringe
Für Recha selbst kaum einen schönern mit.

DAJA. Was hilfts? Denn mein Gewissen, muß ich Euch
Nur sagen, läßt sich länger nicht betäuben.

NATHAN. Und wie die Spangen, wie die Ohrgehenke,
Wie Ring und Kette dir gefallen werden,
Die in Damaskus ich dir ausgesucht:
Verlanget mich zu sehn.

DAJA.   So seid Ihr nun!
  Wenn Ihr nur schenken könnt! nur schenken könnt!
NATHAN. Nimm du so gern, als ich dir geb': – und schweig!
DAJA. Und schweig! – Wer zweifelt, Nathan, daß Ihr nicht
  Die Ehrlichkeit, die Großmut selber seid?
  Und doch ...
NATHAN.   Doch bin ich nur ein Jude. – Gelt,
  Das willst du sagen?
DAJA.   Was ich sagen will,
  Das wißt Ihr besser.
NATHAN.   Nun so schweig!
DAJA.   Ich schweige.
  Was Sträfliches vor Gott hierbei geschieht,
  Und ich nicht hindern kann, nicht ändern kann, –
  Nicht kann, – komm' über Euch!
NATHAN.   Komm' über mich! –
  Wo aber ist sie denn? wo bleibt sie? – Daja,
  Wenn du mich hintergehst! – Weiß sie es denn,
  Daß ich gekommen bin?
DAJA.   Das frag' ich Euch!
  Noch zittert ihr der Schreck durch jede Nerve.
  Noch malet Feuer ihre Phantasie
  Zu allem, was sie malt. Im Schlafe wacht,
  Im Wachen schläft ihr Geist: bald weniger
  Als Tier, bald mehr als Engel.
NATHAN.   Armes Kind!
  Was sind wir Menschen!
DAJA.   Diesen Morgen lag
  Sie lange mit verschloßnem Aug', und war
  Wie tot. Schnell fuhr sie auf, und rief: »Horch! horch!
  Da kommen die Kamele meines Vaters!
  Horch! seine sanfte Stimme selbst!« – Indem
  Brach sich ihr Auge wieder: und ihr Haupt,
  Dem seines Armes Stütze sich entzog,
  Stürzt auf das Küssen. – Ich, zur Pfort' hinaus!
  Und sieh: da kommt Ihr wahrlich! kommt Ihr wahrlich! –
  Was Wunder! ihre ganze Seele war
  Die Zeit her nur bei Euch – und ihm. –

NATHAN. Bei ihm?
Bei welchem Ihm?
DAJA. Bei ihm, der aus dem Feuer
Sie rettete.
NATHAN. Wer war das? wer? – Wo ist er?
Wer rettete mir meine Recha? wer?
DAJA. Ein junger Tempelherr, den, wenig Tage
Zuvor, man hier gefangen eingebracht,
Und Saladin begnadigt hatte.
NATHAN. Wie?
Ein Tempelherr, dem Sultan Saladin
Das Leben ließ? Durch ein geringres Wunder
War Recha nicht zu retten? Gott!
DAJA. Ohn' ihn,
Der seinen unvermuteten Gewinst
Frisch wieder wagte, war es aus mit ihr.
NATHAN. Wo ist er, Daja, dieser edle Mann? –
Wo ist er? Führe mich zu seinen Füßen.
Ihr gabt ihm doch vors erste, was an Schätzen
Ich euch gelassen hatte? gabt ihm alles?
Verspracht ihm mehr? weit mehr?
DAJA. Wie konnten wir?
NATHAN. Nicht? nicht?
DAJA. Er kam, und niemand weiß woher.
Er ging, und niemand weiß wohin. – Ohn' alle
Des Hauses Kundschaft, nur von seinem Ohr
Geleitet, drang, mit vorgespreiztem Mantel,
Er kühn durch Flamm' und Rauch der Stimme nach,
Die uns um Hülfe rief. Schon hielten wir
Ihn für verloren, als aus Rauch und Flamme
Mit eins er vor uns stand, im starken Arm
Empor sie tragend. Kalt und ungerührt
Vom Jauchzen unsers Danks, setzt seine Beute
Er nieder, drängt sich unters Volk und ist –
Verschwunden!
NATHAN. Nicht auf immer, will ich hoffen.
DAJA. Nachher die ersten Tage sahen wir
Ihn untern Palmen auf und nieder wandeln,

Die dort des Auferstandnen Grab umschatten.
Ich nahte mich ihm mit Entzücken, dankte,
Erhob, entbot, beschwor, – nur einmal noch
Die fromme Kreatur zu sehen, die
Nicht ruhen könne, bis sie ihren Dank
Zu seinen Füßen ausgeweinet.

NATHAN.   Nun?

DAJA. Umsonst! Er war zu unsrer Bitte taub;
Und goß so bittern Spott auf mich besonders ...

NATHAN. Bis dadurch abgeschreckt ...

DAJA.   Nichts weniger!
Ich trat ihn jeden Tag von neuem an;
Ließ jeden Tag von neuem mich verhöhnen.
Was litt ich nicht von ihm! Was hätt' ich nicht
Noch gern ertragen! – Aber lange schon
Kommt er nicht mehr, die Palmen zu besuchen,
Die unsers Auferstandnen Grab umschatten;
Und niemand weiß, wo er geblieben ist. –
Ihr staunt? Ihr sinnt?

NATHAN.   Ich überdenke mir,
Was das auf einen Geist, wie Rechas, wohl
Für Eindruck machen muß. Sich so verschmäht
Von dem zu finden, den man hochzuschätzen
Sich so gezwungen fühlt; so weggestoßen,
Und doch so angezogen werden; – Traun,
Da müssen Herz und Kopf sich lange zanken,
Ob Menschenhaß, ob Schwermut siegen soll.
Oft siegt auch keines; und die Phantasie,
Die in den Streit sich mengt, macht Schwärmer,
Bei welchen bald der Kopf das Herz, und bald
Das Herz den Kopf muß spielen. – Schlimmer Tausch! –
Das letztere, verkenn' ich Recha nicht,
Ist Rechas Fall: sie schwärmt.

DAJA.   Allein so fromm,
So liebenswürdig!

NATHAN.   Ist doch auch geschwärmt!

DAJA. Vornehmlich Eine – Grille, wenn Ihr wollt,
Ist ihr sehr wert. Es sei ihr Tempelherr

Kein Irdischer und keines Irdischen;
Der Engel einer, deren Schutze sich
Ihr kleines Herz, von Kindheit auf, so gern
Vertrauet glaubte, sei aus seiner Wolke,
In die er sonst verhüllt, auch noch im Feuer,
Um sie geschwebt, mit eins als Tempelherr
Hervorgetreten. – Lächelt nicht! – Wer weiß?
Laßt lächelnd wenigstens ihr einen Wahn,
In dem sich Jud' und Christ und Muselmann
Vereinigen; – so einen süßen Wahn!

NATHAN. Auch mir so süß! – Geh, wackre Daja, geh;
Sieh, was sie macht; ob ich sie sprechen kann. –
Sodann such' ich den wilden, launigen
Schutzengel auf. Und wenn ihm noch beliebt,
Hiernieden unter uns zu wallen; noch
Beliebt, so ungesittet Ritterschaft
Zu treiben: find' ich ihn gewiß; und bring'
Ihn her.

DAJA.   Ihr unternehmet viel.

NATHAN.   Macht dann
Der süße Wahn der süßern Wahrheit Platz: –
Denn, Daja, glaube mir; dem Menschen ist
Ein Mensch noch immer lieber, als ein Engel –
So wirst du doch auf mich, auf mich nicht zürnen,
Die Engelschwärmerin geheilt zu sehn?

DAJA. Ihr seid so gut, und seid zugleich so schlimm!
Ich geh! – Doch hört! doch seht! – Da kommt sie selbst.

ZWEITER AUFTRITT

Recha, und die Vorigen

RECHA. So seid Ihr es doch ganz und gar, mein Vater?
Ich glaubt', Ihr hättet Eure Stimme nur
Vorausgeschickt. Wo bleibt Ihr? Was für Berge,
Für Wüsten, was für Ströme trennen uns
Denn noch? Ihr atmet Wand an Wand mit ihr,

Und eilt nicht, Eure Recha zu umarmen?
Die arme Recha, die indes verbrannte! –
Fast, fast verbrannte! Fast nur. Schaudert nicht!
Es ist ein garst'ger Tod, verbrennen. O!

NATHAN. Mein Kind! mein liebes Kind!

RECHA.   Ihr mußtet über
Den Euphrat, Tigris, Jordan; über – wer
Weiß was für Wasser all? – Wie oft hab' ich
Um Euch gezittert, eh das Feuer mir
So nahe kam! Denn seit das Feuer mir
So nahe kam: dünkt mich im Wasser sterben
Erquickung, Labsal, Rettung. – Doch Ihr seid
Ja nicht ertrunken: ich, ich bin ja nicht
Verbrannt. Wie wollen wir uns freun, und Gott,
Gott loben! Er, er trug Euch und den Nachen
Auf Flügeln seiner *unsichtbaren* Engel
Die ungetreuen Ström' hinüber. Er,
Er winkte meinem Engel, daß er *sichtbar*
Auf seinem weißen Fittiche, mich durch
Das Feuer trüge –

NATHAN.   (Weißem Fittiche!
Ja, ja! der weiße vorgespreizte Mantel
Des Tempelherrn.)

RECHA.   Er sichtbar, sichtbar mich
Durchs Feuer trüg', von seinem Fittiche
Verweht. – Ich also, ich hab' einen Engel
Von Angesicht zu Angesicht gesehn;
Und *meinen* Engel.

NATHAN.   Recha wär' es wert;
Und würd' an ihm nichts Schönres sehn, als er
An ihr.

RECHA *(lächelnd)*.
          Wem schmeichelt Ihr, mein Vater? wem?
Dem Engel, oder Euch?

NATHAN.   Doch hätt' auch nur
Ein Mensch – ein Mensch, wie die Natur sie täglich
Gewährt, dir diesen Dienst erzeigt: er müßte
Für dich ein Engel sein. Er müßt' und würde.

RECHA. Nicht so ein Engel; nein! ein wirklicher;
Es war gewiß ein wirklicher! – Habt Ihr,
Ihr selbst die Möglichkeit, daß Engel sind,
Daß Gott zum Besten derer, die ihn lieben,
Auch Wunder könne tun, mich nicht gelehrt?
Ich lieb' ihn ja.

NATHAN.   Und er liebt dich; und tut
Für dich, und deines gleichen, stündlich Wunder;
Ja, hat sie schon von aller Ewigkeit
Für euch getan.

RECHA.   Das hör' ich gern.

NATHAN.   Wie? weil
Es ganz natürlich, ganz alltäglich klänge,
Wenn dich ein eigentlicher Tempelherr
Gerettet hätte: sollt' es darum weniger
Ein Wunder sein? – Der Wunder höchstes ist,
Daß uns die wahren, echten Wunder so
Alltäglich werden können, werden sollen.
Ohn' dieses allgemeine Wunder, hätte
Ein Denkender wohl schwerlich Wunder je
Genannt, was Kindern bloß so heißen müßte,
Die gaffend nur das Ungewöhnlichste,
Das Neuste nur verfolgen.

DAJA *(zu Nathan)*.   Wollt Ihr denn
Ihr ohnedem schon überspanntes Hirn
Durch solcherlei Subtilitäten ganz
Zersprengen?

NATHAN.   Laß mich! – Meiner Recha wär'
Es Wunders nicht genug, daß sie ein *Mensch*
Gerettet, welchen selbst kein kleines Wunder
Erst retten müssen? Ja, kein kleines Wunder!
Denn wer hat schon gehört, daß Saladin
Je eines Tempelherrn verschont? daß je
Ein Tempelherr von ihm verschont zu werden
Verlangt? gehofft? ihm je für seine Freiheit
Mehr als den ledern Gurt geboten, der
Sein Eisen schleppt; und höchstens seinen Dolch?

RECHA. Das schließt für mich, mein Vater. – Darum eben

War das kein Tempelherr; er schien es nur. –
Kömmt kein gefangner Tempelherr je anders
Als zum gewissen Tode nach Jerusalem;
Geht keiner in Jerusalem so frei
Umher: wie hätte mich des Nachts freiwillig
Denn einer retten können?

NATHAN.   Sieh! wie sinnreich.
Jetzt, Daja, nimm das Wort. Ich hab' es ja
Von dir, daß er gefangen hergeschickt
Ist worden. Ohne Zweifel weißt du mehr.

DAJA. Nun ja. – So sagt man freilich; – doch man sagt
Zugleich, daß Saladin den Tempelherrn
Begnadigt, weil er seiner Brüder einem,
Den er besonders lieb gehabt, so ähnlich sehe.
Doch da es viele zwanzig Jahre her,
Daß dieser Bruder nicht mehr lebt, – er hieß,
Ich weiß nicht wie; – er blieb, ich weiß nicht wo: –
So klingt das ja so gar – so gar unglaublich,
Daß an der ganzen Sache wohl nichts ist.

NATHAN. Ei, Daja! Warum wäre denn das so
Unglaublich? Doch wohl nicht – wie's wohl geschieht –
Um lieber etwas noch Unglaublichers
Zu glauben? – Warum hätte Saladin,
Der sein Geschwister insgesamt so liebt,
In jüngern Jahren einen Bruder nicht
Noch ganz besonders lieben können? – Pflegen
Sich zwei Gesichter nicht zu ähneln? – Ist
Ein alter Eindruck ein verlorner? – Wirkt
Das nämliche nicht mehr das nämliche? –
Seit wenn? – Wo steckt hier das Unglaubliche? –
Ei freilich, weise Daja, wär's für dich
Kein Wunder mehr; und *deine* Wunder nur
Bedürf ... verdienen, will ich sagen, Glauben.

DAJA. Ihr spottet.

NATHAN.   Weil du meiner spottest. – Doch
Auch so noch, Recha, bleibet deine Rettung
Ein Wunder, dem nur möglich, der die strengsten
Entschlüsse, die unbändigsten Entwürfe

Der Könige, sein Spiel – wenn nicht sein Spott –
Gern an den schwächsten Fäden lenkt.

RECHA.   Mein Vater!
Mein Vater, wenn ich irr', Ihr wißt, ich irre
Nicht gern.

NATHAN.   Vielmehr, du läßt dich gern belehren. –
Sieh! eine Stirn, so oder so gewölbt;
Der Rücken einer Nase, so vielmehr
Als so geführet; Augenbrauen, die
Auf einem scharfen oder stumpfen Knochen
So oder so sich schlängeln; eine Linie,
Ein Bug, ein Winkel, eine Falt', ein Mal,
Ein Nichts, auf eines wilden Europäers
Gesicht: – und du entkömmst dem Feur, in Asien!
Das wär' kein Wunder, wundersücht'ges Volk?
Warum bemüht ihr denn noch einen Engel?

DAJA. Was schadets – Nathan, wenn ich sprechen darf –
Bei alle dem, von einem Engel lieber
Als einem Menschen sich gerettet denken?
Fühlt man der ersten unbegreiflichen
Ursache seiner Rettung nicht sich so
Viel näher?

NATHAN.   Stolz! und nichts als Stolz! Der Topf
Von Eisen will mit einer silbern Zange
Gern aus der Glut gehoben sein, um selbst
Ein Topf von Silber sich zu dünken. – Pah! –
Und was es schadet, fragst du? was es schadet?
Was hilft es? dürft ich nur hinwieder fragen. –
Denn dein »Sich Gott um so viel näher fühlen«,
Ist Unsinn oder Gotteslästerung. –
Allein es schadet; ja, es schadet allerdings. –
Kommt! hört mir zu. – Nicht wahr? dem Wesen, das
Dich rettete, – es sei ein Engel oder
Ein Mensch, dem möchtet ihr, und du besonders,
Gern wieder viele große Dienste tun? –
Nicht wahr? – Nun, einem Engel, was für Dienste,
Für große Dienste könnt ihr dem wohl tun?
Ihr könnt ihm danken; zu ihm seufzen, beten;

Könnt in Entzückung über ihn zerschmelzen;
Könnt an dem Tage seiner Feier fasten,
Almosen spenden. – Alles nichts. – Denn mich
Deucht immer, daß ihr selbst und euer Nächster
Hierbei weit mehr gewinnt, als er. Er wird
Nicht fett durch euer Fasten; wird nicht reich
Durch eure Spenden; wird nicht herrlicher
Durch eur Entzücken; wird nicht mächtiger
Durch eur Vertraun. Nicht wahr? Allein ein Mensch!

DAJA. Ei freilich hätt' ein Mensch, etwas für ihn
Zu *tun*, uns mehr Gelegenheit verschafft.
Und Gott weiß, wie bereit wir dazu waren!
Allein er wollte ja, bedurfte ja
So völlig nichts; war in sich, mit sich so
Vergnügsam, als nur Engel sind, nur Engel
Sein können.

RECHA.   Endlich, als er gar verschwand ...

NATHAN.
Verschwand? – Wie denn verschwand? – Sich untern Palmen
Nicht ferner sehen ließ? – Wie? oder habt
Ihr wirklich schon ihn weiter aufgesucht?

DAJA. Das nun wohl nicht.

NATHAN.   Nicht, Daja? nicht? – Da sieh
Nun was es schadt! – Grausame Schwärmerinnen! –
Wenn dieser Engel nun – nun krank geworden! ...

RECHA.
Krank!

DAJA.   Krank! Er wird doch nicht!

RECHA.   Welch kalter Schauer
Befällt mich! – Daja! – Meine Stirne, sonst
So warm, fühl! ist auf einmal Eis.

NATHAN.   Er ist
Ein Franke, dieses Klimas ungewohnt;
Ist jung; der harten Arbeit seines Standes,
Des Hungerns, Wachens ungewohnt.

RECHA.   Krank! krank!

DAJA. Das wäre möglich, meint ja Nathan nur.

NATHAN. Nun liegt er da! hat weder Freund, noch Geld

Sich Freunde zu besolden.

RECHA.   Ah, mein Vater!

NATHAN. Liegt ohne Wartung, ohne Rat und Zusprach,
Ein Raub der Schmerzen und des Todes da!

RECHA. Wo? wo?

NATHAN.   Er, der für eine, die er nie
Gekannt, gesehn – genug, es war ein Mensch –
Ins Feur sich stürzte ...

DAJA.   Nathan, schonet ihrer!

NATHAN. Der, was er rettete, nicht näher kennen,
Nicht weiter sehen mocht', – um ihm den Dank
Zu sparen ...

DAJA.   Schonet ihrer, Nathan!

NATHAN.   Weiter
Auch nicht zu sehn verlangt', – es wäre denn,
Daß er zum zweiten Mal es retten sollte –
Denn gnug, es ist ein Mensch ...

DAJA.   Hört auf, und seht!

NATHAN. Der, der hat sterbend sich zu laben, nichts –
Als das Bewußtsein dieser Tat!

DAJA.   Hört auf!
Ihr tötet sie!

NATHAN.   Und du hast ihn getötet! –
Hättst so ihn töten können. – Recha! Recha!
Es ist Arznei, nicht Gift, was ich dir reiche.
Er lebt! – komm zu dir! – ist auch wohl nicht krank;
Nicht einmal krank!

RECHA.   Gewiß? – nicht tot? nicht krank?

NATHAN. Gewiß, nicht tot! – Denn Gott lohnt Gutes, hier
Getan, auch hier noch. – Geh! – Begreifst du aber,
Wie viel *andächtig schwärmen* leichter, als
Gut handeln ist? wie gern der schlaffste Mensch
Andächtig schwärmt, um nur, – ist er zu Zeiten
Sich schon der Absicht deutlich nicht bewußt –
Um nur gut handeln nicht zu dürfen?

RECHA.   Ah,
Mein Vater! laßt, laßt Eure Recha doch
Nie wiederum allein! – Nicht wahr, er kann

Auch wohl verreist nur sein? –

NATHAN.   Geht. – Allerdings. –
Ich seh, dort mustert mit neugier'gem Blick
Ein Muselmann mir die beladenen
Kamele. Kennt ihr ihn?

DAJA.   Ha! Euer Derwisch.

NATHAN. Wer?

DAJA.   Euer Derwisch; Euer Schachgesell!

NATHAN. Al-Hafi? das Al-Hafi?

DAJA.   Itzt des Sultans
Schatzmeister.

NATHAN.   Wie? Al-Hafi? Träumst du wieder? –
Er ists! – wahrhaftig, ists! – kömmt auf uns zu.
Hinein mit Euch, geschwind! – Was werd' ich hören!

DRITTER AUFTRITT

Nathan und der Derwisch

DERWISCH. Reißt nur die Augen auf, so weit Ihr könnt!

NATHAN. Bist du's? bist du es nicht? – In dieser Pracht,
Ein Derwisch! ...

DERWISCH.   Nun? warum denn nicht? Läßt sich
Aus einem Derwisch denn nichts, gar nichts machen?

NATHAN. Ei wohl, genug! – Ich dachte mir nur immer,
Der Derwisch – so der rechte Derwisch – woll'
Aus sich nichts machen lassen.

DERWISCH.   Beim Propheten!
Daß ich kein rechter bin, mag auch wohl wahr sein.
Zwar wenn man muß –

NATHAN.   Muß! Derwisch! – Derwisch muß?
Kein Mensch muß müssen, und ein Derwisch müßte?
Was müßt' er denn?

DERWISCH.   Warum man ihn recht bittet,
Und er für gut erkennt: das muß ein Derwisch.

NATHAN. Bei unserm Gott! da sagst du wahr. – Laß dich
Umarmen, Mensch. – Du bist doch noch mein Freund?

DERWISCH. Und fragt nicht erst, was ich geworden bin?

NATHAN. Trotz dem, was du geworden!

DERWISCH. Könnt' ich nicht
Ein Kerl im Staat geworden sein, des Freundschaft
Euch ungelegen wäre?

NATHAN. Wenn dein Herz
Noch Derwisch ist, so wag' ichs drauf. Der Kerl
Im Staat, ist nur dein Kleid.

DERWISCH. Das auch geehrt
Will sein. – Was meint Ihr? ratet! – Was wär' ich
An Eurem Hofe?

NATHAN. Derwisch; weiter nichts.
Doch neben her, wahrscheinlich – Koch.

DERWISCH. Nun ja!
Mein Handwerk bei Euch zu verlernen. – Koch!
Nicht Kellner auch? – Gesteht, daß Saladin
Mich besser kennt. – Schatzmeister bin ich bei
Ihm worden.

NATHAN. Du? – bei ihm?

DERWISCH. Versteht:
Des kleinern Schatzes, – denn des größern waltet
Sein Vater noch – des Schatzes für sein Haus.

NATHAN. Sein Haus ist groß.

DERWISCH. Und größer, als Ihr glaubt;
Denn jeder Bettler ist von seinem Hause.

NATHAN. Doch ist den Bettlern Saladin so feind –

DERWISCH. Daß er mit Strumpf und Stiel sie zu vertilgen
Sich vorgesetzt, – und sollt' er selbst darüber
Zum Bettler werden.

NATHAN. Brav! – So mein' ichs eben.

DERWISCH. Er ists auch schon, trotz einem! – Denn sein Schatz
Ist jeden Tag mit Sonnenuntergang
Viel leerer noch, als leer. Die Flut, so hoch
Sie morgens eintritt, ist des Mittags längst
Verlaufen –

NATHAN. Weil Kanäle sie zum Teil
Verschlingen, die zu füllen oder zu
Verstopfen, gleich unmöglich ist.

DERWISCH. Getroffen!

NATHAN. Ich kenne das!

DERWISCH. Es taugt nun freilich nichts,
Wenn Fürsten Geier unter Äsern sind.
Doch sind sie Äser unter Geiern, taugts
Noch zehnmal weniger.

NATHAN. O nicht doch, Derwisch!
Nicht doch!

DERWISCH. Ihr habt gut reden, Ihr! – Kommt an:
Was gebt Ihr mir? so tret' ich meine Stell'
Euch ab.

NATHAN. Was bringt dir deine Stelle?

DERWISCH. Mir?
Nicht viel. Doch Euch, Euch kann sie trefflich wuchern.
Denn ist es Ebb' im Schatz, – wie öfters ist, –
So zieht Ihr Eure Schleusen auf: schießt vor,
Und nehmt an Zinsen, was Euch nur gefällt.

NATHAN. Auch Zins vom Zins der Zinsen?

DERWISCH. Freilich!

NATHAN. Bis
Mein Kapital zu lauter Zinsen wird.

DERWISCH.
Das lockt Euch nicht? – So schreibet unsrer Freundschaft
Nur gleich den Scheidebrief! Denn wahrlich hab'
Ich sehr auf Euch gerechnet.

NATHAN. Wahrlich? Wie
Denn so? wie so denn?

DERWISCH. Daß Ihr mir mein Amt
Mit Ehren würdet führen helfen; daß
Ich allzeit offne Kasse bei Euch hätte. –
Ihr schüttelt?

NATHAN. Nun, verstehn wir uns nur recht!
Hier gibts zu unterscheiden. – Du? warum
Nicht du? Al-Hafi Derwisch ist zu allem,
Was ich vermag, mir stets willkommen. – Aber
Al-Hafi Defterdar des Saladin,
Der – dem –

DERWISCH. Erriet ichs nicht? Daß Ihr doch immer

So gut als klug, so klug als weise seid! –
Geduld! Was Ihr am Hafi unterscheidet,
Soll bald geschieden wieder sein. – Seht da
Das Ehrenkleid, das Saladin mir gab.
Eh es verschossen ist, eh es zu Lumpen
Geworden, wie sie einen Derwisch kleiden,
Hängts in Jerusalem am Nagel, und
Ich bin am Ganges, wo ich leicht und barfuß
Den heißen Sand mit meinen Lehrern trete.
NATHAN. Dir ähnlich gnug!
DERWISCH.   Und Schach mit ihnen spiele.
NATHAN. Dein höchstes Gut!
DERWISCH.   Denkt nur, was mich verführte! –
    Damit ich selbst nicht länger betteln dürfte?
    Den reichen Mann mit Bettlern spielen könnte?
    Vermögend wär' im Hui den reichsten Bettler
    In einen armen Reichen zu verwandeln?
NATHAN. Das nun wohl nicht.
DERWISCH.   Weit etwas Abgeschmackters!
    Ich fühlte mich zum erstenmal geschmeichelt;
    Durch Saladins gutherz'gen Wahn geschmeichelt –
NATHAN. Der war?
DERWISCH.   »Ein Bettler wisse nur, wie Bettlern
    Zu Mute sei; ein Bettler habe nur
    Gelernt, mit guter Weise Bettlern geben.
    Dein Vorfahr, sprach er, war mir viel zu kalt,
    Zu rauh. Er gab so unhold, wenn er gab;
    Erkundigte so ungestüm sich erst
    Nach dem Empfänger; nie zufrieden, daß
    Er nur den Mangel kenne, wollt' er auch
    Des Mangels Ursach wissen, um die Gabe
    Nach dieser Ursach filzig abzuwägen.
    Das wird Al-Hafi nicht! So unmild mild
    Wird Saladin im Hafi nicht erscheinen!
    Al-Hafi gleicht verstopften Röhren nicht,
    Die ihre klar und still empfangnen Wasser
    So unrein und so sprudelnd wieder geben.
    Al-Hafi denkt; Al-Hafi fühlt wie ich!« –

So lieblich klang des Voglers Pfeife, bis
Der Gimpel in dem Netze war. – Ich Geck!
Ich eines Gecken Geck!

NATHAN.   Gemach, mein Derwisch,
Gemach!

DERWISCH. Ei was! – Es wär' nicht Geckerei,
Bei Hunderttausenden die Menschen drücken,
Ausmergeln, plündern, martern, würgen; und
Ein Menschenfreund an einzeln scheinen wollen?
Es wär' nicht Geckerei, des Höchsten Milde,
Die sonder Auswahl über Bös' und Gute
Und Flur und Wüstenei, in Sonnenschein
Und Regen sich verbreitet, – nachzuäffen,
Und nicht des Höchsten immer volle Hand
Zu haben? Was? es wär' nicht Geckerei …

NATHAN. Genug! hör auf!

DERWISCH.   Laßt *meiner* Geckerei
Mich doch nur auch erwähnen! – Was? es wäre
Nicht Geckerei, an solchen Geckereien
Die gute Seite dennoch auszuspüren,
Um Anteil, dieser guten Seite wegen,
An dieser Geckerei zu nehmen? Heh?
Das nicht?

NATHAN.   Al-Hafi, mache, daß du bald
In deine Wüste wieder kömmst. Ich fürchte,
Grad' unter Menschen möchtest du ein Mensch
Zu sein verlernen.

DERWISCH.   Recht, das fürcht' ich auch.
Lebt wohl!

NATHAN.   So hastig? – Warte doch, Al-Hafi.
Entläuft dir denn die Wüste? – Warte doch! –
Daß er mich hörte! – He, Al-Hafi! hier! –
Weg ist er; und ich hätt' ihn noch so gern
Nach unserm Tempelherrn gefragt. Vermutlich,
Daß er ihn kennt.

Daja eilig herbei . Nathan

DAJA.   O Nathan, Nathan!

NATHAN.   Nun?
  Was gibts?

DAJA.   Er läßt sich wieder sehn! Er läßt
  Sich wieder sehn!

NATHAN.   Wer, Daja? wer?

DAJA.   Er! er!

NATHAN. Er? Er? – Wann läßt sich *der* nicht sehn! – Ja so,
  Nur euer Er heißt er. – Das sollt' er nicht!
  Und wenn er auch ein Engel wäre, nicht!

DAJA. Er wandelt untern Palmen wieder auf
  Und ab; und bricht von Zeit zu Zeit sich Datteln.

NATHAN. Sie essend? – und als Tempelherr?

DAJA.   Was quält
  Ihr mich? – Ihr gierig Aug' erriet ihn hinter
  Den dicht verschränkten Palmen schon; und folgt
  Ihm unverrückt. Sie läßt Euch bitten, – Euch
  Beschwören, – ungesäumt ihn anzugehn.
  O eilt! Sie wird Euch aus dem Fenster winken,
  Ob er hinauf geht oder weiter ab
  Sich schlägt. O eilt!

NATHAN.   So wie ich vom Kamele
  Gestiegen? – Schickt sich das? – Geh, eile du
  Ihm zu; und meld' ihm meine Wiederkunft.
  Gib Acht, der Biedermann hat nur mein Haus
  In meinem Absein nicht betreten wollen;
  Und kömmt nicht ungern, wenn der Vater selbst
  Ihn laden läßt. Geh, sag', ich laß' ihn bitten,
  Ihn herzlich bitten ...

DAJA.   All umsonst! Er kömmt
  Euch nicht. – Denn kurz; er kömmt zu keinem Juden.

NATHAN. So geh, geh wenigstens ihn anzuhalten;
  Ihn wenigstens mit deinen Augen zu
  Begleiten. – Geh, ich komme gleich dir nach.
            (Nathan eilet hinein, und Daja heraus)

Szene: ein Platz mit Palmen,
unter welchen der Tempelherr auf und nieder geht.
Ein Klosterbruder folgt ihm in einiger Entfernung
von der Seite, immer als ob er ihn anreden wolle

TEMPELHERR. Der folgt mir nicht vor langer Weile! – Sieh,
  Wie schielt er nach den Händen! – Guter Bruder, …
  Ich kann Euch auch wohl Vater nennen; nicht?
KLOSTERBRUDER. Nur Bruder – Laienbruder nur; zu dienen.
TEMPELHERR. Ja, guter Bruder, wer nur selbst was hätte!
  Bei Gott! bei Gott! ich habe nichts –
KLOSTERBRUDER.   Und doch
  Recht warmen Dank! Gott geb' Euch tausendfach
  Was Ihr gern geben wolltet. Denn der Wille
  Und nicht die Gabe macht den Geber. – Auch
  Ward ich dem Herrn Almosens wegen gar
  Nicht nachgeschickt.
TEMPELHERR.   Doch aber nachgeschickt?
KLOSTERBRUDER. Ja; aus dem Kloster.
TEMPELHERR.   Wo ich eben jetzt
  Ein kleines Pilgermahl zu finden hoffte?
KLOSTERBRUDER. Die Tische waren schon besetzt: komm' aber
  Der Herr nur wieder mit zurück.
TEMPELHERR.   Wozu?
  Ich habe Fleisch wohl lange nicht gegessen:
  Allein was tuts? Die Datteln sind ja reif.
KLOSTERBRUDER.
  Nehm' sich der Herr in Acht mit dieser Frucht.
  Zu viel genossen taugt sie nicht; verstopft
  Die Milz; macht melancholisches Geblüt.
TEMPELHERR. Wenn ich nun melancholisch gern mich fühlte? –
  Doch dieser Warnung wegen wurdet Ihr
  Mir doch nicht nachgeschickt?
KLOSTERBRUDER.   O nein! – Ich soll
  Mich nur nach Euch erkunden; auf den Zahn
  Euch fühlen.

TEMPELHERR. Und das sagt Ihr mir so selbst?

KLOSTERBRUDER.
  Warum nicht?

TEMPELHERR. (Ein verschmitzter Bruder!) – Hat
  Das Kloster Eures gleichen mehr?

KLOSTERBRUDER.   Weiß nicht.
  Ich muß gehorchen, lieber Herr.

TEMPELHERR.   Und da
  Gehorcht Ihr denn auch ohne viel zu klügeln?

KLOSTERBRUDER.
  Wär's sonst gehorchen, lieber Herr?

TEMPELHERR.   (Daß doch
  Die Einfalt immer Recht behält!) – Ihr dürft
  Mir doch auch wohl vertrauen, wer mich gern
  Genauer kennen möchte? – Daß Ihrs selbst
  Nicht seid, will ich wohl schwören.

KLOSTERBRUDER.   Ziemte mirs?
  Und frommte mirs?

TEMPELHERR.   Wem ziemt und frommt es denn,
  Daß er so neubegierig ist? Wem denn?

KLOSTERBRUDER. Dem Patriarchen; muß ich glauben. – Denn
  Der sandte mich Euch nach.

TEMPELHERR.   Der Patriarch?
  Kennt der das rote Kreuz auf weißem Mantel
  Nicht besser?

KLOSTERBRUDER.
          Kenn' ja ichs!

TEMPELHERR.   Nun, Bruder? nun? –
  Ich bin ein Tempelherr; und ein gefang'ner. –
  Setz' ich hinzu: gefangen bei Tebnin,
  Der Burg, die mit des Stillstands letzter Stunde
  Wir gern erstiegen hätten, um sodann
  Auf Sidon los zu gehn; – setz' ich hinzu:
  Selbzwanzigster gefangen und allein
  Vom Saladin begnadiget: so weiß
  Der Patriarch, was er zu wissen braucht; –
  Mehr, als er braucht.

KLOSTERBRUDER.   Wohl aber schwerlich mehr,

Als er schon weiß. – Er wüßt' auch gern, warum
Der Herr vom Saladin begnadigt worden;
Er ganz allein.

TEMPELHERR. Weiß ich das selber? – Schon
Den Hals entblößt, kniet' ich auf meinem Mantel,
Den Streich erwartend: als mich schärfer Saladin
Ins Auge faßt, mir näher springt, und winkt.
Man hebt mich auf; ich bin entfesselt; will
Ihm danken; seh' sein Aug' in Tränen: stumm
Ist er, bin ich; er geht, ich bleibe. – Wie
Nun das zusammenhängt, enträtsle sich
Der Patriarche selbst.

KLOSTERBRUDER. Er schließt daraus,
Daß Gott zu großen, großen Dingen Euch
Müß' aufbehalten haben.

TEMPELHERR. Ja, zu großen!
Ein Judenmädchen aus dem Feur zu retten;
Auf Sinai neugier'ge Pilger zu
Geleiten; und dergleichen mehr.

KLOSTERBRUDER. Wird schon
Noch kommen! – Ist inzwischen auch nicht übel. –
Vielleicht hat selbst der Patriarch bereits
Weit wicht'gere Geschäfte für den Herrn.

TEMPELHERR.
So? meint Ihr, Bruder? – Hat er gar Euch schon
Was merken lassen?

KLOSTERBRUDER. Ei, ja wohl! – Ich soll
Den Herrn nur erst ergründen, ob er so
Der Mann wohl ist.

TEMPELHERR. Nun ja; ergründet nur!
(Ich will doch sehn, wie der ergründet!) – Nun?

KLOSTERBRUDER.
Das kürzste wird wohl sein, daß ich dem Herrn
Ganz grade zu des Patriarchen Wunsch
Eröffne.

TEMPELHERR.
Wohl!

KLOSTERBRUDER. Er hätte durch den Herrn

Ein Briefchen gern bestellt.

TEMPELHERR. Durch mich? Ich bin
Kein Bote. – Das, das wäre das Geschäft,
Das weit glorreicher sei, als Judenmädchen
Dem Feur entreißen?

KLOSTERBRUDER. Muß doch wohl! Denn – sagt
Der Patriarch – an diesem Briefchen sei
Der ganzen Christenheit sehr viel gelegen.
Dies Briefchen wohl bestellt zu haben, – sagt
Der Patriarch, – werd' einst im Himmel Gott
Mit einer ganz besondern Krone lohnen.
Und dieser Krone, – sagt der Patriarch, –
Sei niemand würd'ger, als mein Herr.

TEMPELHERR. Als ich?

KLOSTERBRUDER. Denn diese Krone zu verdienen, – sagt
Der Patriarch, – sei schwerlich jemand auch
Geschickter, als mein Herr.

TEMPELHERR. Als ich?

KLOSTERBRUDER. Er sei
Hier frei; könn' überall sich hier besehn;
Versteh', wie eine Stadt zu stürmen und
Zu schirmen; könne, – sagt der Patriarch, –
Die Stärk' und Schwäche der von Saladin
Neu aufgeführten, innern, zweiten Mauer
Am besten schätzen, sie am deutlichsten
Den Streitern Gottes, – sagt der Patriarch, –
Beschreiben.

TEMPELHERR. Guter Bruder, wenn ich doch
Nun auch des Briefchens nähern Inhalt wüßte.

KLOSTERBRUDER. Ja den, – den weiß ich nun wohl nicht so recht.
Das Briefchen aber ist an König Philipp. –
Der Patriarch ... Ich hab' mich oft gewundert,
Wie doch ein Heiliger, der sonst so ganz
Im Himmel lebt, zugleich so unterrichtet
Von Dingen dieser Welt zu sein herab
Sich lassen kann. Es muß ihm sauer werden.

TEMPELHERR. Nun dann? der Patriarch? –

KLOSTERBRUDER. Weiß ganz genau,

Ganz zuverlässig, wie und wo, wie stark,
Von welcher Seite Saladin, im Fall
Es völlig wieder losgeht, seinen Feldzug
Eröffnen wird.

TEMPELHERR.   Das weiß er?

KLOSTERBRUDER.   Ja, und möcht'
Es gern dem König Philipp wissen lassen:
Damit der ungefähr ermessen könne,
Ob die Gefahr denn gar so schrecklich, um
Mit Saladin den Waffenstillestand,
Den Euer Orden schon so brav gebrochen,
Es koste was es wolle, wieder her
Zu stellen.

TEMPELHERR.
                Welch ein Patriarch! – Ja so!
Der liebe tapfre Mann will mich zu keinem
Gemeinen Boten; will mich – zum Spion. –
Sagt Euerm Patriarchen, guter Bruder,
So viel Ihr mich ergründen können, wär'
Das meine Sache nicht. – Ich müsse mich
Noch als Gefangenen betrachten; und
Der Tempelherren einziger Beruf
Sei mit dem Schwerte drein zu schlagen, nicht
Kundschafterei zu treiben.

KLOSTERBRUDER.   Dacht' ichs doch! –
Wills auch dem Herrn nicht eben sehr verübeln. –
Zwar kömmt das Beste noch. – Der Patriarch
Hiernächst hat ausgegattert, wie die Feste
Sich nennt, und wo auf Libanon sie liegt,
In der die ungeheuern Summen stecken,
Mit welchen Saladins vorsichtger Vater
Das Heer besoldet, und die Zurüstungen
Des Kriegs bestreitet. Saladin verfügt
Von Zeit zu Zeit auf abgelegnen Wegen
Nach dieser Feste sich, nur kaum begleitet. –
Ihr merkt doch?

TEMPELHERR.   Nimmermehr!

KLOSTERBRUDER.   Was wäre da

Wohl leichter, als des Saladins sich zu
Bemächtigen? den Garaus ihm zu machen? –
Ihr schaudert? – O es haben schon ein Paar
Gottsfürchtge Maroniten sich erboten,
Wenn nur ein wackrer Mann sie führen wolle,
Das Stück zu wagen.

TEMPELHERR.   Und der Patriarch
Hätt' auch zu diesem wackern Manne mich
Ersehn?

KLOSTERBRUDER.

           Er glaubt, daß König Philipp wohl
Von Ptolemais aus die Hand hierzu
Am besten bieten könne.

TEMPELHERR.   Mir? mir, Bruder?
Mir? Habt Ihr nicht gehört? nur erst gehört,
Was für Verbindlichkeit dem Saladin
Ich habe?

KLOSTERBRUDER.

           Wohl hab ichs gehört.

TEMPELHERR.   Und doch?

KLOSTERBRUDER.
Ja, – meint der Patriarch, – das wär' schon gut:
Gott aber und der Orden ...

TEMPELHERR.   Ändern nichts!
Gebieten mir kein Bubenstück!

KLOSTERBRUDER.   Gewiß nicht! –
Nur, – meint der Patriarch, – sei Bubenstück
Vor Menschen, nicht auch Bubenstück vor Gott.

TEMPELHERR. Ich wär' dem Saladin mein Leben schuldig:
Und raubt ihm seines?

KLOSTERBRUDER.   Pfui! – Doch bliebe, – meint
Der Patriarch, – noch immer Saladin
Ein Feind der Christenheit, der Euer Freund
Zu sein, kein Recht erwerben könne.

TEMPELHERR.   Freund?
An dem ich bloß nicht will zum Schurken werden;
Zum undankbaren Schurken?

KLOSTERBRUDER.   Allerdings! –

Zwar, – meint der Patriarch, – des Dankes sei
Man quitt, vor Gott und Menschen quitt, wenn uns
Der Dienst um unsertwillen nicht geschehen.
Und da verlauten wolle, – meint der Patriarch, –
Daß Euch nur darum Saladin begnadet,
Weil ihm in Eurer Mien', in Euerm Wesen,
So was von seinem Bruder eingeleuchtet ...
TEMPELHERR. Auch dieses weiß der Patriarch; und doch? –
Ah! wäre das gewiß! Ah, Saladin! –
Wie? die Natur hätt' auch nur Einen Zug
Von mir in deines Bruders Form gebildet:
Und dem entspräche nichts in meiner Seele?
Was dem entspräche, könnt ich unterdrücken,
Um einem Patriarchen zu gefallen? –
Natur, so leugst du nicht! So widerspricht
Sich Gott in seinen Werken nicht! – Geht Bruder! –
Erregt mir meine Galle nicht! – Geht! geht!
KLOSTERBRUDER. Ich geh'; und geh' vergnügter, als ich kam.
Verzeihe mir der Herr. Wir Klosterleute
Sind schuldig, unsern Obern zu gehorchen.

SECHSTER AUFTRITT

Der Tempelherr und Daja,
die den Tempelherrn schon eine Zeit lang
von weiten beobachtet hatte, und sich nun ihm nähert

DAJA. Der Klosterbruder, wie mich dünkt, ließ in
Der besten Laun' ihn nicht. – Doch muß ich mein
Paket nur wagen.
TEMPELHERR.   Nun, vortrefflich! – Lügt
Das Sprichwort wohl: daß Mönch und Weib, und Weib
Und Mönch des Teufels beide Krallen sind?
Er wirft mich heut aus einer in die andre.
DAJA. Was seh' ich? – Edler Ritter, Euch? – Gott Dank!
Gott tausend Dank! – Wo habt Ihr denn
Die ganze Zeit gesteckt? – Ihr seid doch wohl

Nicht krank gewesen?

TEMPELHERR. Nein.

DAJA. Gesund doch?

TEMPELHERR. Ja.

DAJA. Wir waren Euertwegen wahrlich ganz
Bekümmert.

TEMPELHERR. So?

DAJA. Ihr wart gewiß verreist?

TEMPELHERR. Erraten!

DAJA. Und kamt heut erst wieder?

TEMPELHERR. Gestern.

DAJA. Auch Rechas Vater ist heut angekommen.
Und nun darf Recha doch wohl hoffen?

TEMPELHERR. Was?

DAJA. Warum sie Euch so öfters bitten lassen.
Ihr Vater ladet Euch nun selber bald
Aufs dringlichste. Er kömmt von Babylon;
Mit zwanzig hochbeladenen Kamelen,
Und allem, was an edeln Spezereien,
An Steinen und an Stoffen, Indien
Und Persien und Syrien, gar Sina,
Kostbares nur gewähren.

TEMPELHERR. Kaufe nichts.

DAJA. Sein Volk verehret ihn als einen Fürsten.
Doch daß es ihn den Weisen Nathan nennt,
Und nicht vielmehr den Reichen, hat mich oft
Gewundert.

TEMPELHERR. Seinem Volk ist reich und weise
Vielleicht das nämliche.

DAJA. Vor allen aber
Hätt's ihn den Guten nennen müssen. Denn
Ihr stellt Euch gar nicht vor, wie gut er ist.
Als er erfuhr, wie viel Euch Recha schuldig:
Was hätt', in diesem Augenblicke, nicht
Er alles Euch getan, gegeben!

TEMPELHERR. Ei!

DAJA. Versuchts und kommt und seht!

TEMPELHERR. Was denn? wie schnell

Ein Augenblick vorüber ist?

DAJA. Hätt' ich,
Wenn er so gut nicht wär', es mir so lange
Bei ihm gefallen lassen? Meint Ihr etwa,
Ich fühle meinen Wert als Christin nicht?
Auch mir wards vor der Wiege nicht gesungen,
Daß ich nur darum meinem Ehgemahl
Nach Palästina folgen würd', um da
Ein Judenmädchen zu erziehn. Es war
Mein lieber Ehgemahl ein edler Knecht
In Kaiser Friedrichs Heere –

TEMPELHERR. Von Geburt
Ein Schweizer, dem die Ehr' und Gnade ward
Mit Seiner Kaiserlichen Majestät
In einem Flusse zu ersaufen. -- Weib!
Wie vielmal habt Ihr mir das schon erzählt?
Hört Ihr denn gar nicht auf mich zu verfolgen?

DAJA. Verfolgen! lieber Gott!

TEMPELHERR. Ja, ja, verfolgen.
Ich will nun einmal Euch nicht weiter sehn!
Nicht hören! Will von Euch an eine Tat
Nicht fort und fort erinnert sein, bei der
Ich nichts gedacht; die, wenn ich drüber denke,
Zum Rätsel von mir selbst mir wird. Zwar möcht'
Ich sie nicht gern bereuen. Aber seht;
Eräugnet so ein Fall sich wieder: Ihr
Seid Schuld, wenn ich so rasch nicht handle; wenn
Ich mich vorher erkund', – und brennen lasse,
Was brennt.

DAJA. Bewahre Gott!

TEMPELHERR. Von heut' an tut
Mir den Gefallen wenigstens, und kennt
Mich weiter nicht. Ich bitt' Euch drum. Auch laßt
Den Vater mir vom Halse. Jud' ist Jude.
Ich bin ein plumper Schwab. Des Mädchens Bild
Ist längst aus meiner Seele; wenn es je
Da war.

DAJA. Doch Eures ist aus ihrer nicht.

TEMPELHERR. Was solls nun aber da? was solls?

DAJA.   Wer weiß!
Die Menschen sind nicht immer, wie sie scheinen.

TEMPELHERR. Doch selten etwas Bessers. *(Er geht)*

DAJA.   Wartet doch!
Was eilt Ihr?

TEMPELHERR.   Weib, macht mir die Palmen nicht
Verhaßt, worunter ich so gern sonst wandle.

DAJA. So geh', du deutscher Bär! so geh'! – Und doch
Muß ich die Spur des Tieres nicht verlieren.
          (Sie geht ihm von weiten nach)

ZWEITER AUFZUG

ERSTER AUFTRITT

Die Szene: des Sultans Palast

Saladin und Sittah spielen Schach

SITTAH. Wo bist du, Saladin? Wie spielst du heut?
SALADIN. Nicht gut? Ich dächte doch.
SITTAH.   Für mich; und kaum.
  Nimm diesen Zug zurück.
SALADIN.   Warum?
SITTAH.   Der Springer
  Wird unbedeckt.
SALADIN.   Ist wahr. Nun so!
SITTAH.   So zieh'
  Ich in die Gabel.
SALADIN.   Wieder wahr. – Schach dann!
SITTAH. Was hilft dir das? Ich setze vor: und du
  Bist, wie du warst.
SALADIN.   Aus dieser Klemme, seh'
  Ich wohl, ist ohne Buße nicht zu kommen.
  Mags! nimm den Springer nur.
SITTAH.   Ich will ihn nicht.
  Ich geh vorbei.
SALADIN.   Du schenkst mir nichts. Dir liegt
  An diesem Platze mehr, als an dem Springer.
SITTAH. Kann sein.
SALADIN.   Mach deine Rechnung nur nicht ohne
  Den Wirt. Denn sieh'! Was gilts, das warst du nicht
  Vermuten?
SITTAH.   Freilich nicht. Wie konnt' ich auch
  Vermuten, daß du deiner Königin
  So müde wärst?

SALADIN.   Ich meiner Königin?

SITTAH. Ich seh' nun schon: ich soll heut meine tausend
  Dinar', kein Naserinchen mehr gewinnen.

SALADIN. Wie so?

SITTAH.   Frag noch! – Weil du mit Fleiß, mit aller
  Gewalt verlieren willst. – Doch dabei find'
  Ich meine Rechnung nicht. Denn außer, daß
  Ein solches Spiel das unterhaltendste
  Nicht ist: gewann ich immer nicht am meisten
  Mit dir, wenn ich verlor? Wenn hast du mir
  Den Satz, mich des verlornen Spieles wegen
  Zu trösten, doppelt nicht hernach geschenkt?

SALADIN. Ei sieh! so hättest *du* ja wohl, wenn du
  Verlorst, mit Fleiß verloren, Schwesterchen?

SITTAH. Zum wenigsten kann gar wohl sein, daß deine
  Freigebigkeit, mein liebes Brüderchen,
  Schuld ist, daß ich nicht besser spielen lernen.

SALADIN. Wir kommen ab vom Spiele. Mach ein Ende!

SITTAH. So bleibt es? Nun dann: Schach! und doppelt Schach!

SALADIN. Nun freilich; dieses Abschach hab' ich nicht
  Gesehn, das meine Königin zugleich
  Mit niederwirft.

SITTAH.   War dem noch abzuhelfen?
  Laß sehn.

SALADIN.   Nein, nein; nimm nur die Königin.
  Ich war mit diesem Steine nie recht glücklich.

SITTAH. Bloß mit dem Steine?

SALADIN.   Fort damit! – Das tut
  Mir nichts. Denn so ist alles wiederum
  Geschützt.

SITTAH.   Wie höflich man mit Königinnen
  Verfahren müsse: hat mein Bruder mich
  Zu wohl gelehrt. *(Sie läßt sie stehen)*

SALADIN.   Nimm, oder nimm sie nicht!
  Ich habe keine mehr.

SITTAH.   Wozu sie nehmen?
  Schach! – Schach!

SALADIN.   Nur weiter.

SITTAH.   Schach! – und Schach! – und Schach! –
SALADIN. Und matt!

SITTAH.   Nicht ganz; du ziehst den Springer noch
Dazwischen; oder was du machen willst.
Gleichviel!

SALADIN.   Ganz recht! – Du hast gewonnen: und
Al-Hafi zahlt. – Man laß ihn rufen! gleich! –
Du hattest, Sittah, nicht so unrecht; ich
War nicht so ganz beim Spiele; war zerstreut.
Und dann: wer gibt uns denn die glatten Steine
Beständig? die an nichts erinnern, nichts
Bezeichnen. Hab' ich mit dem Iman denn
Gespielt? – Doch was? Verlust will Vorwand. Nicht
Die ungeformten Steine, Sittah, sinds
Die mich verlieren machten: deine Kunst,
Dein ruhiger und schneller Blick ...

SITTAH.   Auch so
Willst du den Stachel des Verlusts nur stumpfen.
Genug, du warst zerstreut; und mehr als ich.

SALADIN. Als du? Was hätte *dich* zerstreuet?

SITTAH.   Deine
Zerstreuung freilich nicht! – O Saladin,
Wenn werden wir so fleißig wieder spielen!

SALADIN. So spielen wir um so viel gieriger! –
Ah! weil es wieder los geht, meinst du? – Mags! –
Nur zu! – Ich habe nicht zuerst gezogen;
Ich hätte gern den Stillstand aufs neue
Verlängert; hätte meiner Sittah gern,
Gern einen guten Mann zugleich verschafft.
Und das muß Richards Bruder sein: er ist
Ja Richards Bruder.

SITTAH.   Wenn du deinen Richard
Nur loben kannst!

SALADIN.   Wenn unserm Bruder Melek
Dann Richards Schwester wär' zu Teile worden:
Ha! welch ein Haus zusammen! Ha, der ersten,
Der besten Häuser in der Welt das beste! –
Du hörst, ich bin mich selbst zu loben, auch

Nicht faul. Ich dünk' mich meiner Freunde wert. –
Das hätte Menschen geben sollen! das!

SITTAH. Hab' ich des schönen Traums nicht gleich gelacht?
Du kennst die Christen nicht, willst sie nicht kennen.
Ihr Stolz ist: Christen sein; nicht Menschen. Denn
Selbst das, was, noch von ihrem Stifter her,
Mit Menschlichkeit den Aberglauben wirzt,
Das lieben sie, nicht weil es menschlich ist:
Weils Christus lehrt; weils Christus hat getan. –
Wohl ihnen, daß er ein so guter Mensch
Noch war! Wohl ihnen, daß sie seine Tugend
Auf Treu und Glaube nehmen können! – Doch
Was Tugend? – Seine Tugend nicht; sein Name
Soll überall verbreitet werden; soll
Die Namen aller guten Menschen schänden,
Verschlingen. Um den Namen, um den Namen
Ist ihnen nur zu tun.

SALADIN.   Du meinst: warum
Sie sonst verlangen würden, daß auch ihr,
Auch du und Melek, Christen hießet, eh
Als Ehgemahl ihr Christen lieben wolltet?

SITTAH. Ja wohl! Als wär' von Christen nur, als Christen,
Die Liebe zu gewärtigen, womit
Der Schöpfer Mann und Männin ausgestattet!

SALADIN. Die Christen glauben mehr Armseligkeiten,
Als daß sie *die* nicht auch noch glauben könnten! –
Und gleichwohl irrst du dich. – Die Tempelherren,
Die Christen nicht, sind Schuld: sind nicht, als Christen,
Als Tempelherren Schuld. Durch die allein
Wird aus der Sache nichts. Sie wollen Acca,
Das Richards Schwester unserm Bruder Melek
Zum Brautschatz bringen müßte, schlechterdings
Nicht fahren lassen. Daß des Ritters Vorteil
Gefahr nicht laufe, spielen sie den Mönch,
Den albern Mönch. Und ob vielleicht im Fluge
Ein guter Streich gelänge: haben sie
Des Waffenstillestandes Ablauf kaum
Erwarten können. – Lustig! Nur so weiter!

Ihr Herren, nur so weiter! – Mir schon recht! –
Wär alles sonst nur, wie es müßte.

SITTAH.   Nun?
Was irrte dich denn sonst? Was könnte sonst
Dich aus der Fassung bringen?

SALADIN.   Was von je
Mich immer aus der Fassung hat gebracht. –
Ich war auf Libanon, bei unserm Vater.
Er unterliegt den Sorgen noch ...

SITTAH.   O weh!

SALADIN. Er kann nicht durch; es klemmt sich aller Orten;
Es fehlt bald da, bald dort –

SITTAH.   Was klemmt? was fehlt?

SALADIN. Was sonst, als was ich kaum zu nennen würd'ge?
Was, wenn ichs habe, mir so überflüssig,
Und hab' ichs nicht, so unentbehrlich scheint. –
Wo bleibt Al-Hafi denn? Ist niemand nach
Ihm aus? – Das leidige, verwünschte Geld! –
Gut, Hafi, daß du kömmst.

ZWEITER AUFTRITT

Der Derwisch Al-Hafi. Saladin. Sittah

AL-HAFI.   Die Gelder aus
Ägypten sind vermutlich angelangt.
Wenns nur fein viel ist.

SALADIN.   Hast du Nachricht?

AL-HAFI.   Ich?
Ich nicht. Ich denke, daß ich hier sie in
Empfang soll nehmen.

SALADIN.   Zahl an Sittah tausend
Dinare! *(in Gedanken hin und her gehend)*

AL-HAFI. Zahl! anstatt, empfang! O schön!
Das ist für Was noch weniger als Nichts. –
An Sittah? – wiederum an Sittah? Und
Verloren? – wiederum im Schach verloren? –

Da steht es noch das Spiel!

SITTAH. Du gönnst mir doch
Mein Glück?

AL-HAFI *(das Spiel betrachtend)*.
Was gönnen? Wenn – Ihr wißt ja wohl.

SITTAH *(ihm winkend)*.
Bst! Hafi! bst!

AL-HAFI *(noch auf das Spiel gerichtet)*.
Gönnts Euch nur selber erst!

SITTAH. Al-Hafi! bst!

AL-HAFI *(zu Sittah)*. Die Weißen waren Euer?
Ihr bietet Schach?

SITTAH. Gut, daß er nichts gehört!

AL-HAFI. Nun ist der Zug an ihm?

SITTAH *(ihm näher tretend)*. So sage doch,
Daß ich mein Geld bekommen kann.

AL-HAFI *(noch auf das Spiel geheftet)*. Nun ja;
Ihr sollts bekommen, wie Ihrs stets bekommen.

SITTAH. Wie? bist du toll?

AL-HAFI. Das Spiel ist ja nicht aus.
Ihr habt ja nicht verloren, Saladin.

SALADIN *(kaum hinhörend)*.
Doch! doch! Bezahl! bezahl!

AL-HAFI. Bezahl! bezahl!
Da steht ja Eure Königin.

SALADIN *(noch so)*. Gilt nicht;
Gehört nicht mehr ins Spiel.

SITTAH. So mach, und sag,
Daß ich das Geld mir nur kann holen lassen.

AL-HAFI *(noch immer in das Spiel vertieft)*.
Versteht sich, so wie immer. – Wenn auch schon;
Wenn auch die Königin nichts gilt: Ihr seid
Doch darum noch nicht matt.

SALADIN *(tritt hinzu und wirft das Spiel um)*.
Ich bin es; will
Es sein.

AL-HAFI. Ja so! – Spiel wie Gewinst! So wie
Gewonnen, so bezahlt.

SALADIN *(zu Sittah).*   Was sagt er? was?

SITTAH *(von Zeit zu Zeit dem Hafi winkend).*
  Du kennst ihn ja. Er sträubt sich gern; läßt gern
  Sich bitten; ist wohl gar ein wenig neidisch. –

SALADIN. Auf dich doch nicht? Auf meine Schwester nicht? –
  Was hör' ich, Hafi? Neidisch? du?

AL-HAFI.   Kann sein!
  Kann sein! – Ich hätt' ihr Hirn wohl lieber selbst;
  Wär' lieber selbst so gut, als sie.

SITTAH.   Indes
  Hat er doch immer richtig noch bezahlt.
  Und wird auch heut' bezahlen. Laß ihn nur! –
  Geh nur, Al-Hafi, geh! Ich will das Geld
  Schon holen lassen.

AL-HAFI.   Nein; ich spiele länger
  Die Mummerei nicht mit. Er muß es doch
  Einmal erfahren.

SALADIN.   Wer? und was?

SITTAH.   Al-Hafi!
  Ist dieses dein Versprechen? Hältst du so
  Mir Wort?

AL-HAFI.   Wie konnt' ich glauben, daß es so
  Weit gehen würde.

SALADIN.   Nun? erfahr ich nichts?

SITTAH. Ich bitte dich, Al-Hafi; sei bescheiden.

SALADIN. Das ist doch sonderbar! Was könnte Sittah
  So feierlich, so warm bei einem Fremden,
  Bei einem Derwisch lieber, als bei mir,
  Bei ihrem Bruder sich verbitten wollen.
  Al-Hafi, nun befehl ich. – Rede, Derwisch!

SITTAH. Laß eine Kleinigkeit, mein Bruder, dir
  Nicht näher treten, als sie würdig ist.
  Du weißt, ich habe zu verschiednen Malen
  Dieselbe Summ' im Schach von dir gewonnen.
  Und weil ich itzt das Geld nicht nötig habe;
  Weil itzt in Hafis Kasse doch das Geld
  Nicht eben allzuhäufig ist: so sind
  Die Posten stehn geblieben. Aber sorgt

Nur nicht! Ich will sie weder dir, mein Bruder,
Noch Hafi, noch der Kasse schenken.

AL-HAFI.   Ja,
Wenns das nur wäre! das!

SITTAH.   Und mehr dergleichen. –
Auch das ist in der Kasse stehn geblieben,
Was du mir einmal ausgeworfen; ist
Seit wenig Monden stehn geblieben.

AL-HAFI.   Noch
Nicht alles.

SALADIN.   Noch nicht? – Wirst du reden?

AL-HAFI.
Seit aus Ägypten wir das Geld erwarten,
Hat sie ...

SITTAH *(zu Saladin)*.
              Wozu ihn hören?

AL-HAFI.   Nicht nur Nichts
Bekommen ...

SALADIN.   Gutes Mädchen! – Auch beiher
Mit vorgeschossen. Nicht?

AL-HAFI.   Den ganzen Hof
Erhalten; Euern Aufwand ganz allein
Bestritten.

SALADIN.   Ha! das, das ist meine Schwester!
(sie umarmend)

SITTAH. Wer hatte, dies zu können, mich so reich
Gemacht, als du, mein Bruder?

AL-HAFI.   Wird schon auch
So bettelarm sie wieder machen, als
Er selber ist.

SALADIN.   Ich arm? der Bruder arm?
Wenn hab' ich mehr? wenn weniger gehabt? –
Ein Kleid, Ein Schwert, Ein Pferd, – und Einen Gott!
Was brauch' ich mehr? Wenn kanns an dem mir fehlen?
Und doch, Al-Hafi, könnt' ich mit dir schelten.

SITTAH. Schilt nicht, mein Bruder. Wenn ich unserm Vater
Auch seine Sorgen so erleichtern könnte!

SALADIN. Ah! Ah! Nun schlägst du meine Freudigkeit

104

Auf einmal wieder nieder! – Mir, für mich
Fehlt nichts, und kann nichts fehlen. Aber ihm,
Ihm fehlet; und in ihm uns allen. – Sagt,
Was soll ich machen? – Aus Ägypten kommt
Vielleicht noch lange nichts. Woran das liegt,
Weiß Gott. Es ist doch da noch alles ruhig. –
Abbrechen, einziehn, sparen, will ich gern,
Mir gern gefallen lassen; wenn es mich,
Bloß mich betrifft; bloß mich, und niemand sonst
Darunter leidet. – Doch was kann das machen?
Ein Pferd, Ein Kleid, Ein Schwerd, muß ich doch haben.
Und meinem Gott ist auch nichts abzudingen.
Ihm gnügt schon so mit wenigem genug;
Mit meinem Herzen. – Auf den Überschuß
Von deiner Kasse, Hafi, hatt' ich sehr
Gerechnet.

AL-HAFI.　　Überschuß? – Sagt selber, ob
Ihr mich nicht hättet spießen, wenigstens
Mich drosseln lassen, wenn auf Überschuß
Ich von Euch wär' ergriffen worden. Ja,
Auf Unterschleif! das war zu wagen.

SALADIN.　　　　　　　　Nun,
Was machen wir denn aber? – Konntest du
Vor erst bei niemand andern borgen, als
Bei Sittah?

SITTAH.　　Würd' ich dieses Vorrecht, Bruder,
Mir haben nehmen lassen? Mir von ihm?
Auch noch besteh' ich drauf. Noch bin ich auf
Dem Trocknen völlig nicht.

SALADIN.　　　　　　Nur völlig nicht!
Das fehlte noch! – Geh gleich, mach Anstalt, Hafi!
Nimm auf bei wem du kannst! und wie du kannst!
Geh, borg, versprich. – Nur, Hafi, borge nicht
Bei denen, die ich reich gemacht. Denn borgen
Von diesen, möchte wiederfodern heißen.
Geh zu den Geizigsten; die werden mir
Am liebsten leihen. Denn sie wissen wohl,
Wie gut ihr Geld in meinen Händen wuchert.

AL-HAFI. Ich kenne deren keine.

SITTAH.   Eben fällt
Mir ein, gehört zu haben, Hafi, daß
Dein Freund zurückgekommen.

AL-HAFI *(betroffen).*   Freund? mein Freund?
Wer wär' denn das?

SITTAH.   Dein hochgepriesner Jude.

AL-HAFI. Gepriesner Jude? hoch von mir?

SITTAH.   Dem Gott, – –
Mich denkt des Ausdrucks noch recht wohl, des einst
Du selber dich von ihm bedientest, – dem
Sein Gott von allen Gütern dieser Welt
Das kleinst' und größte so in vollem Maß
Erteilet habe. –

AL-HAFI.   Sagt' ich so? – Was meint'
Ich denn damit?

SITTAH.   Das kleinste: Reichtum. Und
Das größte: Weisheit.

AL-HAFI.   Wie? von einem Juden?
Von einem Juden hätt' ich das gesagt?

SITTAH. Das hättest du von deinem Nathan nicht
Gesagt?

AL-HAFI. Ja so! von dem! vom Nathan! – Fiel
Mir der doch gar nicht bei. – Wahrhaftig? Der
Ist endlich wieder heim gekommen? Ei!
So mags doch gar so schlecht mit ihm nicht stehn. –
Ganz recht: den nannt' einmal das Volk den Weisen!
Den Reichen auch.

SITTAH.   Den Reichen nennt es ihn
Itzt mehr als je. Die ganze Stadt erschallt,
Was er für Kostbarkeiten, was für Schätze,
Er mitgebracht.

AL-HAFI.   Nun, ists der Reiche wieder:
So wirds auch wohl der Weise wieder sein.

SITTAH. Was meinst du, Hafi, wenn du diesen angingst?

AL-HAFI. Und was bei ihm? – Doch wohl nicht borgen? – Ja,
Da kennt Ihr ihn. – Er borgen! – Seine Weisheit
Ist eben, daß er niemand borgt.

SITTAH.   Du hast
  Mir sonst doch ganz ein ander Bild von ihm
  Gemacht.
AL-HAFI.   Zur Not wird er Euch Waren borgen.
  Geld aber, Geld? Geld nimmermehr! – Es ist
  Ein Jude freilich übrigens, wie's nicht
  Viel Juden gibt. Er hat Verstand; er weiß
  Zu leben; spielt gut Schach. Doch zeichnet er
  Im Schlechten sich nicht minder, als im Guten
  Von allen andern Juden aus. – Auf den,
  Auf den nur rechnet nicht. – Den Armen gibt
  Er zwar; und gibt vielleicht Trotz Saladin.
  Wenn schon nicht ganz so viel: doch ganz so gern;
  Doch ganz so sonder Ansehn. Jud' und Christ
  Und Muselmann und Parsi, alles ist
  Ihm eins.
SITTAH.   Und so ein Mann ...
SALADIN.   Wie kommt es denn,
  Daß ich von diesem Manne nie gehört? ...
SITTAH. Der sollte Saladin nicht borgen? nicht
  Dem Saladin, der nur für andre braucht,
  Nicht sich?
AL-HAFI.   Da seht nun gleich den Juden wieder;
  Den ganz gemeinen Juden! – Glaubt mirs doch! –
  Er ist aufs Geben Euch so eifersüchtig,
  So neidisch! Jedes *Lohn von Gott*, das in
  Der Welt gesagt wird, zög' er lieber ganz
  Allein. Nur darum eben leiht er keinem,
  Damit er stets zu geben habe. Weil
  Die Mild' ihm im Gesetz geboten; die
  Gefälligkeit ihm aber nicht geboten: macht
  Die Mild' ihn zu dem ungefälligsten
  Gesellen auf der Welt. Zwar bin ich seit
  Geraumer Zeit ein wenig übern Fuß
  Mit ihm gespannt; doch denkt nur nicht, daß ich
  Ihm darum nicht Gerechtigkeit erzeige.
  Er ist zu allem gut: bloß dazu nicht;
  Bloß dazu wahrlich nicht. Ich will auch gleich

Nur gehn, an andre Türen klopfen ... Da
Besinn' ich mich so eben eines Mohren,
Der reich und geizig ist. – Ich geh'; ich geh'.

SITTAH. Was eilst du, Hafi?

SALADIN.   Laß ihn! laß ihn!

DRITTER AUFTRITT

Sittah. Saladin

SITTAH.   Eilt
Er doch, als ob er mir nur gern entkäme! –
Was heißt das? – Hat er wirklich sich in ihm
Betrogen, oder – möcht' er uns nur gern
Betriegen?

SALADIN.   Wie? das fragst du mich? Ich weiß
Ja kaum, von wem die Rede war; und höre
Von euerm Juden, euerm Nathan, heut'
Zum erstenmal.

SITTAH.   Ists möglich? daß ein Mann
Dir so verborgen blieb, von dem es heißt,
Er habe Salomons und Davids Gräber
Erforscht, und wisse deren Siegel durch
Ein mächtiges geheimes Wort zu lösen?
Aus ihnen bring' er dann von Zeit zu Zeit
Die unermeßlichen Reichtümer an
Den Tag, die keinen mindern Quell verrieten.

SALADIN. Hat seinen Reichtum dieser Mann aus Gräbern,
So warens sicherlich nicht Salomons,
Nicht Davids Gräber. Narren lagen da
Begraben!

SITTAH.   Oder Bösewichter! – Auch
Ist seines Reichtums Quelle weit ergiebiger
Weit unerschöpflicher, als so ein Grab
Voll Mammon.

SALADIN.   Denn er handelt; wie ich hörte.

SITTAH. Sein Saumtier treibt auf allen Straßen, zieht

Durch alle Wüsten; seine Schiffe liegen
In allen Häfen. Das hat mir wohl eh
Al-Hafi selbst gesagt; und voll Entzücken
Hinzugefügt, wie groß, wie edel dieser
Sein Freund anwende, was so klug und emsig
Er zu erwerben für zu klein nicht achte:
Hinzugefügt, wie frei von Vorurteilen
Sein Geist; sein Herz wie offen jeder Tugend,
Wie eingestimmt mit jeder Schönheit sei.
SALADIN. Und itzt sprach Hafi doch so ungewiß,
  So kalt von ihm.
SITTAH.   Kalt nun wohl nicht; verlegen.
  Als halt' ers für gefährlich, ihn zu loben,
  Und woll' ihn unverdient doch auch nicht tadeln. –
  Wie? oder wär' es wirklich so, daß selbst
  Der Beste seines Volkes seinem Volke
  Nicht ganz entfliehen kann? daß wirklich sich
  Al-Hafi seines Freunds von dieser Seite
  Zu schämen hätte? – Sei dem, wie ihm wolle! –
  Der Jude sei mehr oder weniger
  Als Jud', ist er nur reich: genug für uns!
SALADIN. Du willst ihm aber doch das Seine mit
  Gewalt nicht nehmen, Schwester?
SITTAH.   Ja, was heißt
  Bei dir Gewalt? Mit Feu'r und Schwert? Nein, nein,
  Was braucht es mit den Schwachen für Gewalt,
  Als ihre Schwäche? – Komm vor itzt nur mit
  In meinen Haram, eine Sängerin
  Zu hören, die ich gestern erst gekauft.
  Es reift indes bei mir vielleicht ein Anschlag,
  Den ich auf diesen Nathan habe. – Komm!

VIERTER AUFTRITT

Szene: vor dem Hause des Nathan, wo es
an die Palmen stößt

Recha und Nathan kommen heraus. Zu ihnen Daja

RECHA. Ihr habt Euch sehr verweilt, mein Vater. Er
Wird kaum noch mehr zu treffen sein.
NATHAN.   Nun, nun;
Wenn hier, hier untern Palmen schon nicht mehr:
Doch anderwärts. – Sei itzt nur ruhig. – Sieh!
Kömmt dort nicht Daja auf uns zu?
RECHA.   Sie wird
Ihn ganz gewiß verloren haben.
NATHAN.   Auch
Wohl nicht.
RECHA.   Sie würde sonst geschwinder kommen.
NATHAN. Sie hat uns wohl noch nicht gesehn ...
RECHA.   Nun sieht
Sie uns.
NATHAN. Und doppelt ihre Schritte. Sieh! –
Sei doch nur ruhig! ruhig!
RECHA.   Wolltet Ihr
Wohl eine Tochter, die hier ruhig wäre?
Sich unbekümmert ließe, wessen Wohltat
Ihr Leben sei? Ihr Leben, – das ihr nur
So lieb, weil sie es Euch zu erst verdanket.
NATHAN. Ich möchte dich nicht anders, als du bist:
Auch wenn ich wüßte, daß in deiner Seele
Ganz etwas anders noch sich rege.
RECHA.   Was,
Mein Vater?
NATHAN.   Fragst du mich? so schüchtern mich?
Was auch in deinem Innern vorgeht, ist
Natur und Unschuld. Laß es keine Sorge
Dir machen. Mir, mir macht es keine. Nur
Versprich mir: wenn dein Herz vernehmlicher

Sich einst erklärt, mir seiner Wünsche keinen
Zu bergen.

RECHA.   Schon die Möglichkeit, mein Herz
Euch lieber zu verhüllen, macht mich zittern.

NATHAN. Nichts mehr hiervon! Das ein für allemal
Ist abgetan. – Da ist ja Daja. – Nun?

DAJA. Noch wandelt er hier untern Palmen; und
Wird gleich um jene Mauer kommen. – Seht,
Da kömmt er!

RECHA.   Ah! und scheinet unentschlossen,
Wohin? ob weiter? ob hinab? ob rechts?
Ob links?

DAJA.   Nein, nein; er macht den Weg ums Kloster
Gewiß noch öfter; und dann muß er hier
Vorbei. – Was gilts?

RECHA.   Recht! recht! – Hast du ihn schon
Gesprochen? Und wie ist er heut?

DAJA.   Wie immer.

NATHAN. So macht nur, daß er euch hier nicht gewahr
Wird. Tretet mehr zurück. Geht lieber ganz
Hinein.

RECHA.   Nur einen Blick noch! – Ah! die Hecke,
Die mir ihn stiehlt.

DAJA.   Kommt! kommt! Der Vater hat
Ganz recht. Ihr lauft Gefahr, wenn er Euch sieht,
Daß auf der Stell' er umkehrt.

RECHA.   Ah! die Hecke!

NATHAN. Und kömmt er plötzlich dort aus ihr hervor:
So kann er anders nicht, er muß euch sehn.
Drum geht doch nur!

DAJA.   Kommt! kommt! Ich weiß ein Fenster,
Aus dem wir sie bemerken können.

RECHA.   Ja?

(Beide hinein)

Nathan und bald darauf der Tempelherr

NATHAN. Fast scheu' ich mich des Sonderlings. Fast macht
    Mich seine rauhe Tugend stutzen. Daß
    Ein Mensch doch einen Menschen so verlegen
    Soll machen können! – Ha! er kömmt. – Bei Gott!
    Ein Jüngling wie ein Mann. Ich mag ihn wohl
    Den guten, trotzgen Blick! den prallen Gang!
    Die Schale kann nur bitter sein: der Kern
    Ists sicher nicht. – Wo sah' ich doch dergleichen? –
    Verzeihet, edler Franke ...
TEMPELHERR.   Was?
NATHAN.   Erlaubt ...
TEMPELHERR. Was, Jude? was?
NATHAN.   Daß ich mich untersteh',
    Euch anzureden.
TEMPELHERR.   Kann ichs wehren? Doch
    Nur kurz.
NATHAN.   Verzieht, und eilet nicht so stolz,
    Nicht so verächtlich einem Mann vorüber,
    Den Ihr auf ewig Euch verbunden habt.
TEMPELHERR.
    Wie das? – Ah, fast errat' ichs. Nicht? Ihr seid ...
NATHAN. Ich heiße Nathan; bin des Mädchens Vater,
    Das Eure Großmut aus dem Feu'r gerettet;
    Und komme ...
TEMPELHERR.   Wenn zu danken: – sparts! Ich hab'
    Um diese Kleinigkeit des Dankes schon
    Zu viel erdulden müssen. – Vollends Ihr,
    Ihr seid mir gar nichts schuldig. Wußt' ich denn,
    Daß dieses Mädchen Eure Tochter war?
    Es ist der Tempelherren Pflicht, dem ersten
    Dem besten beizuspringen, dessen Not
    Sie sehn. Mein Leben war mir ohnedem
    In diesem Augenblicke lästig. Gern,
    Sehr gern ergriff ich die Gelegenheit,

Es für ein andres Leben in die Schanze
Zu schlagen: für ein andres – wenns auch nur
Das Leben einer Jüdin wäre.

NATHAN.   Groß!
Groß und abscheulich! – Doch die Wendung läßt
Sich denken. Die bescheidne Größe flüchtet
Sich hinter das Abscheuliche, um der
Bewundrung auszuweichen. – Aber wenn
Sie so das Opfer der Bewunderung
Verschmäht: was für ein Opfer denn verschmäht
Sie minder? – Ritter, wenn Ihr hier nicht fremd,
Und nicht gefangen wäret, würd' ich Euch
So dreist nicht fragen. Sagt, befehlt: womit
Kann man Euch dienen?

TEMPELHERR.   Ihr? Mit nichts.

NATHAN.   Ich bin
Ein reicher Mann.

TEMPELHERR.   Der reichre Jude war
Mir nie der beßre Jude.

NATHAN.   Dürft Ihr denn
Darum nicht nützen, was dem ungeachtet
Er Beßres hat? nicht seinen Reichtum nützen?

TEMPELHERR.
Nun gut, das will ich auch nicht ganz verreden;
Um meines Mantels willen nicht. Sobald
Der ganz und gar verschlissen; weder Stich
Noch Fetze länger halten will: komm' ich
Und borge mir bei Euch zu einem neuen,
Tuch oder Geld. – Seht nicht mit eins so finster!
Noch seid Ihr sicher; noch ists nicht so weit
Mit ihm. Ihr seht; er ist so ziemlich noch
Im Stande. Nur der eine Zipfel da
Hat einen garstgen Fleck; er ist versengt.
Und das bekam er, als ich Eure Tochter
Durchs Feuer trug.

NATHAN (der nach dem Zipfel greift und ihn betrachtet).
                    Es ist doch sonderbar,
Daß so ein böser Fleck, daß so ein Brandmal

Dem Mann ein beßres Zeugnis redet, als
Sein eigner Mund. Ich möcht ihn küssen gleich –
Den Flecken! – Ah, verzeiht! – Ich tat es ungern.

TEMPELHERR. Was?

NATHAN.   Eine Träne fiel darauf.

TEMPELHERR.   Tut nichts!
Er hat der Tropfen mehr. – (Bald aber fängt
Mich dieser Jud' an zu verwirren.)

NATHAN.   Wär't
Ihr wohl so gut, und schicktet Euern Mantel
Auch einmal meinem Mädchen?

TEMPELHERR.   Was damit?

NATHAN. Auch ihren Mund auf diesen Fleck zu drücken.
Denn Eure Kniee selber zu umfassen,
Wünscht sie nun wohl vergebens.

TEMPELHERR.   Aber, Jude –
Ihr heißet Nathan? – Aber, Nathan – Ihr
Setzt Eure Worte sehr – sehr gut – sehr spitz –
Ich bin betreten – Allerdings – ich hätte …

NATHAN. Stellt und verstellt Euch, wie Ihr wollt. Ich find'
Auch hier Euch aus. Ihr wart zu gut, zu bieder,
Um höflicher zu sein. – Das Mädchen, ganz
Gefühl; der weibliche Gesandte, ganz
Dienstfertigkeit; der Vater weit entfernt –
Ihr trugt für ihren guten Namen Sorge;
Floht ihre Prüfung; floht, um nicht zu siegen.
Auch dafür dank' ich Euch –

TEMPELHERR.   Ich muß gestehn,
Ihr wißt, wie Tempelherren denken sollten.

NATHAN. Nur Tempelherren? *sollten* bloß? und bloß
Weil es die Ordensregeln so gebieten?
Ich weiß, wie gute Menschen denken; weiß,
Daß alle Länder gute Menschen tragen.

TEMPELHERR. Mit Unterschied, doch hoffentlich?

NATHAN.   Ja wohl;
An Farb', an Kleidung, an Gestalt verschieden.

TEMPELHERR. Auch hier bald mehr, bald weniger, als dort.

NATHAN. Mit diesem Unterschied ists nicht weit her.

Der große Mann braucht überall viel Boden;
Und mehrere, zu nah gepflanzt, zerschlagen
Sich nur die Äste. Mittelgut, wie wir,
Findt sich hingegen überall in Menge.
Nur muß der eine nicht den andern mäkeln.
Nur muß der Knorr den Knuppen hübsch vertragen.
Nur muß ein Gipfelchen sich nicht vermessen,
Daß es allein der Erde nicht entschossen.

TEMPELHERR.
Sehr wohl gesagt! – Doch kennt Ihr auch das Volk,
Das diese Menschenmäkelei zu erst
Getrieben? Wißt Ihr, Nathan, welches Volk
Zu erst das auserwählte Volk sich nannte?
Wie? wenn ich dieses Volk nun, zwar nicht haßte,
Doch wegen seines Stolzes zu verachten,
Mich nicht entbrechen könnte? Seines Stolzes;
Den es auf Christ und Muselmann vererbte,
Nur sein Gott sei der rechte Gott! – Ihr stutzt,
Daß ich, ein Christ, ein Tempelherr, so rede?
Wenn hat, und wo die fromme Raserei,
Den bessern Gott zu haben, diesen bessern
Der ganzen Welt als besten aufzudringen,
In ihrer schwärzesten Gestalt sich mehr
Gezeigt, als hier, als itzt? Wem hier, wem itzt
Die Schuppen nicht vom Auge fallen ... Doch
Sei blind, wer will! – Vergeßt, was ich gesagt;
Und laßt mich! *(Will gehen)*

NATHAN.   Ha! Ihr wißt nicht, wie viel fester
Ich nun mich an Euch drängen werde. – Kommt,
Wir müssen, müssen Freunde sein! – Verachtet
Mein Volk so sehr Ihr wollt. Wir haben beide
Uns unser Volk nicht auserlesen. Sind
Wir unser Volk? Was heißt denn Volk?
Sind Christ und Jude eher Christ und Jude,
Als Mensch? Ah! wenn ich einen mehr in Euch
Gefunden hätte, dem es gnügt, ein Mensch
Zu heißen!

TEMPELHERR.
           Ja, bei Gott, das habt Ihr, Nathan!
Das habt Ihr! – Eure Hand! – Ich schäme mich
Euch einen Augenblick verkannt zu haben.

NATHAN. Und ich bin stolz darauf. Nur das Gemeine
Verkennt man selten.

TEMPELHERR.   Und das Seltene
Vergißt man schwerlich. – Nathan, ja;
Wir müssen, müssen Freunde werden.

NATHAN.   Sind
Es schon. – Wie wird sich meine Recha freuen! –
Und ah! welch eine heitre Ferne schließt
Sich meinen Blicken auf! – Kennt sie nur erst!

TEMPELHERR. Ich brenne vor Verlangen – Wer stürzt dort
Aus Euerm Hause? Ists nicht ihre Daja?

NATHAN. Ja wohl. So ängstlich?

TEMPELHERR.   Unsrer Recha ist
Doch nichts begegnet?

SECHSTER AUFTRITT

Die Vorigen und Daja eilig

DAJA.   Nathan! Nathan!

NATHAN.   Nun?

DAJA. Verzeihet, edler Ritter, daß ich Euch
Muß unterbrechen.

NATHAN.   Nun, was ists?

TEMPELHERR.   Was ists?

DAJA. Der Sultan hat geschickt. Der Sultan will
Euch sprechen. Gott, der Sultan!

NATHAN.   Mich? der Sultan?
Er wird begierig sein, zu sehen, was
Ich Neues mitgebracht. Sag nur, es sei
Noch wenig oder gar nichts ausgepackt.

DAJA. Nein, nein; er will nichts sehen; will Euch sprechen,
Euch in Person, und bald; sobald Ihr könnt.

NATHAN. Ich werde kommen. – Geh nur wieder, geh!

DAJA. Nehmt ja nicht übel auf, gestrenger Ritter. –
  Gott, wir sind so bekümmert, was der Sultan
  Doch will.
NATHAN.   Das wird sich zeigen. Geh nur, geh!

SIEBENDER AUFTRITT

Nathan und der Tempelherr

TEMPELHERR. So kennt Ihr ihn noch nicht? – ich meine, von
  Person.
NATHAN. Den Saladin? Noch nicht. Ich habe
  Ihn nicht vermieden, nicht gesucht zu kennen.
  Der allgemeine Ruf sprach viel zu gut
  Von ihm, daß ich nicht lieber glauben wollte,
  Als sehn. Doch nun, – wenn anders dem so ist, –
  Hat er durch Sparung Eures Lebens …
TEMPELHERR.   Ja;
  Dem allerdings ist so. Das Leben, das
  Ich leb', ist sein Geschenk.
NATHAN.   Durch das er mir
  Ein doppelt, dreifach Leben schenkte. Dies
  Hat alles zwischen uns verändert; hat
  Mit eins ein Seil mir umgeworfen, das
  Mich seinem Dienst auf ewig fesselt. Kaum,
  Und kaum, kann ich es nun erwarten, was
  Er mir zuerst befehlen wird. Ich bin
  Bereit zu allem; bin bereit ihm zu
  Gestehn, daß ich es Euertwegen bin.
TEMPELHERR. Noch hab ich selber ihm nicht danken können:
  So oft ich auch ihm in den Weg getreten.
  Der Eindruck, den ich auf ihn machte, kam
  So schnell, als schnell er wiederum verschwunden.
  Wer weiß, ob er sich meiner gar erinnert.
  Und dennoch muß er, einmal wenigstens,
  Sich meiner noch erinnern, um mein Schicksal
  Ganz zu entscheiden. Nicht genug, daß ich

Auf sein Geheiß noch bin, *mit* seinem Willen
Noch leb': ich muß nun auch von ihm erwarten,
Nach wessen Willen ich zu leben habe.
NATHAN. Nicht anders; um so mehr will ich nicht säumen. –
Es fällt vielleicht ein Wort, das mir, auf Euch
Zu kommen, Anlaß gibt. – Erlaubt, verzeiht –
Ich eile – Wenn, wenn aber sehn wir Euch
Bei uns?
TEMPELHERR.
      So bald ich darf.
NATHAN.   So bald Ihr wollt.
TEMPELHERR. Noch heut.
NATHAN.   Und Euer Name? – muß ich bitten.
TEMPELHERR.
Mein Name war – ist Curd von Stauffen. – Curd!
NATHAN. Von Stauffen? – Stauffen? – Stauffen?
TEMPELHERR.   Warum fällt
Euch das so auf?
NATHAN.   Von Stauffen? – Des Geschlechts
Sind wohl schon mehrere ...
TEMPELHERR.   O ja! hier waren,
Hier faulen des Geschlechts schon mehrere.
Mein Oheim selbst, – mein Vater will ich sagen, –
Doch warum schärft sich Euer Blick auf mich
Je mehr und mehr?
NATHAN.   O nichts! o nichts! Wie kann
Ich Euch zu sehn ermüden?
TEMPELHERR.   Drum verlaß
Ich Euch zuerst. Der Blick des Forschers fand
Nicht selten mehr, als er zu finden wünschte.
Ich fürcht' ihn, Nathan. Laßt die Zeit allmählig,
Und nicht die Neugier, unsre Kundschaft machen. *(Er geht)*
NATHAN *(der ihm mit Erstaunen nachsieht)*.
»Der Forscher fand nicht selten mehr, als er
Zu finden wünschte.« – Ist es doch, als ob
In meiner Seel' er lese! – Wahrlich ja;
Das könnt auch mir begegnen. – Nicht allein
Wolfs Wuchs, Wolfs Gang: auch seine Stimme. So,

Vollkommen so, warf Wolf sogar den Kopf;
Trug Wolf sogar das Schwerd im Arm'; strich Wolf
Sogar die Augenbrauen mit der Hand,
Gleichsam das Feuer seines Blicks zu bergen. –
Wie solche tiefgeprägte Bilder doch
Zu Zeiten in uns schlafen können, bis
Ein Wort, ein Laut sie weckt. – Von Stauffen! –
Ganz recht, ganz recht; Filneck und Stauffen. –
Ich will das bald genauer wissen; bald.
Nur erst zum Saladin. – Doch wie? lauscht dort
Nicht Daja? – Nun so komm nur näher, Daja.

ACHTER AUFTRITT

Daja. Nathan

NATHAN. Was gilts? nun drückts euch beiden schon das Herz,
Noch ganz was anders zu erfahren, als
Was Saladin mir will.
DAJA.   Verdenkt Ihrs ihr?
Ihr fingt so eben an, vertraulicher
Mit ihm zu sprechen: als des Sultans Botschaft
Uns von dem Fenster scheuchte.
NATHAN.   Nun so sag
Ihr nur, daß sie ihn jeden Augenblick
Erwarten darf.
DAJA.   Gewiß? gewiß?
NATHAN.   Ich kann
Mich doch auf dich verlassen, Daja? Sei
Auf deiner Hut; ich bitte dich. Es soll
Dich nicht gereuen. Dein Gewissen selbst
Soll seine Rechnung dabei finden. Nur
Verdirb mir nichts in meinem Plane. Nur
Erzähl und frage mit Bescheidenheit,
Mit Rückhalt …
DAJA.   Daß Ihr doch noch erst, so was
Erinnern könnt! – Ich geh; geht Ihr nur auch.

Denn seht! ich glaube gar, da kömmt vom Sultan
Ein zweiter Bot', Al-Hafi, Euer Derwisch. *(Geht ab)*

NEUNTER AUFTRITT

Nathan. Al-Hafi

AL-HAFI. Ha! ha! zu Euch wollt ich nun eben wieder.

NATHAN. Ists denn so eilig? Was verlangt er denn
  Von mir?

AL-HAFI.   Wer?

NATHAN.   Saladin. – Ich komm', ich komme.

AL-HAFI. Zu wem? Zum Saladin?

NATHAN.   Schickt Saladin
  Dich nicht?

AL-HAFI.   Mich? nein. Hat er denn schon geschickt?

NATHAN. Ja freilich hat er.

AL-HAFI.   Nun, so ist es richtig.

NATHAN. Was? was ist richtig?

AL-HAFI.   Daß ... ich bin nicht Schuld;
  Gott weiß, ich bin nicht Schuld. – Was hab ich nicht
  Von Euch gesagt, gelogen, um es abzuwenden!

NATHAN. Was abzuwenden? Was ist richtig?

AL-HAFI.   Daß
  Nun Ihr sein Defterdar geworden. Ich
  Betaur' Euch. Doch mit ansehn will ichs nicht.
  Ich geh von Stund an; geh, Ihr habt es schon
  Gehört, wohin; und wißt den Weg. – Habt Ihr
  Des Wegs was zu bestellen, sagt: ich bin
  Zu Diensten. Freilich muß es mehr nicht sein,
  Als was ein Nackter mit sich schleppen kann.
  Ich geh, sagt bald.

NATHAN.   Besinn dich doch, Al-Hafi.
  Besinn dich, daß ich noch von gar nichts weiß.
  Was plauderst du denn da?

AL-HAFI.   Ihr bringt sie doch
  Gleich mit, die Beutel?

NATHAN. Beutel?

AL-HAFI. Nun, das Geld,
Das Ihr dem Saladin vorschießen sollt.

NATHAN. Und weiter ist es nichts?

AL-HAFI. Ich sollt es wohl
Mit ansehn, wie er Euch von Tag zu Tag
Aushöhlen wird bis auf die Zehen? Sollt'
Es wohl mit ansehn, daß Verschwendung aus
Der weisen Milde sonst nie leeren Scheuern
So lange borgt, und borgt, und borgt, bis auch
Die armen eingebornen Mäuschen drin
Verhungern? – Bildet Ihr vielleicht Euch ein,
Wer Euers Gelds bedürftig sei, der werde
Doch Euerm Rate wohl auch folgen? – Ja;
Er Rate folgen! Wenn hat Saladin
Sich raten lassen? – Denkt nur, Nathan, was
Mir eben itzt mit ihm begegnet.

NATHAN. Nun?

AL-HAFI. Da komm ich zu ihm, eben daß er Schach
Gespielt mit seiner Schwester. Sittah spielt
Nicht übel; und das Spiel, das Saladin
Verloren glaubte, schon gegeben hatte,
Das stand noch ganz so da. Ich seh Euch hin,
Und sehe, daß das Spiel noch lange nicht
Verloren.

NATHAN. Ei! das war für dich ein Fund!

AL-HAFI. Er durfte mit dem König an den Bauer
Nur rücken, auf ihr Schach – Wenn ichs Euch gleich
Nur zeigen könnte!

NATHAN. O ich traue dir!

AL-HAFI. Denn so bekam der Roche Feld: und sie
War hin. – Das alles will ich ihm nun weisen
Und ruf' ihn. – Denkt! …

NATHAN. Er ist nicht deiner Meinung?

AL-HAFI. Er hört mich gar nicht an, und wirft verächtlich
Das ganze Spiel in Klumpen.

NATHAN. Ist das möglich?

AL-HAFI. Und sagt: er wolle matt nun einmal sein;

Er wolle! Heißt das spielen?

NATHAN. Schwerlich wohl;
Heißt mit dem Spiele spielen.

AL-HAFI. Gleichwohl galt
Es keine taube Nuß.

NATHAN. Geld hin, Geld her!
Das ist das wenigste. Allein dich gar
Nicht anzuhören! über einen Punkt
Von solcher Wichtigkeit dich nicht einmal
Zu hören! deinen Adlerblick nicht zu
Bewundern! das, das schreit um Rache; nicht?

AL-HAFI. Ach was? Ich sag Euch das nur so, damit
Ihr sehen könnt, was für ein Kopf er ist.
Kurz, ich, ich halts mit ihm nicht länger aus.
Da lauf ich nun bei allen schmutzgen Mohren
Herum, und frage, wer ihm borgen will.
Ich, der ich nie für mich gebettelt habe,
Soll nun für andre borgen. Borgen ist
Viel besser nicht als betteln: so wie leihen,
Auf Wucher leihen, nicht viel besser ist,
Als stehlen. Unter meinen Ghebern, an
Dem Ganges, brauch ich beides nicht, und brauche
Das Werkzeug beider nicht zu sein. Am Ganges,
Am Ganges nur gibts Menschen. Hier seid Ihr
Der einzige, der noch so würdig wäre,
Daß er am Ganges lebte. – Wollt Ihr mit? –
Laßt ihm mit eins den Plunder ganz im Stiche,
Um den es ihm zu tun. Er bringt Euch nach
Und nach doch drum. So wär' die Plackerei
Auf einmal aus. Ich schaff Euch einen Delk.
Kommt! kommt!

NATHAN. Ich dächte zwar, das blieb uns ja
Noch immer übrig. Doch, Al-Hafi, will
Ichs überlegen. Warte ...

AL-HAFI. Überlegen?
Nein, so was überlegt sich nicht.

NATHAN. Nur bis
Ich von dem Sultan wiederkomme; bis

Ich Abschied erst ...

AL-HAFI.   Wer überlegt, der sucht
Bewegungsgründe, nicht zu dürfen. Wer
Sich Knall und Fall, ihm selbst zu leben, nicht
Entschließen kann, der lebet andrer Sklav
Auf immer. – Wie Ihr wollt! – Lebt wohl! wies Euch
Wohl dünkt. – Mein Weg liegt dort; und Eurer da.

NATHAN. Al-Hafi! Du wirst selbst doch erst das Deine
Berichtigen?

AL-HAFI.   Ach Possen! Der Bestand
Von meiner Kaß' ist nicht des Zählens wert;
Und meine Rechnung bürgt – Ihr oder Sittah.
Lebt wohl! *(Ab)*

NATHAN *(ihm nachsehend)*.
               Die bürg' ich! – Wilder, guter, edler –
Wie nenn ich ihn? – Der wahre Bettler ist
Doch einzig und allein der wahre König!
               (Von einer andern Seite ab)

DRITTER AUFZUG

ERSTER AUFTRITT

(Szene: in Nathans Hause)

Recha und Daja

RECHA. Wie, Daja, drückte sich mein Vater aus?
  »Ich dürf' ihn jeden Augenblick erwarten?«
  Das klingt – nicht wahr? – als ob er noch so bald
  Erscheinen werde. – Wie viel Augenblicke
  Sind aber schon vorbei! – Ah nun: wer denkt
  An die verflossenen? – Ich will allein
  In jedem nächsten Augenblicke leben.
  Er wird doch einmal kommen, der ihn bringt.
DAJA. O der verwünschten Botschaft von dem Sultan!
  Denn Nathan hätte sicher ohne sie
  Ihn gleich mit hergebracht.
RECHA.   Und wenn er nun
  Gekommen dieser Augenblick; wenn denn
  Nun meiner Wünsche wärmster, innigster
  Erfüllet ist: was dann? – was dann?
DAJA.   Was dann?
  Dann hoff' ich, daß auch meiner Wünsche wärmster
  Soll in Erfüllung gehen.
RECHA.   Was wird dann
  In meiner Brust an dessen Stelle treten,
  Die schon verlernt, ohn einen herrschenden
  Wunsch aller Wünsche sich zu dehnen? – Nichts?
  Ah, ich erschrecke! ...
DAJA.   Mein, mein Wunsch wird dann
  An des erfüllten Stelle treten; meiner.
  Mein Wunsch, dich in Europa, dich in Händen
  Zu wissen, welche deiner würdig sind.

RECHA. Du irrst. – Was diesen Wunsch zu deinem macht,
Das nämliche verhindert, daß er meiner
Je werden kann. Dich zieht dein Vaterland:
Und meines, meines sollte mich nicht halten?
Ein Bild der Deinen, das in deiner Seele
Noch nicht verloschen, sollte mehr vermögen,
Als die ich sehn, und greifen kann, und hören,
Die Meinen?

DAJA.   Sperre dich, so viel du willst!
Des Himmels Wege sind des Himmels Wege.
Und wenn es nun dein Retter selber wäre,
Durch den sein Gott, für den er kämpft, dich in
Das Land, dich zu dem Volke führen wollte,
Für welche du geboren wurdest?

RECHA.   Daja!
Was sprichst du da nun wieder, liebe Daja!
Du hast doch wahrlich deine sonderbaren
Begriffe! »Sein, sein Gott! für den er kämpft!«
Wem eignet Gott? was ist das für ein Gott,
Der einem Menschen eignet? der für sich
Muß kämpfen lassen? – Und wie weiß
Man denn, *für* welchen Erdkloß man geboren,
Wenn mans für den nicht ist, *auf* welchem man
Geboren? – Wenn mein Vater dich so hörte! –
Was tat er dir, mir immer nur mein Glück
So weit von ihm als möglich vorzuspiegeln?
Was tat er dir, den Samen der Vernunft,
Den er so rein in meine Seele streute,
Mit deines Landes Unkraut oder Blumen
So gern zu mischen? – Liebe, liebe Daja,
Er will nun deine bunten Blumen nicht
Auf meinem Boden! – Und ich muß dir sagen,
Ich selber fühle meinen Boden, wenn
Sie noch so schön ihn kleiden, so entkräftet,
So ausgezehrt durch deine Blumen; fühle
In ihrem Dufte, sauersüßem Dufte,
Mich so betäubt, so schwindelnd! – Dein Gehirn
Ist dessen mehr gewohnt. Ich tadle drum

Die stärkern Nerven nicht, die ihn vertragen.
Nur schlägt er mir nicht zu; und schon dein Engel,
Wie wenig fehlte, daß er mich zur Närrin
Gemacht? – Noch schäm' ich mich vor meinem Vater
Der Posse!

DAJA.   Posse! – Als ob der Verstand
Nur hier zu Hause wäre! Posse! Posse!
Wenn ich nur reden dürfte!

RECHA.   Darfst du nicht?
Wenn war ich nicht ganz Ohr, so oft es dir
Gefiel, von deinen Glaubenshelden mich
Zu unterhalten? Hab' ich ihren Taten
Nicht stets Bewunderung; und ihren Leiden
Nicht immer Tränen gern gezollt? Ihr Glaube
Schien freilich mir das Heldenmäßigste
An ihnen nie. Doch so viel tröstender
War mir die Lehre, daß Ergebenheit
In Gott von unserm Wähnen über Gott
So ganz und gar nicht abhängt. – Liebe Daja,
Das hat mein Vater uns so oft gesagt;
Darüber hast du selbst mit ihm so oft
Dich einverstanden: warum untergräbst
Du denn allein, was du mit ihm zugleich
Gebauet? – Liebe Daja, das ist kein
Gespräch, womit wir unserm Freund' am besten
Entgegen sehn. Für mich zwar, ja! Denn mir,
Mir liegt daran unendlich, ob auch er ...
Horch, Daja! – Kommt es nicht an unsre Türe?
Wenn Er es wäre! horch!

Recha. Daja und der Tempelherr,
dem jemand von außen die Türe öffnet,
mit den Worten:

                    Nur hier herein!
RECHA *(fährt zusammen, faßt sich, und will ihm zu Füßen*
fallen). Er ists! – Mein Retter, ah!
TEMPELHERR.   Dies zu vermeiden
    Erschien ich bloß so spät: und doch –
RECHA.   Ich will
    Ja zu den Füßen dieses stolzen Mannes
    Nur Gott noch einmal danken; nicht dem Manne.
    Der Mann will keinen Dank; will ihn so wenig
    Als ihn der Wassereimer will, der bei
    Dem Löschen so geschäftig sich erwiesen.
    Der ließ sich füllen, ließ sich leeren, mir
    Nichts, dir nichts: also auch der Mann. Auch der
    Ward nun so in die Glut hineingestoßen;
    Da fiel ich ungefähr ihm in den Arm;
    Da blieb ich ungefähr, so wie ein Funken
    Auf seinem Mantel, ihm in seinen Armen;
    Bis wiederum, ich weiß nicht was, uns beide
    Herausschmiß aus der Glut. – Was gibt es da
    Zu danken? – In Europa treibt der Wein
    Zu noch weit andern Taten. – Tempelherren,
    Die müssen einmal nun so handeln; müssen
    Wie etwas besser zugelernte Hunde,
    Sowohl aus Feuer, als aus Wasser holen.
TEMPELHERR *(der sie mit Erstaunen und Unruhe die Zeit über*
betrachtet).
    O Daja, Daja! Wenn in Augenblicken
    Des Kummers und der Galle, meine Laune
    Dich übel anließ, warum jede Torheit,
    Die meiner Zung' entfuhr, ihr hinterbringen?
    Das hieß sich zu empfindlich rächen, Daja!
    Doch wenn du nur von nun an, besser mich

Bei ihr vertreten willst.

DAJA.   Ich denke, Ritter,
Ich denke nicht, daß diese kleinen Stacheln,
Ihr an das Herz geworfen, Euch da sehr
Geschadet haben.

RECHA.   Wie? Ihr hattet Kummer?
Und wart mit Euerm Kummer geiziger
Als Euerm Leben?

TEMPELHERR.   Gutes, holdes Kind! –
Wie ist doch meine Seele zwischen Auge
Und Ohr geteilt! – Das war das Mädchen nicht,
Nein, nein, das war es nicht, das aus dem Feuer
Ich holte. – Denn wer hätte die gekannt,
Und aus dem Feuer nicht geholt? Wer hätte
Auf mich gewartet? – Zwar – verstellt – der Schreck
(Pause, unter der er, in Anschauung ihrer, sich wie verliert)

RECHA. Ich aber find Euch noch den nämlichen. –
            (dergleichen; bis sie fortfährt,
          um ihn in seinem Anstaunen zu unterbrechen)
Nun, Ritter, sagt uns doch, wo Ihr so lange
Gewesen? – Fast dürft' ich auch fragen: wo
Ihr itzo seid?

TEMPELHERR. Ich bin, – wo ich vielleicht
Nicht sollte sein. –

RECHA.   Wo ihr gewesen? – Auch
Wo Ihr vielleicht nicht solltet sein gewesen?
Das ist nicht gut.

TEMPELHERR.   Auf – auf – wie heißt der Berg?
Auf Sinai.

RECHA.   Auf Sinai? – Ah schön!
Nun kann ich zuverlässig doch einmal
Erfahren, ob es wahr ...

TEMPELHERR.   Was? was? Obs wahr,
Daß noch daselbst der Ort zu sehn, wo Moses
Vor Gott gestanden, als ...

RECHA.   Nun das wohl nicht.
Denn wo er stand, stand er vor Gott. Und davon
Ist mir zur Gnüge schon bekannt. – Obs wahr,

128

Möcht' ich nur gern von Euch erfahren, daß –
Daß es bei weitem nicht so mühsam sei,
Auf diesen Berg hinauf zu steigen, als
Herab? – Denn seht; so viel ich Berge noch
Gestiegen bin, wars just das Gegenteil. –
Nun, Ritter? – Was? – Ihr kehrt Euch von mir ab?
Wollt mich nicht sehn?

TEMPELHERR.   Weil ich Euch hören will.

RECHA. Weil Ihr mich nicht wollt merken lassen, daß
Ihr meiner Einfalt lächelt; daß Ihr lächelt,
Wie ich Euch doch so gar nichts Wichtigers
Von diesem heiligen Berg' aller Berge
Zu fragen weiß? Nicht wahr?

TEMPELHERR.   So muß
Ich doch Euch wieder in die Augen sehn. –
Was? Nun schlagt Ihr sie nieder? nun verbeißt
Das Lächeln Ihr? wie ich noch erst in Mienen,
In zweifelhaften Mienen lesen will,
Was ich so deutlich hör', Ihr so vernehmlich
Mir sagt – verschweigt? – Ah Recha! Recha! Wie
Hat er so wahr gesagt: »Kennt sie nur erst!«

RECHA.
Wer hat? – von wem? – Euch das gesagt?

TEMPELHERR.   »Kennt sie
Nur erst!« hat Euer Vater mir gesagt;
Von Euch gesagt.

DAJA.   Und ich nicht etwa auch?
Ich denn nicht auch?

TEMPELHERR.   Allein wo ist er denn?
Wo ist denn Euer Vater? Ist er noch
Beim Sultan?

RECHA.   Ohne Zweifel.

TEMPELHERR.   Noch, noch da? –
O mich Vergeßlichen! Nein, nein; da ist
Er schwerlich mehr. – Er wird dort unten bei
Dem Kloster meiner warten; ganz gewiß.
So redten, mein ich, wir es ab. Erlaubt!
Ich geh, ich hol' ihn ...

DAJA.   Das ist meine Sache.
  Bleibt, Ritter, bleibt. Ich bring ihn unverzüglich.
TEMPELHERR. Nicht so, nicht so! Er sieht mir selbst entgegen;
  Nicht Euch. Dazu, er könnte leicht ... wer weiß? ...
  Er könnte bei dem Sultan leicht, ... Ihr kennt
  Den Sultan nicht! ... leicht in Verlegenheit
  Gekommen sein. – Glaubt mir; es hat Gefahr,
  Wenn ich nicht geh.
RECHA.   Gefahr? was für Gefahr?
TEMPELHERR. Gefahr für mich, für Euch, für ihn: wenn ich
  Nicht schleunig, schleunig geh. *(Ab)*

DRITTER AUFTRITT

Recha und Daja

RECHA.   Was ist das, Daja? –
  So schnell? – Was kömmt ihm an? Was fiel ihm auf?
  Was jagt ihn?
DAJA.   Laßt nur, laßt. Ich denk', es ist
  Kein schlimmes Zeichen.
RECHA.   Zeichen? und wovon?
DAJA. Daß etwas vorgeht innerhalb. Es kocht,
  Und soll nicht überkochen. Laßt ihn nur.
  Nun ists an Euch.
RECHA.   Was ist an mir? Du wirst,
  Wie er, mir unbegreiflich.
DAJA.   Bald nun könnt
  Ihr ihm die Unruh all vergelten, die
  Er Euch gemacht hat. Seid nur aber auch
  Nicht allzustreng, nicht allzu rachbegierig.
RECHA. Wovon du sprichst, das magst du selber wissen.
DAJA. Und seid denn Ihr bereits so ruhig wieder?
RECHA. Das bin ich; ja das bin ich ...
DAJA.   Wenigstens
  Gesteht, daß Ihr Euch seiner Unruh freut;
  Und seiner Unruh danket, was Ihr itzt

130

Von Ruh' genießt.

RECHA.   Mir völlig unbewußt!
Denn was ich höchstens dir gestehen könnte,
Wär', daß es mich – mich selbst befremdet, wie
Auf einen solchen Sturm in meinem Herzen
So eine Stille plötzlich folgen können.
Sein voller Anblick, sein Gespräch, sein Tun
Hat mich ...

DAJA.   Gesättigt schon?

RECHA.   Gesättigt, will
Ich nun nicht sagen; nein – bei weitem nicht –

DAJA. Den heißen Hunger nur gestillt.

RECHA.   Nun ja;
Wenn du so willst.

DAJA.   Ich eben nicht.

RECHA.   Er wird
Mir ewig wert; mir ewig werter, als
Mein Leben bleiben: wenn auch schon mein Puls
Nicht mehr bei seinem bloßen Namen wechselt;
Nicht mehr mein Herz, so oft ich an ihn denke,
Geschwinder, stärker schlägt. – Was schwatz' ich? Komm,
Komm, liebe Daja, wieder an das Fenster,
Das auf die Palmen sieht.

DAJA.   So ist er doch
Wohl noch nicht ganz gestillt, der heiße Hunger.

RECHA. Nun werd ich auch die Palmen wieder sehn:
Nicht ihn bloß untern Palmen.

DAJA.   Diese Kälte
Beginnt auch wohl ein neues Fieber nur.

RECHA. Was Kält'? Ich bin nicht kalt. Ich sehe wahrlich
Nicht minder gern, was ich mit Ruhe sehe.

VIERTER AUFTRITT

(Szene: ein Audienzsaal in dem Palaste des Saladin)

Saladin und Sittah

SALADIN *(im Hereintreten, gegen die Türe).*
　Hier bringt den Juden her, so bald er kömmt.
　Er scheint sich eben nicht zu übereilen.
SITTAH. Er war auch wohl nicht bei der Hand; nicht gleich
　Zu finden.
SALADIN. 　　Schwester! Schwester!
SITTAH. 　　　　　　　　Tust du doch
　Als stünde dir ein Treffen vor.
SALADIN. 　　　　　　　Und das
　Mit Waffen, die ich nicht gelernt zu führen.
　Ich soll mich stellen; soll besorgen lassen;
　Soll Fallen legen; soll auf Glatteis führen.
　Wenn hätt' ich das gekonnt? Wo hätt' ich das
　Gelernt? – Und soll das alles, ah, wozu?
　Wozu? – Um Geld zu fischen; Geld! – Um Geld,
　Geld einem Juden abzubangen; Geld!
　Zu solchen kleinen Listen wär' ich endlich
　Gebracht, der Kleinigkeiten kleinste mir
　Zu schaffen?
SITTAH. 　　Jede Kleinigkeit, zu sehr
　Verschmäht, die rächt sich, Bruder.
SALADIN. 　　　　　　　　Leider wahr. –
　Und wenn nun dieser Jude gar der gute,
　Vernünftge Mann ist, wie der Derwisch dir
　Ihn ehedem beschrieben?
SITTAH. 　　　　　O nun dann!
　Was hat es dann für Not! Die Schlinge liegt
　Ja nur dem geizigen, besorglichen,
　Furchtsamen Juden: nicht dem guten, nicht
　Dem weisen Manne. Dieser ist ja so
　Schon unser, ohne Schlinge. Das Vergnügen
　Zu hören, wie ein solcher Mann sich ausredt;

Mit welcher dreisten Stärk' entweder, er
Die Stricke kurz zerreißet; oder auch
Mit welcher schlauen Vorsicht er die Netze
Vorbei sich windet: dies Vergnügen hast
Du obendrein.

SALADIN.   Nun, das ist wahr. Gewiß;
Ich freue mich darauf.

SITTAH.   So kann dich ja
Auch weiter nichts verlegen machen. Denn
Ists einer aus der Menge bloß; ists bloß
Ein Jude, wie ein Jude: gegen den
Wirst du dich doch nicht schämen, so zu scheinen
Wie er die Menschen all sich denkt? Vielmehr;
Wer sich ihm besser zeigt, der zeigt sich ihm
Als Geck, als Narr.

SALADIN.   So muß ich ja wohl gar
Schlecht handeln, daß von mir der Schlechte nicht
Schlecht denke?

SITTAH.   Traun! wenn du schlecht handeln nennst,
Ein jedes Ding nach seiner Art zu brauchen.

SALADIN. Was hätt' ein Weiberkopf erdacht, das er
Nicht zu beschönen wüßte!

SITTAH.   Zu beschönen!

SALADIN. Das feine, spitze Ding, besorg ich nur,
In meiner plumpen Hand zerbricht! – So was
Will ausgeführt sein, wies erfunden ist:
Mit aller Pfiffigkeit, Gewandtheit. – Doch,
Mags doch nur, mags! Ich tanze, wie ich kann;
Und könnt' es freilich, lieber – schlechter noch
Als besser.

SITTAH.   Trau dir auch nur nicht zu wenig!
Ich stehe dir für dich! Wenn du nur willst. –
Daß uns die Männer deines gleichen doch
So gern bereden möchten, nur ihr Schwert,
Ihr Schwert nur habe sie so weit gebracht.
Der Löwe schämt sich freilich, wenn er mit
Dem Fuchse jagt: – des Fuchses, nicht der List.

SALADIN. Und daß die Weiber doch so gern den Mann

Zu sich herunter hätten! – Geh nur, geh! –
Ich glaube meine Lektion zu können.

SITTAH. Was? ich soll gehn?

SALADIN. Du wolltest doch nicht bleiben?

SITTAH. Wenn auch nicht bleiben … im Gesicht euch bleiben –
Doch hier im Nebenzimmer –

SALADIN. Da zu horchen?
Auch das nicht, Schwester; wenn ich soll bestehn. –
Fort, fort! der Vorhang rauscht; er kömmt! – doch daß
Du ja nicht da verweilst! Ich sehe nach.

(Indem sie sich durch die eine Türe entfernt,
tritt Nathan zu der andern herein;
und Saladin hat sich gesetzt)

FÜNFTER AUFTRITT

Saladin und Nathan

SALADIN. Tritt näher, Jude! – Näher! – Nur ganz her! –
Nur ohne Furcht!

NATHAN. Die bleibe deinem Feinde!

SALADIN. Du nennst dich Nathan?

NATHAN. Ja.

SALADIN. Den weisen Nathan?

NATHAN. Nein.

SALADIN. Wohl! nennst du dich nicht; nennt dich das Volk.

NATHAN. Kann sein; das Volk!

SALADIN. Du glaubst doch nicht, daß ich
Verächtlich von des Volkes Stimme denke? –
Ich habe längst gewünscht, den Mann zu kennen,
Den es den Weisen nennt.

NATHAN. Und wenn es ihn
Zum Spott so nennte? Wenn dem Volke weise
Nichts weiter wär' als klug? und klug nur der,
Der sich auf seinen Vorteil gut versteht?

SALADIN. Auf seinen wahren Vorteil, meinst du doch?

NATHAN. Dann freilich wär' der Eigennützigste

134

Der Klügste. Dann wär' freilich klug und weise
Nur eins.

SALADIN.   Ich höre dich erweisen, was
Du widersprechen willst. – Des Menschen wahre
Vorteile, die das Volk nicht kennt, kennst du.
Hast du zu kennen wenigstens gesucht;
Hast drüber nachgedacht: das auch allein
Macht schon den Weisen.

NATHAN.   Der sich jeder dünkt
Zu sein.

SALADIN. Nun der Bescheidenheit genug!
Denn sie nur immerdar zu hören, wo
Man trockene Vernunft erwartet, ekelt.   *(Er springt auf)*
Laß uns zur Sache kommen! Aber, aber
Aufrichtig, Jud', aufrichtig!

NATHAN.   Sultan, ich
Will sicherlich dich so bedienen, daß
Ich deiner fernern Kundschaft würdig bleibe.

SALADIN. Bedienen? wie?

NATHAN.   Du sollst das Beste haben
Von allem; sollst es um den billigsten
Preis haben.

SALADIN.   Wovon sprichst du? doch wohl nicht
Von deinen Waren? – Schachern wird mit dir
Schon meine Schwester. (Das der Horcherin!) –
Ich habe mit dem Kaufmann nichts zu tun.

NATHAN. So wirst du ohne Zweifel wissen wollen,
Was ich auf meinem Wege von dem Feinde,
Der allerdings sich wieder regt, etwa
Bemerkt, getroffen? – Wenn ich unverhohlen ...

SALADIN. Auch darauf bin ich eben nicht mit dir
Gesteuert. Davon weiß ich schon, so viel
Ich nötig habe. – Kurz; –

NATHAN.   Gebiete, Sultan.

SALADIN. Ich heische deinen Unterricht in ganz
Was anderm; ganz was anderm. – Da du nun
So weise bist: so sage mir doch einmal –
Was für ein Glaube, was für ein Gesetz

Hat dir am meisten eingeleuchtet?

NATHAN.   Sultan,
Ich bin ein Jud'.

SALADIN.   Und ich ein Muselmann.
Der Christ ist zwischen uns. – Von diesen drei
Religionen kann doch eine nur
Die wahre sein. – Ein Mann, wie du, bleibt da
Nicht stehen, wo der Zufall der Geburt
Ihn hingeworfen: oder wenn er bleibt,
Bleibt er aus Einsicht, Gründen, Wahl des Bessern.
Wohlan! so teile deine Einsicht mir
Dann mit. Laß mich die Gründe hören, denen
Ich selber nachzugrübeln, nicht die Zeit
Gehabt. Laß mich die Wahl, die diese Gründe
Bestimmt, – versteht sich, im Vertrauen – wissen,
Damit ich sie zu meiner mache. – Wie?
Du stutzest? wägst mich mit dem Auge? – Kann
Wohl sein, daß ich der erste Sultan bin,
Der eine solche Grille hat; die mich
Doch eines Sultans eben nicht so ganz
Unwürdig dünkt. – Nicht wahr? – So rede doch!
Sprich! – Oder willst du einen Augenblick,
Dich zu bedenken? Gut; ich geb' ihn dir. –
(Ob sie wohl horcht? Ich will sie doch belauschen;
Will hören, ob ichs recht gemacht. –) Denk nach!
Geschwind denk nach! Ich säume nicht, zurück
Zu kommen.

        (Er geht in das Nebenzimmer, nach welchem sich
                    Sittah begeben)

                    SECHSTER AUFTRITT

                    NATHAN *allein*

        Hm! hm! – wunderlich! – Wie ist
Mir denn? – Was will der Sultan? was? – Ich bin
Auf Geld gefaßt; und er will – Wahrheit. Wahrheit!

136

Und will sie so, – so bar, so blank, – als ob
Die Wahrheit Münze wäre! – Ja, wenn noch
Uralte Münze, die gewogen ward! –
Das ginge noch! Allein so neue Münze,
Die nur der Stempel macht, die man aufs Brett
Nur zählen darf, das ist sie doch nun nicht!
Wie Geld in Sack, so striche man in Kopf
Auch Wahrheit ein? Wer ist denn hier der Jude?
Ich oder er? – Doch wie? Sollt' er auch wohl
Die Wahrheit nicht in Wahrheit fodern? – Zwar,
Zwar der Verdacht, daß er die Wahrheit nur
Als Falle brauche, wär' auch gar zu klein! –
Zu klein? – Was ist für einen Großen denn
Zu klein? – Gewiß, gewiß: er stürzte mit
Der Türe so ins Haus! Man pocht doch, hört
Doch erst, wenn man als Freund sich naht. – Ich muß
Behutsam gehn! – Und wie? wie das? – So ganz
Stockjude sein zu wollen, geht schon nicht. –
Und ganz und gar nicht Jude, geht noch minder.
Denn, wenn kein Jude, dürft er mich nur fragen,
Warum kein Muselmann? – Das wars! Das kann
Mich retten! – Nicht die Kinder bloß, speist man
Mit Märchen ab. – Er kömmt. Er komme nur!

Siebender Auftritt

Saladin und Nathan

SALADIN. (So ist das Feld hier rein!) – Ich komm' dir doch
  Nicht zu geschwind zurück? Du bist zu Rande
  Mit deiner Überlegung. – Nun so rede!
  Es hört uns keine Seele.
NATHAN.   Möcht auch doch
  Die ganze Welt uns hören.
SALADIN.   So gewiß
  Ist Nathan seiner Sache? Ha! das nenn'
  Ich einen Weisen! Nie die Wahrheit zu

137

Verhehlen! für sie alles auf das Spiel
Zu setzen! Leib und Leben! Gut und Blut!
NATHAN. Ja! ja! wanns nötig ist und nutzt.
SALADIN.   Von nun
An darf ich hoffen, einen meiner Titel,
Verbesserer der Welt und des Gesetzes,
Mit Recht zu führen.
NATHAN.   Traun, ein schöner Titel!
Doch, Sultan, eh ich mich dir ganz vertraue,
Erlaubst du wohl, dir ein Geschichtchen zu
Erzählen?
SALADIN.   Warum das nicht? Ich bin stets
Ein Freund gewesen von Geschichtchen, gut
Erzählt.
NATHAN. Ja, *gut* erzählen, das ist nun
Wohl eben meine Sache nicht.
SALADIN.   Schon wieder
So stolz bescheiden? – Mach! erzähl', erzähle!
NATHAN. Vor grauen Jahren lebt' ein Mann in Osten,
Der einen Ring von unschätzbarem Wert'
Aus lieber Hand besaß. Der Stein war ein
Opal, der hundert schöne Farben spielte,
Und hatte die geheime Kraft, vor Gott
Und Menschen angenehm zu machen, wer
In dieser Zuversicht ihn trug. Was Wunder,
Daß ihn der Mann in Osten darum nie
Vom Finger ließ; und die Verfügung traf,
Auf ewig ihn bei seinem Hause zu
Erhalten? Nämlich so. Er ließ den Ring
Von seinen Söhnen dem geliebtesten;
Und setzte fest, daß dieser wiederum
Den Ring von seinen Söhnen dem vermache,
Der ihm der liebste sei; und stets der liebste,
Ohn' Ansehn der Geburt, in Kraft allein
Des Rings, das Haupt, der Fürst des Hauses werde. –
Versteh mich, Sultan.
SALADIN.   Ich versteh dich. Weiter!
NATHAN. So kam nun dieser Ring, von Sohn zu Sohn,

Auf einen Vater endlich von drei Söhnen;
Die alle drei ihm gleich gehorsam waren,
Die alle drei er folglich gleich zu lieben
Sich nicht entbrechen konnte. Nur von Zeit
Zu Zeit schien ihm bald der, bald dieser, bald
Der dritte, – so wie jeder sich mit ihm
Allein befand, und sein ergießend Herz
Die andern zwei nicht teilten, – würdiger
Des Ringes; den er denn auch einem jeden
Die fromme Schwachheit hatte, zu versprechen.
Das ging nun so, so lang es ging. – Allein
Es kam zum Sterben, und der gute Vater
Kömmt in Verlegenheit. Es schmerzt ihn, zwei
Von seinen Söhnen, die sich auf sein Wort
Verlassen, so zu kränken. – Was zu tun? –
Er sendet in geheim zu einem Künstler,
Bei dem er, nach dem Muster seines Ringes,
Zwei andere bestellt, und weder Kosten
Noch Mühe sparen heißt, sie jenem gleich,
Vollkommen gleich zu machen. Das gelingt
Dem Künstler. Da er ihm die Ringe bringt,
Kann selbst der Vater seinen Musterring
Nicht unterscheiden. Froh und freudig ruft
Er seine Söhne, jeden ins besondre;
Gibt jedem ins besondre seinen Segen, –
Und seinen Ring, – und stirbt. – Du hörst doch, Sultan?

SALADIN *(der sich betroffen von ihm gewandt)*.
Ich hör, ich höre! – Komm mit deinem Märchen
Nur bald zu Ende. – Wirds?

NATHAN.   Ich bin zu Ende.
Denn was noch folgt, versteht sich ja von selbst. –
Kaum war der Vater tot, so kömmt ein jeder
Mit seinem Ring', und jeder will der Fürst
Des Hauses sein. Man untersucht, man zankt,
Man klagt. Umsonst; der rechte Ring war nicht
Erweislich; –

          *(Nach einer Pause, in welcher er des Sultans
                    Antwort erwartet)*

                    Fast so unerweislich, als
  Uns itzt – der rechte Glaube.
SALADIN.   Wie? das soll
  Die Antwort sein auf meine Frage? ...
NATHAN.   Soll
  Mich bloß entschuldigen, wenn ich die Ringe,
  Mir nicht getrau zu unterscheiden, die
  Der Vater in der Absicht machen ließ,
  Damit sie nicht zu unterscheiden wären.
SALADIN. Die Ringe! – Spiele nicht mit mir! – Ich dächte,
  Daß die Religionen, die ich dir
  Genannt, doch wohl zu unterscheiden wären.
  Bis auf die Kleidung; bis auf Speis und Trank!
NATHAN. Und nur von Seiten ihrer Gründe nicht. –
  Denn gründen alle sich nicht auf Geschichte?
  Geschrieben oder überliefert! – Und
  Geschichte muß doch wohl allein auf Treu
  Und Glauben angenommen werden? – Nicht? –
  Nun wessen Treu und Glauben zieht man denn
  Am wenigsten in Zweifel? Doch der Seinen?
  Doch deren Blut wir sind? doch deren, die
  Von Kindheit an uns Proben ihrer Liebe
  Gegeben? die uns nie getäuscht, als wo
  Getäuscht zu werden uns heilsamer war? –
  Wie kann ich meinen Vätern weniger,
  Als du den deinen glauben? Oder umgekehrt. –
  Kann ich von dir verlangen, daß du deine
  Vorfahren Lügen strafst, um meinen nicht
  Zu widersprechen? Oder umgekehrt.
  Das nämliche gilt von den Christen. Nicht? –
SALADIN. (Bei dem Lebendigen! Der Mann hat Recht.
  Ich muß verstummen.)
NATHAN.   Laß auf unsre Ring'
  Uns wieder kommen. Wie gesagt: die Söhne
  Verklagten sich; und jeder schwur dem Richter,
  Unmittelbar aus seines Vaters Hand
  Den Ring zu haben. – Wie auch wahr! – Nachdem
  Er von ihm lange das Versprechen schon

Gehabt, des Ringes Vorrecht einmal zu
Genießen. – Wie nicht minder wahr! – Der Vater,
Beteu'rte jeder, könne gegen ihn
Nicht falsch gewesen sein; und eh' er dieses
Von ihm, von einem solchen lieben Vater,
Argwohnen laß': eh' müß' er seine Brüder,
So gern er sonst von ihnen nur das Beste
Bereit zu glauben sei, des falschen Spiels
Bezeihen; und er wolle die Verräter
Schon auszufinden wissen; sich schon rächen.

SALADIN. Und nun, der Richter? – Mich verlangt zu hören,
  Was du den Richter sagen lässest. Sprich!

NATHAN. Der Richter sprach: wenn ihr mir nun den Vater
  Nicht bald zur Stelle schafft, so weis' ich euch
  Von meinem Stuhle. Denkt ihr, daß ich Rätsel
  Zu lösen da bin? Oder harret ihr,
  Bis daß der rechte Ring den Mund eröffne? –
  Doch halt! Ich höre ja, der rechte Ring
  Besitzt die Wunderkraft beliebt zu machen;
  Vor Gott und Menschen angenehm. Das muß
  Entscheiden! Denn die falschen Ringe werden
  Doch das nicht können! – Nun; wen lieben zwei
  Von euch am meisten? – Macht, sagt an! Ihr schweigt?
  Die Ringe wirken nur zurück? und nicht
  Nach außen? Jeder liebt sich selber nur
  Am meisten? – O so seid ihr alle drei
  Betrogene Betrieger! Eure Ringe
  Sind alle drei nicht echt. Der echte Ring
  Vermutlich ging verloren. Den Verlust
  Zu bergen, zu ersetzen, ließ der Vater
  Die drei für einen machen.

SALADIN.   Herrlich! herrlich!

NATHAN. Und also; fuhr der Richter fort, wenn ihr
  Nicht meinen Rat, statt meines Spruches, wollt:
  Geht nur! – Mein Rat ist aber der: ihr nehmt
  Die Sache völlig wie sie liegt. Hat von
  Euch jeder seinen Ring von seinem Vater:

So glaube jeder sicher seinen Ring
Den echten. – Möglich; daß der Vater nun
Die Tyrannei des Einen Rings nicht länger
In seinem Hause dulden wollen! – Und gewiß;
Daß er euch alle drei geliebt, und gleich
Geliebt: indem er zwei nicht drücken mögen,
Um einen zu begünstigen. – Wohlan!
Es eifre jeder seiner unbestochnen
Von Vorurteilen freien Liebe nach!
Es strebe von euch jeder um die Wette,
Die Kraft des Steins in seinem Ring' an Tag
Zu legen! komme dieser Kraft mit Sanftmut,
Mit herzlicher Verträglichkeit, mit Wohltun,
Mit innigster Ergebenheit in Gott,
Zu Hülf'! Und wenn sich dann der Steine Kräfte
Bei euern Kindes-Kindeskindern äußern:
So lad' ich über tausend tausend Jahre,
Sie wiederum vor diesen Stuhl. Da wird
Ein weiser Mann auf diesem Stuhle sitzen,
Als ich; und sprechen. Geht! – So sagte der
Bescheidne Richter.

SALADIN.   Gott! Gott!

NATHAN.   Saladin,
Wenn du dich fühlest, dieser weisere
Versprochne Mann zu sein: ...

SALADIN *(der auf ihn zustürzt, und seine Hand ergreift, die er
bis zu Ende nicht wieder fahren läßt).*

                                        Ich Staub? Ich Nichts?
O Gott!

NATHAN. Was ist dir, Sultan?

SALADIN.   Nathan, lieber Nathan! –
Die tausend tausend Jahre deines Richters
Sind noch nicht um. – Sein Richterstuhl ist nicht
Der meine. – Geh! – Geh! – Aber sei mein Freund.

NATHAN. Und weiter hätte Saladin mir nichts
Zu sagen?

SALADIN.   Nichts.

NATHAN.   Nichts?

SALADIN. Gar nichts. – Und warum?

NATHAN. Ich hätte noch Gelegenheit gewünscht,
Dir eine Bitte vorzutragen.

SALADIN. Brauchts
Gelegenheit zu einer Bitte? – Rede!

NATHAN. Ich komm' von einer weiten Reis', auf welcher
Ich Schulden eingetrieben. – Fast hab' ich
Des baren Gelds zu viel. – Die Zeit beginnt
Bedenklich wiederum zu werden; – und
Ich weiß nicht recht, wo sicher damit hin. –
Da dacht ich, ob nicht du vielleicht, – weil doch
Ein naher Krieg des Geldes immer mehr
Erfodert, – etwas brauchen könntest.

SALADIN *(ihm steif in die Augen sehend)*.

Nathan! –
Ich will nicht fragen, ob Al-Hafi schon
Bei dir gewesen; – will nicht untersuchen,
Ob dich nicht sonst ein Argwohn treibt, mir dieses
Erbieten freier Dings zu tun: ...

NATHAN. Ein Argwohn?

SALADIN. Ich bin ihn wert. – Verzeih mir! – denn was hilfts?
Ich muß dir nur gestehen, – daß ich im
Begriffe war –

NATHAN. Doch nicht, das nämliche
An mich zu suchen?

SALADIN. Allerdings.

NATHAN. So wär'
Uns beiden ja geholfen! – Daß ich aber
Dir alle meine Barschaft nicht kann schicken,
Das macht der junge Tempelherr. – Du kennst
Ihn ja. – Ihm hab' ich eine große Post
Vorher noch zu bezahlen.

SALADIN. Tempelherr?
Du wirst doch meine schlimmsten Feinde nicht
Mit deinem Geld' auch unterstützen wollen?

NATHAN. Ich spreche von dem einen nur, dem du
Das Leben spartest ...

SALADIN. Ah! woran erinnerst

143

Du mich! – Hab' ich doch diesen Jüngling ganz
Vergessen! – Kennst du ihn? – Wo ist er?

NATHAN.   Wie?
So weißt du nicht, wie viel von deiner Gnade
Für ihn, durch ihn auf mich geflossen? Er,
Er mit Gefahr des neu erhaltnen Lebens,
Hat meine Tochter aus dem Feu'r gerettet.

SALADIN. Er? Hat er das? – Ha! darnach sah er aus.
Das hätte traun mein Bruder auch getan,
Dem er so ähnelt! – Ist er denn noch hier?
So bring ihn her! – Ich habe meiner Schwester
Von diesem ihren Bruder, den sie nicht
Gekannt, so viel erzählet, daß ich sie
Sein Ebenbild doch auch muß sehen lassen! –
Geh, hol ihn! – Wie aus Einer guten Tat,
Gebar sie auch schon bloße Leidenschaft,
Doch so viel andre gute Taten fließen!
Geh, hol ihn!

NATHAN (indem er Saladins Hand fahren läßt).
                    Augenblicks! Und bei dem andern
Bleibt es doch auch? (Ab)

SALADIN.   Ah! daß ich meine Schwester
Nicht horchen lassen! – Zu ihr! zu ihr! – Denn
Wie soll ich alles das ihr nun erzählen?
                    (Ab von der andern Seite)

ACHTER AUFTRITT

(Die Szene: unter den Palmen, in der Nähe des Klosters,
        wo der Tempelherr Nathans wartet)

DER TEMPELHERR
(Geht, mit sich selbst kämpfend, auf und ab; bis er losbricht).

– Hier hält das Opfertier ermüdet still. –
Nun gut! Ich mag nicht, mag nicht näher wissen,
Was in mir vorgeht; mag voraus nicht wittern,

144

Was vorgehn wird. – Genug, ich bin umsonst
Geflohn! umsonst. – Und weiter *konnt'* ich doch
Auch nichts, als fliehn? – Nun komm', was kommen soll! –
Ihm auszubeugen, war der Streich zu schnell
Gefallen; unter den zu kommen, ich
So lang und viel mich weigerte. – Sie sehn,
Die ich zu sehn so wenig lüstern war, –
Sie sehn, und der Entschluß, sie wieder aus
Den Augen nie zu lassen – Was Entschluß?
Entschluß ist Vorsatz, Tat: und ich, ich litt',
Ich litte bloß. – Sie sehn, und das Gefühl,
An sie verstrickt, in sie verwebt zu sein,
War eins. – Bleibt eins. – Von ihr getrennt
Zu leben, ist mir ganz undenkbar; wär'
Mein Tod, – und wo wir immer nach dem Tode
Noch sind, auch da mein Tod. – Ist das nun Liebe:
So – liebt der Tempelritter freilich, – liebt
Der Christ das Judenmädchen freilich. – Hm!
Was tuts? – Ich hab' in dem gelobten Lande, –
Und drum auch mir *gelobt* auf immerdar! –
Der Vorurteile mehr schon abgelegt. –
Was will mein Orden auch? Ich Tempelherr
Bin tot; war von dem Augenblick ihm tot,
Der mich zu Saladins Gefangnen machte.
Der Kopf, den Saladin mir schenkte, wär'
Mein alter? – Ist ein neuer; der von allem
Nichts weiß, was jenem eingeplaudert ward,
Was jenen band. – Und ist ein beßrer; für
Den väterlichen Himmel mehr gemacht.
Das spür' ich ja. Denn erst mit ihm beginn'
Ich so zu denken, wie mein Vater hier
Gedacht muß haben; wenn man Märchen nicht
Von ihm mir vorgelogen. – Märchen? – doch
Ganz glaubliche; die glaublicher mir nie,
Als itzt geschienen, da ich nur Gefahr
Zu straucheln laufe, wo er fiel. – Er fiel?
Ich will mit Männern lieber fallen, als
Mit Kindern stehn. – Sein Beispiel bürget mir

Für seinen Beifall. Und an wessen Beifall
Liegt mir denn sonst? – An Nathans? – O an dessen
Ermuntrung mehr, als Beifall, kann es mir
Noch weniger gebrechen. – Welch ein Jude! –
Und der so ganz nur Jude scheinen will!
Da kömmt er; kömmt mit Hast; glüht heitre Freude
Wer kam vom Saladin je anders? – He!
He, Nathan!

NEUNTER AUFTRITT

Nathan und der Tempelherr

NATHAN.   Wie? seid Ihrs?
TEMPELHERR.   Ihr habt
Sehr lang' Euch bei dem Sultan aufgehalten.
NATHAN. So lange nun wohl nicht. Ich ward im Hingehn
Zu viel verweilt. – Ah, wahrlich Curd; der Mann
Steht seinen Ruhm. Sein Ruhm ist bloß sein Schatten.
Doch laßt vor allen Dingen Euch geschwind
Nur sagen ...
TEMPELHERR.   Was?
NATHAN.   Er will Euch sprechen; will,
Daß ungesäumt Ihr zu ihm kommt. Begleitet
Mich nur nach Hause, wo ich noch für ihn
Erst etwas anders zu verfügen habe:
Und dann, so gehn wir.
TEMPELHERR.   Nathan, Euer Haus
Betret' ich wieder eher nicht ...
NATHAN.   So seid
Ihr doch indes schon da gewesen? habt
Indes sie doch gesprochen? – Nun? – Sagt: wie
Gefällt Euch Recha?
TEMPELHERR.   Über allen Ausdruck! –
Allein, – sie wiedersehn – das werd ich nie!
Nie! nie! – Ihr müßtet mir zur Stelle denn
Versprechen: – daß ich sie auf immer, immer –

Soll können sehn.

NATHAN.   Wie wollt Ihr, daß ich das
Versteh'?

TEMPELHERR *(nach einer kurzen Pause ihm plötzlich um den*
Hals fallend).
          Mein Vater!

NATHAN.   – Junger Mann!

TEMPELHERR *(ihn eben so plötzlich wieder lassend).*
                         Nicht Sohn? –
Ich bitt' Euch, Nathan! –

NATHAN.   Lieber junger Mann!

TEMPELHERR.
Nicht Sohn? – Ich bitt' Euch, Nathan! – Ich beschwör'
Euch bei den ersten Banden der Natur! –
Zieht ihnen spätre Fesseln doch nicht vor! –
Begnügt Euch doch ein Mensch zu sein! – Stoßt mich
Nicht von Euch!

NATHAN.   Lieber, lieber Freund! ...

TEMPELHERR.   Und Sohn?
Sohn nicht? – Auch dann nicht, dann nicht einmal, wenn
Erkenntlichkeit zum Herzen Eurer Tochter,
Der Liebe schon den Weg gebahnet hätte?
Auch dann nicht einmal, wenn in eins zu schmelzen
Auf Euern Wink nur beide warteten? –
Ihr schweigt?

NATHAN.   Ihr überrascht mich, junger Ritter.

TEMPELHERR. Ich überrasch' Euch? – überrasch' Euch, Nathan,
Mit Euern eigenen Gedanken? – Ihr
Verkennt sie doch in meinem Munde nicht? –
Ich überrasch' Euch?

NATHAN.   Eh ich einmal weiß,
Was für ein Stauffen Euer Vater denn
Gewesen ist!

TEMPELHERR. Was sagt Ihr, Nathan? was? –
In diesem Augenblicke fühlt Ihr nichts,
Als Neubegier?

NATHAN.   Denn seht! Ich habe selbst
Wohl einen Stauffen ehedem gekannt,

Der Conrad hieß.

TEMPELHERR.   Nun – wenn mein Vater denn
Nun eben so geheißen hätte?

NATHAN.   Wahrlich?

TEMPELHERR. Ich heiße selber ja nach meinem Vater: Curd
Ist Conrad.

NATHAN.   Nun – so war mein Conrad doch
Nicht Euer Vater. Denn mein Conrad war,
Was Ihr; war Tempelherr; war nie vermählt.

TEMPELHERR. O darum!

NATHAN.   Wie?

TEMPELHERR.   O darum könnt' er doch
Mein Vater wohl gewesen sein.

NATHAN.   Ihr scherzt.

TEMPELHERR. Und Ihr nehmts wahrlich zu genau! – Was wärs
Denn nun? So was von Bastard oder Bankert!
Der Schlag ist auch nicht zu verachten. – Doch
Entlaßt mich immer meiner Ahnenprobe.
Ich will Euch Eurer wiederum entlassen.
Nicht zwar, als ob ich den geringsten Zweifel
In Euern Stammbaum setzte. Gott behüte!
Ihr könnt ihn Blatt vor Blatt bis Abraham
Hinauf belegen. Und von da so weiter,
Weiß ich ihn selbst; will ich ihn selbst beschwören.

NATHAN. Ihr werdet bitter. – Doch verdien' ichs? – Schlug
Ich denn Euch schon was ab? – Ich will Euch ja
Nur bei dem Worte nicht den Augenblick
So fassen. – Weiter nichts.

TEMPELHERR.   Gewiß? – Nichts weiter?
O so vergebt! ...

NATHAN.   Nun kommt nur, kommt!

TEMPELHERR.   Wohin?
Nein! – Mit in Euer Haus? – Das nicht! das nicht! –
Da brennts! – Ich will Euch hier erwarten. Geht! –
Soll ich sie wiedersehn: so seh ich sie
Noch oft genug. Wo nicht: so sah ich sie
Schon viel zu viel ...

NATHAN.   Ich will mich möglichst eilen.

Der Tempelherr und bald darauf Daja

TEMPELHERR.
  Schon mehr als gnug! – Des Menschen Hirn faßt so
  Unendlich viel; und ist doch manchmal auch
  So plötzlich voll! von einer Kleinigkeit
  So plötzlich voll! – Taugt nichts, taugt nichts; es sei
  Auch voll wovon es will. – Doch nur Geduld!
  Die Seele wirkt den aufgedunsnen Stoff
  Bald in einander, schafft sich Raum, und Licht
  Und Ordnung kommen wieder. – Lieb’ ich denn
  Zum erstenmale? – Oder war, was ich
  Als Liebe kenne, Liebe nicht? – Ist Liebe
  Nur was ich itzt empfinde? ...
DAJA *(die sich von der Seite herbeigeschlichen).*
                           Ritter! Ritter!
TEMPELHERR. Wer ruft? – Ha, Daja, Ihr?
DAJA.   Ich habe mich
  Bei ihm vorbei geschlichen. Aber noch
  Könnt’ er uns sehn, wo Ihr da steht. – Drum kommt
  Doch näher zu mir, hinter diesen Baum.
TEMPELHERR.
  Was gibts denn? – So geheimnisvoll? – Was ists?
DAJA. Ja wohl betrifft es ein Geheimnis, was
  Mich zu Euch bringt; und zwar ein doppeltes.
  Das eine weiß nur ich; das andre wißt
  Nur Ihr. – Wie wär es, wenn wir tauschten?
  Vertraut mir Euers: so vertrau’ ich Euch
  Das meine.
TEMPELHERR.
            Mit Vergnügen. – Wenn ich nur
  Erst weiß, was Ihr für meines achtet. Doch
  Das wird aus Euerm wohl erhellen. – Fangt
  Nur immer an.
DAJA.   Ei denkt doch! – Nein, Herr Ritter:
  Erst Ihr; ich folge. – Denn versichert, mein

Geheimnis kann Euch gar nichts nutzen, wenn
Ich nicht zuvor das Eure habe. – Nur
Geschwind! – Denn frag' ichs Euch erst ab: so habt
Ihr nichts vertrauet. Mein Geheimnis dann
Bleibt mein Geheimnis; und das Eure seid
Ihr los. – Doch armer Ritter! – Daß ihr Männer
Ein solch Geheimnis vor uns Weibern haben
Zu können, auch nur glaubt!

TEMPELHERR.   Das wir zu haben
Oft selbst nicht wissen.

DAJA.   Kann wohl sein. Drum muß
Ich freilich erst, Euch selbst damit bekannt
Zu machen, schon die Freundschaft haben. – Sagt:
Was hieß denn das, daß Ihr so Knall und Fall
Euch aus dem Staube machtet? daß Ihr uns
So sitzen ließet? – daß Ihr nun mit Nathan
Nicht wiederkommt? – Hat Recha denn so wenig
Auf Euch gewirkt? wie? oder auch, so viel? –
So viel! so viel! – Lehrt Ihr des armen Vogels,
Der an der Rute klebt, Geflattre mich
Doch kennen! – Kurz: gesteht es mir nur gleich,
Daß Ihr sie liebt, liebt bis zum Unsinn; und
Ich sag' Euch was ...

TEMPELHERR.   Zum Unsinn? Wahrlich; Ihr
Versteht Euch trefflich drauf.

DAJA.   Nun gebt mir nur
Die Liebe zu; den Unsinn will ich Euch
Erlassen.

TEMPELHERR.
          Weil er sich von selbst versteht? –
Ein Tempelherr ein Judenmädchen lieben! ...

DAJA. Scheint freilich wenig Sinn zu haben. – Doch
Zuweilen ist des Sinns in einer Sache
Auch mehr, als wir vermuten; und es wäre
So unerhört doch nicht, daß uns der Heiland
Auf Wegen zu sich zöge, die der Kluge
Von selbst nicht leicht betreten würde.

TEMPELHERR.   Das

So feierlich? – (Und setz' ich statt des Heilands
Die Vorsicht: hat sie denn nicht Recht? –) Ihr macht
Mich neubegieriger, als ich wohl sonst
Zu sein gewohnt bin.

DAJA.   O! das ist das Land
Der Wunder!

TEMPELHERR.   (Nun! – des Wunderbaren. Kann
Es auch wohl anders sein? Die ganze Welt
Drängt sich ja hier zusammen.) – Liebe Daja,
Nehmt für gestanden an, was Ihr verlangt:
Daß ich sie liebe; daß ich nicht begreife,
Wie ohne sie ich leben werde; daß …

DAJA. Gewiß? gewiß? – So schwört mir, Ritter, sie
Zur Eurigen zu machen; sie zu retten;
Sie zeitlich hier, sie ewig dort zu retten.

TEMPELHERR.
Und wie? – Wie kann ich? – Kann ich schwören, was
In meiner Macht nicht steht?

DAJA.   In Eurer Macht
Steht es. Ich bring' es durch ein einzig Wort
In Eure Macht.

TEMPELHERR.   Daß selbst der Vater nichts
Dawider hätte?

DAJA.   Ei, was Vater! Vater!
Der Vater soll schon müssen.

TEMPELHERR.   Müssen, Daja? –
Noch ist er unter Räuber nicht gefallen. –
Er muß nicht müssen.

DAJA.   Nun, so muß er wollen;
Muß gern am Ende wollen.

TEMPELHERR.   Muß und gern! –
Doch, Daja, wenn ich Euch nun sage, daß
Ich selber diese Sait' ihm anzuschlagen
Bereits versucht?

DAJA.   Was? und er fiel nicht ein?

TEMPELHERR. Er fiel mit einem Mißlaut ein, der mich –
Beleidigte.

DAJA.   Was sagt Ihr? – Wie? Ihr hättet

151

Den Schatten eines Wunsches nur nach Recha
Ihm blicken lassen: und er wär' vor Freuden
Nicht aufgesprungen? hätte frostig sich
Zurückgezogen? hätte Schwierigkeiten
Gemacht?

TEMPELHERR.
       So ungefähr.

DAJA.   So will ich denn
Mich länger keinen Augenblick bedenken – *(Pause)*

TEMPELHERR. Und Ihr bedenkt Euch doch?

DAJA.   Der Mann ist sonst
So gut! – Ich selber bin so viel ihm schuldig! –
Daß er doch gar nicht hören will! – Gott weiß,
Das Herze blutet mir, ihn so zu zwingen.

TEMPELHERR. Ich bitt' Euch, Daja, setzt mich kurz und gut
Aus dieser Ungewißheit. Seid Ihr aber
Noch selber ungewiß; ob, was Ihr vorhabt,
Gut oder böse, schändlich oder löblich
Zu nennen: – schweigt! Ich will vergessen, daß
Ihr etwas zu verschweigen habt.

DAJA.   Das spornt
Anstatt zu halten. Nun; so wißt denn: Recha
Ist keine Judin; ist – ist eine Christin.

TEMPELHERR *(kalt)*.
So? Wünsch' Euch Glück! Hats schwer gehalten? Laßt
Euch nicht die Wehen schrecken! – Fahret ja
Mit Eifer fort, den Himmel zu bevölkern;
Wenn Ihr die Erde nicht mehr könnt!

DAJA.   Wie, Ritter?
Verdienet meine Nachricht diesen Spott?
Daß Recha eine Christin ist: das freuet
Euch, einen Christen, einen Tempelherrn,
Der Ihr sie liebt, nicht mehr?

TEMPELHERR.   Besonders, da
Sie eine Christin ist von Eurer Mache.

DAJA. Ah! so versteht Ihrs? So mags gelten! – Nein!
Den will ich sehn, der die bekehren soll!
Ihr Glück ist, längst zu sein, was sie zu werden

Verdorben ist.

TEMPELHERR.   Erklärt Euch, oder – geht!

DAJA. Sie ist ein Christenkind; von Christeneltern
Geboren; ist getauft …

TEMPELHERR *(hastig)*.   Und Nathan?

DAJA.   Nicht
Ihr Vater!

TEMPELHERR.
          Nathan nicht ihr Vater? – Wißt
Ihr, was Ihr sagt?

DAJA.   Die Wahrheit, die so oft
Mich blutge Tränen weinen machen. – Nein,
Er ist ihr Vater nicht …

TEMPELHERR.   Und hätte sie,
Als seine Tochter nur erzogen? hätte
Das Christenkind als eine Jüdin sich
Erzogen?

DAJA.   Ganz gewiß.

TEMPELHERR.   Sie wüßte nicht,
Was sie geboren sei? – Sie hätt' es nie
Von ihm erfahren, daß sie eine Christin
Geboren sei, und keine Jüdin?

DAJA.   Nie!

TEMPELHERR. Er hätt' in diesem Wahne nicht das Kind
Bloß auferzogen? ließ das Mädchen noch
In diesem Wahne?

DAJA.   Leider!

TEMPELHERR.   Nathan – Wie? –
Der weise gute Nathan hätte sich
Erlaubt, die Stimme der Natur so zu
Verfälschen? – Die Ergießung eines Herzens
So zu verlenken, die, sich selbst gelassen,
Ganz andre Wege nehmen würde? – Daja,
Ihr habt mir allerdings etwas vertraut –
Von Wichtigkeit, – was Folgen haben kann, –
Was mich verwirrt, – worauf ich gleich nicht weiß,
Was mir zu tun. – Drum laßt mir Zeit. – Drum geht!
Er kömmt hier wiederum vorbei. Er möcht'

Uns überfallen. Geht!

DAJA.   Ich wär' des Todes!

TEMPELHERR. Ich bin ihn itzt zu sprechen ganz und gar
Nicht fähig. Wenn Ihr ihm begegnet, sagt
Ihm nur, daß wir einander bei dem Sultan
Schon finden würden.

DAJA.   Aber laßt Euch ja
Nichts merken gegen ihn. – Das soll nur so
Den letzten Druck dem Dinge geben; soll
Euch, Rechas wegen, alle Skrupel nur
Benehmen! – Wenn Ihr aber dann, sie nach
Europa führt: so laßt Ihr doch mich nicht
Zurück?

TEMPELHERR.
        Das wird sich finden. Geht nur, geht!

VIERTER AUFZUG

Szene: in den Kreuzgängen des Klosters

*Der Klosterbruder und bald darauf
der Tempelherr*

KLOSTERBRUDER. Ja, ja! er hat schon Recht, der Patriarch!
Es hat mir freilich noch von alle dem
Nicht viel gelingen wollen, was er mir
So aufgetragen. – Warum trägt er mir
Auch lauter solche Sachen auf? – Ich mag
Nicht fein sein; mag nicht überreden; mag
Mein Näschen nicht in alles stecken; mag
Mein Händchen nicht in allem haben. – Bin
Ich darum aus der Welt geschieden, ich
Für mich; um mich für andre mit der Welt
Noch erst recht zu verwickeln?
TEMPELHERR *(mit Hast auf ihn zukommend).*
                              Guter Bruder!
Da seid Ihr ja. Ich hab' Euch lange schon
Gesucht.
KLOSTERBRUDER.
        Mich, Herr?
TEMPELHERR.   Ihr kennt mich schon nicht mehr?
KLOSTERBRUDER.
Doch, doch! Ich glaubte nur, daß ich den Herrn
In meinem Leben wieder nie zu sehn
Bekommen würde. Denn ich hofft' es zu
Dem lieben Gott. – Der liebe Gott, der weiß
Wie sauer mir der Antrag ward, den ich
Dem Herrn zu tun verbunden war. Er weiß,
Ob ich gewünscht, ein offnes Ohr bei Euch

Zu finden; weiß, wie sehr ich mich gefreut,
Im Innersten gefreut, daß Ihr so rund
Das alles, ohne viel Bedenken, von
Euch wies't, was einem Ritter nicht geziemt. –
Nun kommt Ihr doch; nun hats doch nachgewirkt!

TEMPELHERR. Ihr wißt es schon, warum ich komme? Kaum
    Weiß ich es selbst.

KLOSTERBRUDER.   Ihr habts nun überlegt;
    Habt nun gefunden, daß der Patriarch
    So Unrecht doch nicht hat; daß Ehr' und Geld
    Durch seinen Anschlag zu gewinnen; daß
    Ein Feind ein Feind ist, wenn er unser Engel
    Auch siebenmal gewesen wäre. Das,
    Das habt Ihr nun mit Fleisch und Blut erwogen,
    Und kommt, und tragt Euch wieder an. – Ach Gott!

TEMPELHERR.
    Mein frommer, lieber Mann! gebt Euch zufrieden.
    Deswegen komm' ich nicht; deswegen will
    Ich nicht den Patriarchen sprechen. Noch,
    Noch denk' ich über jenen Punkt, wie ich
    Gedacht, und wollt' um alles in der Welt
    Die gute Meinung nicht verlieren, deren
    Mich ein so grader, frommer, lieber Mann
    Einmal gewürdiget. – Ich komme bloß,
    Den Patriarchen über eine Sache
    Um Rat zu fragen ...

KLOSTERBRUDER.   Ihr den Patriarchen?
    Ein Ritter, einen – Pfaffen? *(sich schüchtern umsehend)*

TEMPELHERR.   Ja; – die Sach'
    Ist ziemlich pfäffisch.

KLOSTERBRUDER.   Gleichwohl fragt der Pfaffe
    Den Ritter nie, die Sache sei auch noch
    So ritterlich.

TEMPELHERR. Weil er das Vorrecht hat,
    Sich zu vergehn; das unser einer ihm
    Nicht sehr beneidet. – Freilich, wenn ich nur
    Für mich zu handeln hätte; freilich, wenn
    Ich Rechenschaft nur mir zu geben hätte:

Was braucht' ich Euers Patriarchen? Aber
Gewisse Dinge will ich lieber schlecht,
Nach andrer Willen, machen; als allein
Nach meinem, gut. –Zudem, ich seh nun wohl,
Religion ist auch Partei; und wer
Sich drob auch noch so unparteiisch glaubt,
Hält, ohn' es selbst zu wissen, doch nur seiner
Die Stange. Weil das einmal nun so ist:
Wirds so wohl recht sein.

KLOSTERBRUDER.   Dazu schweig' ich lieber.
Denn ich versteh den Herrn nicht recht.

TEMPELHERR.   Und doch! –
(Laß sehn, warum mir eigentlich zu tun!
Um Machtspruch oder Rat? – Um lautern, oder
Gelehrten Rat?) – Ich dank' Euch, Bruder; dank'
Euch für den guten Wink. – Was Patriarch? –
Seid Ihr mein Patriarch! Ich will ja doch
Den Christen mehr im Patriarchen, als
Den Patriarchen in dem Christen fragen. –
Die Sach' ist die ...

KLOSTERBRUDER.   Nicht weiter, Herr, nicht weiter!
Wozu? – Der Herr verkennt mich. – Wer viel weiß,
Hat viel zu sorgen; und ich habe ja
Mich Einer Sorge nur gelobt. – O gut!
Hört! seht! Dort kömmt, zu meinem Glück, er selbst.
Bleibt hier nur stehn. Er hat Euch schon erblickt.

ZWEITER AUFTRITT

Der Patriarch, welcher mit allem geistlichen
Pomp den einen Kreuzgang heraufkömmt,
und die Vorigen

TEMPELHERR.
Ich wich ihm lieber aus. – Wär' nicht mein Mann! –
Ein dicker, roter, freundlicher Prälat!
Und welcher Prunk!

KLOSTERBRUDER.   Ihr solltet ihn erst sehn,
  Nach Hofe sich erheben. Itzo kömmt
  Er nur von einem Kranken.
TEMPELHERR.   Wie sich da
  Nicht Saladin wird schämen müssen!
PATRIARCH *(indem er näher kömmt, winkt dem Bruder)*.
                                        Hier! –
  Das ist ja wohl der Tempelherr. Was will
  Er?
KLOSTERBRUDER.
    Weiß nicht.
PATRIARCH *(auf ihn zugehend, indem der Bruder und das
  Gefolge zurücktreten)*.
                  Nun, Herr Ritter! – Sehr erfreut
  Den braven jungen Mann zu sehn! – Ei, noch
  So gar jung! – Nun, mit Gottes Hülfe, daraus
  Kann etwas werden.
TEMPELHERR.   Mehr, ehrwürd'ger Herr,
  Wohl schwerlich, als schon ist. Und eher noch,
  Was weniger.
PATRIARCH.   Ich wünsche wenigstens,
  Daß so ein frommer Ritter lange noch
  Der lieben Christenheit, der Sache Gottes
  Zu Ehr und Frommen blühn und grünen möge!
  Das wird denn auch nicht fehlen, wenn nur fein
  Die junge Tapferkeit dem reifen Rate
  Des Alters folgen will! – Womit wär' sonst
  Dem Herrn zu dienen?
TEMPELHERR.   Mit dem nämlichen,
  Woran es meiner Jugend fehlt: mit Rat.
PATRIARCH. Recht gern! – Nur ist der Rat auch anzunehmen.
TEMPELHERR.
  Doch blindlings nicht?
PATRIARCH.   Wer sagt denn das? – Ei freilich
  Muß niemand die Vernunft, die Gott ihm gab,
  Zu brauchen unterlassen, – wo sie hin
  Gehört. – Gehört sie aber überall
  Denn hin? – O nein! – Zum Beispiel: wenn uns Gott

Durch einen seiner Engel, – ist zu sagen,
Durch einen Diener seines Worts, – ein Mittel
Bekannt zu machen würdiget, das Wohl
Der ganzen Christenheit, das Heil der Kirche,
Auf irgend eine ganz besondre Weise
Zu fördern, zu befestigen: wer darf
Sich da noch unterstehn, die Willkür des,
Der die Vernunft erschaffen, nach Vernunft
Zu untersuchen? und das ewige
Gesetz der Herrlichkeit des Himmels, nach
Den kleinen Regeln einer eiteln Ehre
Zu prüfen? – Doch hiervon genug. – Was ist
Es denn, worüber unsern Rat für itzt
Der Herr verlangt?

TEMPELHERR.   Gesetzt, ehrwürd'ger Vater,
Ein Jude hätt' ein einzig Kind, – es sei
Ein Mädchen, – das er mit der größten Sorgfalt
Zu allem Guten auferzogen, das
Er liebe mehr als seine Seele, das
Ihn wieder mit der frömmsten Liebe liebe.
Und nun würd' unser einem hinterbracht,
Dies Mädchen sei des Juden Tochter nicht;
Er hab' es in der Kindheit aufgelesen,
Gekauft, gestohlen, – was Ihr wollt; man wisse,
Das Mädchen sei ein Christenkind, und sei
Getauft; der Jude hab' es nur als Jüdin
Erzogen; laß es nur als Jüdin und
Als seine Tochter so verharren: – sagt,
Ehrwürd'ger Vater, was wär' hierbei wohl
Zu tun?

PATRIARCH.
          Mich schaudert! – Doch zu allererst
Erkläre sich der Herr, ob so ein Fall
Ein Faktum oder eine Hypothes'.
Das ist zu sagen: ob der Herr sich das
Nur bloß so dichtet, oder obs geschehn,
Und fortfährt zu geschehn.

TEMPELHERR.   Ich glaubte, das

Sei eins, um Euer Hochehrwürden Meinung
Bloß zu vernehmen.

PATRIARCH.   Eins? – Da seh der Herr
Wie sich die stolze menschliche Vernunft
Im Geistlichen doch irren kann. – Mit nichten!
Denn ist der vorgetragne Fall nur so
Ein Spiel des Witzes: so verlohnt es sich
Der Mühe nicht, im Ernst ihn durchzudenken.
Ich will den Herrn damit auf das Theater
Verwiesen haben, wo dergleichen pro
Et contra sich mit vielem Beifall könnte
Behandeln lassen. – Hat der Herr mich aber
Nicht bloß mit einer theatral'schen Schnurre
Zum besten; ist der Fall ein Faktum; hätt'
Er sich wohl gar in unsrer Diözes',
In unsrer lieben Stadt Jerusalem,
Eräugnet: – ja alsdann –

TEMPELHERR.   Und was alsdann?

PATRIARCH. Dann wäre mit dem Juden fördersamst
Die Strafe zu vollziehn, die päpstliches
Und kaiserliches Recht so einem Frevel,
So einer Lastertat bestimmen.

TEMPELHERR.   So?

PATRIARCH. Und zwar bestimmen obbesagte Rechte
Dem Juden, welcher einen Christen zur
Apostasie verführt, – den Scheiterhaufen, –
Den Holzstoß –

TEMPELHERR.   So?

PATRIARCH.   Und wie vielmehr dem Juden,
Der mit Gewalt ein armes Christenkind
Dem Bunde seiner Tauf entreißt! Denn ist
Nicht alles, was man Kindern tut, Gewalt? –
Zu sagen: – ausgenommen, was die Kirch'
An Kindern tut.

TEMPELHERR.   Wenn aber nun das Kind,
Erbarmte seiner sich der Jude nicht,
Vielleicht im Elend umgekommen wäre?

160

PATRIARCH.

Tut nichts! der Jude wird verbrannt. – Denn besser,
Es wäre hier im Elend umgekommen,
Als daß zu seinem ewigen Verderben
Es so gerettet ward. – Zu dem, was hat
Der Jude Gott denn vorzugreifen? Gott
Kann, wen er retten will, schon ohn' ihn retten.

TEMPELHERR. Auch Trotz ihm, sollt' ich meinen, – selig machen.

PATRIARCH. Tut nichts! der Jude wird verbrannt.

TEMPELHERR. Das geht

Mir nah'! Besonders, da man sagt, er habe
Das Mädchen nicht sowohl in seinem, als
Vielmehr in keinem Glauben auferzogen,
Und sie von Gott nicht mehr nicht weniger
Gelehrt, als der Vernunft genügt.

PATRIARCH. Tut nichts!

Der Jude wird verbrannt ... Ja, wär' allein
Schon dieserwegen wert, dreimal verbrannt
Zu werden! – Was? ein Kind ohn' allen Glauben
Erwachsen lassen? – Wie? die große Pflicht
Zu glauben, ganz und gar ein Kind nicht lehren?
Das ist zu arg! – Mich wundert sehr, Herr Ritter,
Euch selbst ...

TEMPELHERR. Ehrwürd'ger Herr, das übrige,
Wenn Gott will, in der Beichte. *(Will gehn)*

PATRIARCH. Was? mir nun

Nicht einmal Rede stehn? – Den Bösewicht,
Den Juden mir nicht nennen? – mir ihn nicht
Zur Stelle schaffen? – O da weiß ich Rat!
Ich geh sogleich zum Sultan. – Saladin,
Vermöge der Kapitulation,
Die er beschworen, muß uns, muß uns schützen;
Bei allen Rechten, allen Lehren schützen,
Die wir zu unsrer allerheiligsten
Religion nur immer rechnen dürfen!
Gottlob! wir haben das Original.
Wir haben seine Hand, sein Siegel. Wir! –
Auch mach' ich ihm gar leicht begreiflich, wie

Gefährlich selber für den Staat es ist,
Nichts glauben! Alle bürgerliche Bande
Sind aufgelöset, sind zerrissen, wenn
Der Mensch nichts glauben darf. – Hinweg! hinweg
Mit solchem Frevel! ..

TEMPELHERR.   Schade, daß ich nicht
Den trefflichen Sermon mit beßrer Muße
Genießen kann! Ich bin zum Saladin
Gerufen.

PATRIARCH.

        Ja? – Nun so – Nun freilich – Dann –

TEMPELHERR. Ich will den Sultan vorbereiten, wenn
Es Eurer Hochehrwürden so gefällt.

PATRIARCH. O, oh! – Ich weiß, der Herr hat Gnade funden
Vor Saladin! – Ich bitte meiner nur
Im besten bei ihm eingedenk zu sein. –
Mich treibt der Eifer Gottes lediglich.
Was ich zu viel tu, tu ich ihm. – Das wolle
Doch ja der Herr erwägen! – Und nicht wahr,
Herr Ritter? das vorhin Erwähnte von
Dem Juden, war nur ein Problema? – ist
Zu sagen –

TEMPELHERR.

        Ein Problema.   *(Geht ab)*

PATRIARCH.   (Dem ich tiefer
Doch auf den Grund zu kommen suchen muß.
Das wär' so wiederum ein Auftrag für
Den Bruder Bonafides.) – Hier, mein Sohn!
            (Er spricht im Abgehn mit dem
                  Klosterbruder)

*Szene: ein Zimmer im Palaste des Saladin,
in welches von Sklaven eine Menge Beutel
getragen, und auf dem Boden neben einander
gestellt werden*

Saladin und bald darauf Sittah

SALADIN *(der dazu kömmt).*
  Nun wahrlich! das hat noch kein Ende. – Ist
  Des Dings noch viel zurück?
EIN SKLAVE.   Wohl noch die Hälfte.
SALADIN. So tragt das übrige zu Sittah. – Und
  Wo bleibt Al-Hafi? Das hier soll sogleich
  Al-Hafi zu sich nehmen. – Oder ob
  Ichs nicht vielmehr dem Vater schicke? Hier
  Fällt mir es doch nur durch die Finger. – Zwar
  Man wird wohl endlich hart; und nun gewiß
  Solls Künste kosten, mir viel abzuzwacken.
  Bis wenigstens die Gelder aus Ägypten
  Zur Stelle kommen, mag das Armut sehn
  Wies fertig wird! – Die Spenden bei dem Grabe,
  Wenn die nur fortgehn! Wenn die Christenpilger
  Mit leeren Händen nur nicht abziehn dürfen!
  Wenn nur –
SITTAH.   Was soll nun das? Was soll das Geld
  Bei mir?
SALADIN. Mach dich davon bezahlt; und leg'
  Auf Vorrat, wenn was übrig bleibt.
SITTAH.   Ist Nathan
  Noch mit dem Tempelherrn nicht da?
SALADIN.   Er sucht
  Ihn aller Orten.
SITTAH.   Sieh doch, was ich hier,
  Indem mir so mein alt Geschmeide durch
  Die Hände geht, gefunden.
  (ihm ein klein Gemälde zeigend)
SALADIN.   Ha! mein Bruder!

163

Das ist er, ist er! – War er! war er! ah! –
Ah wackrer lieber Junge, daß ich dich
So früh verlor! Was hätt' ich erst mit dir,
An deiner Seit' erst unternommen! – Sittah,
Laß mir das Bild. Auch kenn' ichs schon: er gab
Es deiner ältern Schwester, seiner Lilla,
Die eines Morgens ihn so ganz und gar
Nicht aus den Armen lassen wollt'. Es war
Der letzte, den er ausritt. – Ah, ich ließ
Ihn reiten, und allein! – Ah, Lilla starb
Vor Gram, und hat mirs nie vergeben, daß
Ich so allein ihn reiten lassen. – Er
Blieb weg!

SITTAH.   Der arme Bruder!

SALADIN.   Laß nur gut
Sein! – Einmal bleiben wir doch alle weg! –
Zudem, – wer weiß? Der Tod ists nicht allein,
Der einem Jüngling seiner Art das Ziel
Verrückt. Er hat der Feinde mehr; und oft
Erliegt der Stärkste gleich dem Schwächsten. – Nun,
Sei wie ihm sei! – Ich muß das Bild doch mit
Dem jungen Tempelherrn vergleichen; muß
Doch sehn, wie viel mich meine Phantasie
Getäuscht.

SITTAH.   Nur darum bring' ichs. Aber gib
Doch, gib! Ich will dir das wohl sagen; das
Versteht ein weiblich Aug am besten.

SALADIN *(zu einem Türsteher, der hereintritt).*

                                        Wer
Ist da? – der Tempelherr? – Er komm'!

SITTAH.   Euch nicht
Zu stören: ihn mit meiner Neugier nicht
Zu irren –
*(Sie setzt sich seitwärts auf einen Sofa und läßt den
Schleier fallen)*

SALADIN.   Gut so! gut! – (Und nun sein Ton!
Wie der wohl sein wird! – Assads Ton
Schläft auch wohl wo in meiner Seele noch!)

164

Der Tempelherr und Saladin

TEMPELHERR. Ich, dein Gefangner, Sultan ...

SALADIN.   Mein Gefangner?
Wem ich das Leben schenke, werd' ich dem
Nicht auch die Freiheit schenken?

TEMPELHERR.   Was dir ziemt
Zu tun, ziemt mir, erst zu vernehmen, nicht
Vorauszusetzen. Aber, Sultan, – Dank,
Besondern Dank dir für mein Leben zu
Beteuern, stimmt mit meinem Stand' und meinem
Charakter nicht. – Es steht in allen Fällen
Zu deinen Diensten wieder.

SALADIN.   Brauch es nur
Nicht wider mich! – Zwar ein Paar Hände mehr,
Die gönnt' ich meinem Feinde gern. Allein
Ihm so ein Herz auch mehr zu gönnen, fällt
Mir schwer. – Ich habe mich mit dir in nichts
Betrogen, braver junger Mann! Du bist
Mit Seel und Leib mein Assad. Sieh! ich könnte
Dich fragen: wo du denn die ganze Zeit
Gesteckt? in welcher Höhle du geschlafen?
In welchem Ginnistan, von welcher guten
Div diese Blume fort und fort so frisch
Erhalten worden? Sieh! ich könnte dich
Erinnern wollen, was wir dort und dort
Zusammen ausgeführt. Ich könnte mit
Dir zanken, daß du Ein Geheimnis doch
Vor mir gehabt! Ein Abenteuer mir
Doch unterschlagen: – Ja, das könnt' ich; wenn
Ich dich nur säh', und nicht auch mich. – Nun, mags!
Von dieser süßen Träumerei ist immer
Doch so viel wahr, daß mir in meinem Herbst
Ein Assad wieder blühen soll. – Du bist
Es doch zufrieden, Ritter?

TEMPELHERR.   Alles, was

Von dir mir kömmt, – sei was es will – das lag
Als Wunsch in meiner Seele.

SALADIN.   Laß uns das
Sogleich versuchen. – Bliebst du wohl bei mir?
Um mir? – Als Christ, als Muselmann: gleich viel!
Im weißen Mantel, oder Jamerlonk;
Im Tulban, oder deinem Filze: wie
Du willst! Gleich viel! Ich habe nie verlangt,
Daß allen Bäumen Eine Rinde wachse.

TEMPELHERR. Sonst wärst du wohl auch schwerlich, der du bist:
Der Held, der lieber Gottes Gärtner wäre.

SALADIN. Nun dann; wenn du nicht schlechter von mir denkst:
So wären wir ja halb schon richtig?

TEMPELHERR.   Ganz!

SALADIN *(ihm die Hand bietend).*
Ein Wort?

TEMPELHERR *(einschlagend).*
         Ein Mann! – Hiermit empfange mehr
Als du mir nehmen konntest. Ganz der Deine!

SALADIN. Zu viel Gewinn für einen Tag! zu viel! –
Kam er nicht mit?

TEMPELHERR.   Wer?

SALADIN.   Nathan.

TEMPELHERR *(frostig).*   Nein. Ich kam
Allein.

SALADIN.
         Welch eine Tat von dir! Und welch
Ein weises Glück, daß eine solche Tat
Zum Besten eines solchen Mannes ausschlug.

TEMPELHERR. Ja, ja!

SALADIN.   ·   So kalt? – Nein, junger Mann! wenn Gott
Was Gutes durch uns tut, muß man so kalt
Nicht sein! – selbst aus Bescheidenheit so kalt
Nicht scheinen wollen!

TEMPELHERR.   Daß doch in der Welt
Ein jedes Ding so manche Seiten hat! –
Von denen oft sich gar nicht denken läßt,
Wie sie zusammenpassen!

SALADIN.   Halte dich
Nur immer an die best', und preise Gott!
Der weiß, wie sie zusammenpassen. – Aber,
Wenn du so schwierig sein willst, junger Mann:
So werd' auch ich ja wohl auf meiner Hut
Mich mit dir halten müssen? Leider bin
Auch ich ein Ding von vielen Seiten, die
Oft nicht so recht zu passen scheinen mögen.

TEMPELHERR.
Das schmerzt! – Denn Argwohn ist so wenig sonst
Mein Fehler –

SALADIN.   Nun, so sage doch, mit wem
Dus hast? – Es schien ja gar, mit Nathan. Wie?
Auf Nathan Argwohn? du? – Erklär' dich! sprich!
Komm, gib mir deines Zutrauns erste Probe.

TEMPELHERR. Ich habe wider Nathan nichts. Ich zürn'
Allein mit mir –

SALADIN.   Und über was?

TEMPELHERR.   Daß mir
Geträumt, ein Jude könn' auch wohl ein Jude
Zu sein verlernen; daß mir wachend so
Geträumt.

SALADIN.   Heraus mit diesem wachen Traume!

TEMPELHERR. Du weißt von Nathans Tochter, Sultan. Was
Ich für sie tat, das tat ich, – weil ichs tat.
Zu stolz, Dank einzuernten, wo ich ihn
Nicht säete, verschmäht ich Tag für Tag
Das Mädchen noch einmal zu sehn. Der Vater
War fern; er kömmt; er hört; er sucht mich auf;
Er dankt; er wünscht, daß seine Tochter mir
Gefallen möge; spricht von Aussicht, spricht
Von heitern Fernen. – Nun, ich lasse mich
Beschwatzen, komme, sehe, finde wirklich
Ein Mädchen ... Ah, ich muß mich schämen, Sultan! –

SALADIN. Dich schämen? – daß ein Judenmädchen auf
Dich Eindruck machte: doch wohl nimmermehr?

TEMPELHERR. Daß diesem Eindruck, auf das liebliche
Geschwätz des Vaters hin, mein rasches Herz

167

So wenig Widerstand entgegen setzte! –
Ich Tropf! ich sprang zum zweitenmal ins Feuer. –
Denn nun warb *ich*, und nun ward *ich* verschmäht.

SALADIN. Verschmäht?

TEMPELHERR.   Der weise Vater schlägt nun wohl
Mich platterdings nicht aus. Der weise Vater
Muß aber doch sich erst erkunden, erst
Besinnen. Allerdings! Tat ich denn das
Nicht auch? Erkundete, besann ich denn
Mich erst nicht auch, als sie im Feuer schrie? –
Fürwahr! bei Gott! Es ist doch gar was Schönes,
So weise, so bedächtig sein!

SALADIN.   Nun, nun!
So sieh doch einem Alten etwas nach!
Wie lange können seine Weigerungen
Denn dauern? Wird er denn von dir verlangen,
Daß du erst Jude werden sollst?

TEMPELHERR.   Wer weiß!

SALADIN. Wer weiß? – der diesen Nathan besser kennt.

TEMPELHERR. Der Aberglaub', in dem wir aufgewachsen,
Verliert, auch wenn wir ihn erkennen, darum
Doch seine Macht nicht über uns. – Es sind
Nicht alle frei, die ihrer Ketten spotten.

SALADIN. Sehr reif bemerkt! Doch Nathan wahrlich, Nathan..

TEMPELHERR. Der Aberglauben schlimmster ist, den seinen
Für den erträglichern zu halten ...

SALADIN.   Mag
Wohl sein! Doch Nathan ...

TEMPELHERR.   Dem allein
Die blöde Menschheit zu vertrauen, bis
Sie hellern Wahrheitstag gewöhne; dem
Allein ...

SALADIN.   Gut! Aber Nathan! – Nathans Los
Ist diese Schwachheit nicht.

TEMPELHERR.   So dacht' ich auch! ...
Wenn gleichwohl dieser Ausbund aller Menschen
So ein gemeiner Jude wäre, daß
Er Christenkinder zu bekommen suche,

Um sie als Juden aufzuziehn: – wie dann?

SALADIN. Wer sagt ihm so was nach?

TEMPELHERR. Das Mädchen selbst,
Mit welcher er mich körnt, mit deren Hoffnung
Er gern mir zu bezahlen schiene, was
Ich nicht umsonst für sie getan soll haben: –
Dies Mädchen selbst, ist seine Tochter – nicht;
Ist ein verzettelt Christenkind.

SALADIN. Das er
Dem ungeachtet dir nicht geben wollte?

TEMPELHERR (heftig). Woll' oder wolle nicht! Er ist entdeckt.
Der tolerante Schwätzer ist entdeckt!
Ich werde hinter diesen jüd'schen Wolf
Im philosoph'schen Schafpelz, Hunde schon
Zu bringen wissen, die ihn zausen sollen!

SALADIN (ernst).
Sei ruhig, Christ!

TEMPELHERR. Was? ruhig Christ? – Wenn Jud'
Und Muselmann, auf Jud', auf Muselmann
Bestehen: soll allein der Christ den Christen
Nicht machen dürfen?

SALADIN (noch ernster). Ruhig, Christ!

TEMPELHERR (gelassen). Ich fühle
Des Vorwurfs ganze Last, – die Saladin
In diese Silbe preßt! Ah, wenn ich wüßte,
Wie Assad, – Assad sich an meiner Stelle
Hierbei genommen hätte!

SALADIN. Nicht viel besser! –
Vermutlich, ganz so brausend! – Doch, wer hat
Denn dich auch schon gelehrt, mich so wie er
Mit Einem Worte zu bestechen? Freilich
Wenn alles sich verhält, wie du mir sagest:
Kann ich mich selber kaum in Nathan finden. –
Indes, er ist mein Freund, und meiner Freunde
Muß keiner mit dem andern hadern. – Laß
Dich weisen! Geh behutsam! Gib ihn nicht
Sofort den Schwärmern deines Pöbels Preis!
Verschweig, was deine Geistlichkeit, an ihm

Zu rächen, mir so nahe legen würde!
Sei keinem Juden, keinem Muselmanne
Zum Trotz ein Christ!

TEMPELHERR.   Bald wärs damit zu spät!
Doch Dank der Blutbegier des Patriarchen,
Des Werkzeug mir zu werden graute!

SALADIN.   Wie?
Du kamst zum Patriarchen eher, als
Zu mir?

TEMPELHERR.
          Im Sturm der Leidenschaft, im Wirbel
Der Unentschlossenheit! – Verzeih! – Du wirst
Von deinem Assad, fürcht' ich, ferner nun
Nichts mehr in mir erkennen wollen.

SALADIN.   Wär'
Es diese Furcht nicht selbst! Mich dünkt, ich weiß,
Aus welchen Fehlern unsre Tugend keimt.
Pfleg' diese ferner nur, und jene sollen
Bei mir dir wenig schaden. – Aber geh!
Such du nun Nathan, wie er dich gesucht;
Und bring' ihn her. Ich muß euch doch zusammen
Verständigen. – Wär' um das Mädchen dir
Im Ernst zu tun: sei ruhig. Sie ist dein!
Auch soll es Nathan schon empfinden, daß
Er ohne Schweinefleisch ein Christenkind
Erziehen dürfen! – Geh!

          *(Der Tempelherr geht ab, und Sittah verläßt
                    den Sofa)*

          FÜNFTER AUFTRITT

          Saladin und Sittah

SITTAH.   Ganz sonderbar!
SALADIN. Gelt, Sittah? Muß mein Assad nicht ein braver,
Ein schöner junger Mann gewesen sein?
SITTAH. Wenn er so war, und nicht zu diesem Bilde

170

Der Tempelherr vielmehr gesessen! – Aber
Wie hast du doch vergessen können dich
Nach seinen Eltern zu erkundigen?

SALADIN. Und ins besondre wohl nach seiner Mutter?
Ob seine Mutter hier zu Lande nie
Gewesen sei? – Nicht wahr?

SITTAH.   Das machst du gut!

SALADIN. O, möglicher wär' nichts! Denn Assad war
Bei hübschen Christendamen so willkommen,
Auf hübsche Christendamen so erpicht,
Daß einmal gar die Rede ging – Nun, nun;
Man spricht nicht gern davon. – Genug; ich hab
Ihn wieder! – will mit allen seinen Fehlern,
Mit allen Launen seines weichen Herzens
Ihn wieder haben! – Oh! das Mädchen muß
Ihm Nathan geben. Meinst du nicht?

SITTAH.   Ihm geben?
Ihm lassen!

SALADIN.   Allerdings! Was hätte Nathan,
So bald er nicht ihr Vater ist, für Recht
Auf sie? Wer ihr das Leben so erhielt,
Tritt einzig in die Rechte des, der ihr
Es gab.

SITTAH.   Wie also, Saladin? wenn du
Nur gleich das Mädchen zu dir nähmst? Sie nur
Dem unrechtmäßigen Besitzer gleich
Entzögest?

SALADIN.   Täte das wohl Not?

SITTAH.   Not nun
Wohl eben nicht! – Die liebe Neubegier
Treibt mich allein, dir diesen Rat zu geben.
Denn von gewissen Männern mag ich gar
Zu gern, so bald wie möglich, wissen, was
Sie für ein Mädchen lieben können.

SALADIN.   Nun,
So schick' und laß sie holen.

SITTAH.   Darf ich, Bruder?

SALADIN. Nur schone Nathans! Nathan muß durchaus

Nicht glauben, daß man mit Gewalt ihn von
Ihr trennen wolle.

SITTAH.   Sorge nicht.

SALADIN.   Und ich,
Ich muß schon selbst sehn, wo Al-Hafi bleibt.

SECHSTER AUFTRITT

*Szene: die offne Flur in Nathans Hause, gegen
die Palmen zu; wie im ersten Auftritte des
ersten Aufzuges
Ein Teil der Waren und Kostbarkeiten
liegt ausgekramt, deren eben daselbst
gedacht wird*

Nathan und Daja

DAJA. O, alles herrlich! alles auserlesen!
O, alles – wie nur Ihr es geben könnt.
Wo wird der Silberstoff mit goldnen Ranken
Gemacht? Was kostet er? – Das nenn' ich noch
Ein Brautkleid! Keine Königin verlangt
Es besser.

NATHAN.   Brautkleid? Warum Brautkleid eben?

DAJA. Je nun! Ihr dachtet daran freilich nicht,
Als Ihr ihn kauftet. – Aber wahrlich, Nathan,
Der und kein andrer muß es sein! Er ist
Zum Brautkleid wie bestellt. Der weiße Grund;
Ein Bild der Unschuld: und die goldnen Ströme,
Die aller Orten diesen Grund durchschlängeln;
Ein Bild des Reichtums. Seht Ihr? Allerliebst!

NATHAN. Was witzelst du mir da? Von wessen Brautkleid
Sinnbilderst du mir so gelehrt? – Bist du
Denn Braut?

DAJA.   Ich?

NATHAN.   Nun wer denn?

DAJA.   Ich? – lieber Gott!

NATHAN. Wer denn? Von wessen Brautkleid sprichst du denn? –
  Das alles ist ja dein, und keiner andern.

DAJA. Ist mein? Soll mein sein? – Ist für Recha nicht?

NATHAN. Was ich für Recha mitgebracht, das liegt
  In einem andern Ballen. Mach! nimm weg!
  Trag deine Siebensachen fort!

DAJA.   Versucher!
  Nein, wären es die Kostbarkeiten auch
  Der ganzen Welt! Nicht rühr an! wenn Ihr mir
  Vorher nicht schwört, von dieser einzigen
  Gelegenheit, dergleichen Euch der Himmel
  Nicht zweimal schicken wird, Gebrauch zu machen.

NATHAN. Gebrauch? von was? – Gelegenheit? wozu?

DAJA. O stellt Euch nicht so fremd! – Mit kurzen Worten!
  Der Tempelherr liebt Recha: gebt sie ihm,
  So hat doch einmal Eure Sünde, die
  Ich länger nicht verschweigen kann, ein Ende.
  So kömmt das Mädchen wieder unter Christen;
  Wird wieder was sie ist; ist wieder, was
  Sie ward: und Ihr, Ihr habt mit all' dem Guten,
  Das wir Euch nicht genug verdanken können,
  Nicht Feuerkohlen bloß auf Euer Haupt
  Gesammelt.

NATHAN.   Doch die alte Leier wieder? –
  Mit einer neuen Saite nur bezogen,
  Die, fürcht' ich, weder stimmt noch hält.

DAJA.   Wie so?

NATHAN. Mir wär' der Tempelherr schon recht. Ihm gönnt'
  Ich Recha mehr als einem in der Welt.
  Allein ... Nun, habe nur Geduld.

DAJA.   Geduld?
  Geduld, ist Eure alte Leier nun
  Wohl nicht?

NATHAN.   Nur wenig Tage noch Geduld! ...
  Sieh doch! – Wer kömmt denn dort? Ein Klosterbruder?
  Geh, frag' ihn was er will.

DAJA.   Was wird er wollen?
        (Sie geht auf ihn zu und fragt)

173

NATHAN. So gib! – und eh' er bittet. – (Wüßt' ich nur
Dem Tempelherrn erst beizukommen, ohne
Die Ursach meiner Neugier ihm zu sagen!
Denn wenn ich sie ihm sag', und der Verdacht
Ist ohne Grund: so hab' ich ganz umsonst
Den Vater auf das Spiel gesetzt.) – Was ists?

DAJA. Er will Euch sprechen.

NATHAN.   Nun, so laß ihn kommen;
Und geh indes.

SIEBENTER AUFTRITT

Nathan und der Klosterbruder

NATHAN.   (Ich bliebe Rechas Vater
Doch gar zu gern! – Zwar kann ichs denn nicht bleiben,
Auch wenn ich aufhör', es zu heißen? – Ihr,
Ihr selbst werd' ichs doch immer auch noch heißen,
Wenn sie erkennt, wie gern ichs wäre.) – Geh! –
Was ist zu Euern Diensten, frommer Bruder?

KLOSTERBRUDER. Nicht eben viel. – Ich freue mich, Herr Nathan,
Euch annoch wohl zu sehn.

NATHAN.   So kennt Ihr mich?

KLOSTERBRUDER.
Je nu; wer kennt Euch nicht? Ihr habt so manchem
Ja Euern Namen in die Hand gedrückt.
Er steht in meiner auch, seit vielen Jahren.

NATHAN *(nach seinem Beutel langend).*
Kommt, Bruder, kommt; ich frisch' ihn auf.

KLOSTERBRUDER.   Habt Dank!
Ich würd' es Ärmern stehlen; nehme nichts. –
Wenn Ihr mir nur erlauben wollt, ein wenig
Euch *meinen* Namen aufzufrischen. Denn
Ich kann mich rühmen, auch in *Eurè* Hand
Etwas gelegt zu haben, was nicht zu
Verachten war.

NATHAN.   Verzeiht! – Ich schäme mich –

174

Sagt, was? – und nehmt zur Buße siebenfach
Den Wert desselben von mir an.

KLOSTERBRUDER.   Hört doch
Vor allen Dingen, wie ich selber nur
Erst heut an dies mein Euch vertrautes Pfand
Erinnert worden.

NATHAN.   Mir vertrautes Pfand?

KLOSTERBRUDER. Vor kurzem saß ich noch als Eremit
Auf Quarantana, unweit Jericho.
Da kam arabisch Raubgesindel, brach
Mein Gotteshäuschen ab und meine Zelle,
Und schleppte mich mit fort. Zum Glück entkam
Ich noch, und floh hierher zum Patriarchen,
Um mir ein ander Plätzchen auszubitten,
Allwo ich meinem Gott in Einsamkeit
Bis an mein selig Ende dienen könne.

NATHAN. Ich steh auf Kohlen, guter Bruder. Macht
Es kurz. Das Pfand! das mir vertraute Pfand!

KLOSTERBRUDER.
Sogleich, Herr Nathan. – Nun, der Patriarch
Versprach mir eine Siedelei auf Tabor,
Sobald als eine leer; und hieß inzwischen
Im Kloster mich als Laienbruder bleiben.
Da bin ich itzt, Herr Nathan; und verlange
Des Tags wohl hundertmal auf Tabor. Denn
Der Patriarch braucht mich zu allerlei,
Wovor ich großen Ekel habe. Zum
Exempel:

NATHAN.   Macht, ich bitt' Euch!

KLOSTERBRUDER.   Nun, es kömmt! –
Da hat ihm jemand heut' ins Ohr gesetzt:
Es lebe hier herum ein Jude, der
Ein Christenkind als seine Tochter sich
Erzöge.

NATHAN. Wie? *(betroffen)*

KLOSTERBRUDER.
                  Hört mich nur aus! – Indem
Er mir nun aufträgt, diesem Juden stracks,

Wo möglich, auf die Spur zu kommen, und
Gewaltig sich ob eines solchen Frevels
Erzürnt, der ihm die wahre Sünde wider
Den heil'gen Geist bedünkt; – das ist, die Sünde,
Die aller Sünden größte Sünd' uns gilt,
Nur daß wir, Gott sei Dank, so recht nicht wissen,
Worin sie eigentlich besteht: – da wacht
Mit einmal mein Gewissen auf; und mir
Fällt bei, ich könnte selber wohl vor Zeiten
Zu dieser unverzeihlich großen Sünde
Gelegenheit gegeben haben. – Sagt:
Hat Euch ein Reitknecht nicht vor achtzehn Jahren
Ein Töchterchen gebracht von wenig Wochen?

NATHAN.
Wie das? – Nun freilich – allerdings –

KLOSTERBRUDER.   Ei, seht
Mich doch recht an! – Der Reitknecht, der bin ich.

NATHAN. Seid Ihr?

KLOSTERBRUDER. Der Herr, von welchem ichs Euch brachte,
War – ist mir recht – ein Herr von Filneck. – Wolf
Von Filneck!

NATHAN.   Richtig!

KLOSTERBRUDER.   Weil die Mutter kurz
Vorher gestorben war; und sich der Vater
Nach – mein' ich – Gazza plötzlich werfen mußte,
Wohin das Würmchen ihm nicht folgen konnte:
So sandt ers Euch. Und traf ich Euch damit
Nicht in Darun?

NATHAN.   Ganz recht!

KLOSTERBRUDER.   Es wär' kein Wunder,
Wenn mein Gedächtnis mich betrög'. Ich habe
Der braven Herrn so viel gehabt; und diesem
Hab' ich nur gar zu kurze Zeit gedient.
Er blieb bald drauf bei Askalon; und war
Wohl sonst ein lieber Herr.

NATHAN.   Ja wohl! ja wohl!
Dem ich so viel, so viel zu danken habe!
Der mehr als einmal mich dem Schwert entrissen!

KLOSTERBRUDER. O schön! So werd't Ihr seines Töchterchens
  Euch um so lieber angenommen haben.
NATHAN. Das könnt Ihr denken.
KLOSTERBRUDER.   Nun, wo ist es denn?
  Es ist doch wohl nicht etwa gar gestorben? –
  Laßts lieber nicht gestorben sein! – Wenn sonst
  Nur niemand um die Sache weiß: so hat
  Es gute Wege.
NATHAN.   Hat es?
KLOSTERBRUDER.   Traut mir, Nathan!
  Denn seht, ich denke so! Wenn an das Gute,
  Das ich zu tun vermeine, gar zu nah
  Was gar zu Schlimmes grenzt: so tu ich lieber
  Das Gute nicht; weil wir das Schlimme zwar
  So ziemlich zuverlässig kennen, aber
  Bei weiten nicht das Gute. – War ja wohl
  Natürlich; wenn das Christentöchterchen
  Recht gut von Euch erzogen werden sollte:
  Daß Ihrs als Euer eigen Töchterchen
  Erzögt. – Das hättet Ihr mit aller Lieb'
  Und Treue nun getan, und müßtet so
  Belohnet werden? Das will mir nicht ein.
  Ei freilich, klüger hättet Ihr getan;
  Wenn Ihr die Christin durch die zweite Hand
  Als Christin auferziehen lassen: aber
  So hättet Ihr das Kindchen Eures Freunds
  Auch nicht geliebt. Und Kinder brauchen Liebe,
  Wärs eines wilden Tieres Lieb' auch nur,
  In solchen Jahren mehr, als Christentum.
  Zum Christentume hats noch immer Zeit.
  Wenn nur das Mädchen sonst gesund und fromm
  Vor Euern Augen aufgewachsen ist,
  So bliebs vor Gottes Augen, was es war.
  Und ist denn nicht das ganze Christentum
  Aufs Judentum gebaut? Es hat mich oft
  Geärgert, hat mir Tränen gnug gekostet,
  Wenn Christen gar so sehr vergessen konnten,
  Daß unser Herr ja selbst ein Jude war.

NATHAN. Ihr, guter Bruder, müßt mein Fürsprach sein,
Wenn Haß und Gleisnerei sich gegen mich
Erheben sollten, – wegen einer Tat –
Ah, wegen einer Tat! – Nur Ihr, Ihr sollt
Sie wissen! – Nehmt sie aber mit ins Grab!
Noch hat mich nie die Eitelkeit versucht,
Sie jemand andern zu erzählen. Euch
Allein erzähl' ich sie. Der frommen Einfalt
Allein erzähl' ich sie. Weil die allein
Versteht, was sich der gottergebne Mensch
Für Taten abgewinnen kann.
KLOSTERBRUDER.   Ihr seid
Gerührt, und Euer Auge steht voll Wasser?
NATHAN. Ihr traft mich mit dem Kinde zu Darun.
Ihr wißt wohl aber nicht, daß wenig Tage
Zuvor, in Gath die Christen alle Juden
Mit Weib und Kind ermordet hatten; wißt
Wohl nicht, daß unter diesen meine Frau
Mit sieben hoffnungsvollen Söhnen sich
Befunden, die in meines Bruders Hause,
Zu dem ich sie geflüchtet, insgesamt
Verbrennen müssen.
KLOSTERBRUDER.   Allgerechter!
NATHAN.   Als
Ihr kamt, hatt' ich drei Tag' und Nächt' in Asch'
Und Staub vor Gott gelegen, und geweint. –
Geweint? Beiher mit Gott auch wohl gerechtet,
Gezürnt, getobt, mich und die Welt verwünscht;
Der Christenheit den unversöhnlichsten
Haß zugeschworen –
KLOSTERBRUDER.   Ach! Ich glaubs Euch wohl!
NATHAN. Doch nun kam die Vernunft allmählig wieder.
Sie sprach mit sanfter Stimm': »und doch ist Gott!
Doch war auch Gottes Ratschluß das! Wohlan!
Komm! übe, was du längst begriffen hast;
Was sicherlich zu üben schwerer nicht,
Als zu begreifen ist, wenn du nur willst.
Steh auf!« – Ich stand! und rief zu Gott: ich will!

Willst du nur, daß ich will! – Indem stiegt Ihr
Vom Pferd', und überreichtet mir das Kind,
In Euern Mantel eingehüllt. – Was Ihr
Mir damals sagtet; was ich Euch: hab' ich
Vergessen. So viel weiß ich nur; ich nahm
Das Kind, trugs auf mein Lager, küßt' es, warf
Mich auf die Knie' und schluchzte: Gott! auf Sieben
Doch nun schon Eines wieder!

KLOSTERBRUDER.   Nathan! Nathan!
Ihr seid ein Christ! – Bei Gott, Ihr seid ein Christ!
Ein beßrer Christ war nie!

NATHAN.   Wohl uns! Denn was
Mich Euch zum Christen macht, das macht Euch mir
Zum Juden! – Aber laßt uns länger nicht
Einander nur erweichen. Hier brauchts Tat!
Und ob mich siebenfache Liebe schon
Bald an dies einz'ge fremde Mädchen band;
Ob der Gedanke mich schon tötet, daß
Ich meine sieben Söhn' in ihr aufs neue
Verlieren soll: – wenn sie von meinen Händen
Die Vorsicht wieder fodert, – ich gehorche!

KLOSTERBRUDER. Nun vollends! – Eben das bedacht' ich mich
So viel, Euch anzuraten! Und so hats
Euch Euer guter Geist schon angeraten!

NATHAN. Nur muß der erste beste mir sie nicht
Entreißen wollen!

KLOSTERBRUDER.   Nein, gewiß nicht!

NATHAN.   Wer
Auf sie nicht größre Rechte hat, als ich;
Muß frühere zum mindsten haben –

KLOSTERBRUDER.   Freilich!

NATHAN. Die ihm Natur und Blut erteilen.

KLOSTERBRUDER.   So
Mein' ich es auch!

NATHAN.   Drum nennt mir nur geschwind
Den Mann, der ihr als Bruder oder Ohm,
Als Vetter oder sonst als Sipp verwandt:
Ihm will ich sie nicht vorenthalten – Sie,

Die jedes Hauses, jedes Glaubens Zierde
Zu sein erschaffen und erzogen ward. –
Ich hoff', Ihr wißt von diesem Euern Herrn
Und dem Geschlechte dessen, mehr als ich.

KLOSTERBRUDER.

Das, guter Nathan, wohl nun schwerlich! – Denn
Ihr habt ja schon gehört, daß ich nur gar
Zu kurze Zeit bei ihm gewesen.

NATHAN.   Wißt
Ihr denn nicht wenigstens, was für Geschlechts
Die Mutter war? – War sie nicht eine Stauffin?

KLOSTERBRUDER.

Wohl möglich! – Ja, mich dünkt.

NATHAN.   Hieß nicht ihr Bruder
Conrad von Stauffen? – und war Tempelherr?

KLOSTERBRUDER.

Wenn michs nicht triegt. Doch halt! Da fällt mir ein,
Daß ich vom selgen Herrn ein Büchelchen
Noch hab'. Ich zogs ihm aus dem Busen, als
Wir ihn bei Askalon verscharrten.

NATHAN.   Nun?

KLOSTERBRUDER. Es sind Gebete drin. Wir nennens ein
Brevier. – Das, dacht' ich, kann ein Christenmensch
Ja wohl noch brauchen. – Ich nun freilich nicht –
Ich kann nicht lesen –

NATHAN.   Tut nichts! – Nur zur Sache.

KLOSTERBRUDER. In diesem Büchelchen stehn vorn und hinten,
Wie ich mir sagen lassen, mit des Herrn
Selbsteigner Hand, die Angehörigen
Von ihm und ihr geschrieben.

NATHAN.   O erwünscht!
Geht! lauft! holt mir das Büchelchen. Geschwind!
Ich bin bereit mit Gold es aufzuwiegen;
Und tausend Dank dazu! Eilt! lauft!

KLOSTERBRUDER.   Recht gern!
Es ist Arabisch aber, was der Herr
Hineingeschrieben. *(Ab)*

NATHAN.   Einerlei! Nur her! –

Gott! wenn ich doch das Mädchen noch behalten,
Und einen solchen Eidam mir damit
Erkaufen könnte! – Schwerlich wohl! – Nun, fall'
Es aus, wie's will! – Wer mag es aber denn
Gewesen sein, der bei dem Patriarchen
So etwas angebracht? Das muß ich doch
Zu fragen nicht vergessen. – Wenn es gar
Von Daja käme?

ACHTER AUFTRITT

Daja und Nathan

DAJA *(eilig und verlegen)*.
                Denkt doch, Nathan!
NATHAN.   Nun?
DAJA. Das arme Kind erschrak wohl recht darüber!
  Da schickt ...
NATHAN.   Der Patriarch?
DAJA.   Des Sultans Schwester,
  Prinzessin Sittah ...
NATHAN.   Nicht der Patriarch?
DAJA. Nein, Sittah! – Hört Ihr nicht? – Prinzessin Sittah
  Schickt her, und läßt sie zu sich holen.
NATHAN.   Wen?
  Läßt Recha holen? – Sittah läßt sie holen? –
  Nun; wenn sie Sittah holen läßt, und nicht
  Der Patriarch ...
DAJA.   Wie kommt Ihr denn auf den?
NATHAN. So hast du kürzlich nichts von ihm gehört?
  Gewiß nicht? Auch ihm nichts gesteckt?
DAJA.   Ich? ihm?
NATHAN. Wo sind die Boten?
DAJA.   Vorn.
NATHAN.   Ich will sie doch
  Aus Vorsicht selber sprechen. Komm! – Wenn nur
  Vom Patriarchen nichts dahinter steckt. *(Ab)*

DAJA. Und ich – ich fürchte ganz was anders noch.
  Was gilts? die einzige vermeinte Tochter
  So eines reichen Juden wär' auch wohl
  Für einen Muselmann nicht übel? – Hui,
  Der Tempelherr ist drum. Ist drum: wenn ich
  Den zweiten Schritt nicht auch noch wage; nicht
  Auch ihr noch selbst entdecke, wer sie ist! –
  Getrost! Laß mich den ersten Augenblick,
  Den ich allein sie habe, dazu brauchen!
  Und der wird sein – vielleicht nun eben, wenn
  Ich sie begleite. So ein erster Wink
  Kann unterwegens wenigstens nicht schaden.
  Ja, ja! Nur zu! Itzt oder nie! Nur zu!   (Ihm nach)

FÜNFTER AUFZUG

ERSTER AUFTRITT

Szene: das Zimmer in Saladins Palaste,
in welches die Beutel mit Geld getragen worden,
die noch zu sehen

Saladin und bald darauf verschiedne Mamelucken

SALADIN *(im Hereintreten).*
   Da steht das Geld nun noch! Und niemand weiß
   Den Derwisch aufzufinden, der vermutlich
   Ans Schachbrett irgendwo geraten ist,
   Das ihn wohl seiner selbst vergessen macht; –
   Warum nicht meiner? – Nun, Geduld! Was gibts?
EIN MAMELUCK.
   Erwünschte Nachricht, Sultan! Freude, Sultan!..
   Die Karawane von Kahira kömmt;
   Ist glücklich da! mit siebenjährigem
   Tribut des reichen Nils.
SALADIN.   Brav, Ibrahim!
   Du bist mir wahrlich ein willkommner Bote! –
   Ha! endlich einmal! endlich! – Habe Dank
   Der guten Zeitung.
DER MAMELUCK *(wartend).*
                     (Nun? nur her damit!)
SALADIN.
   Was wart'st du? – Geh nur wieder.
DER MAMELUCK.   Dem Willkommnen
   Sonst nichts?
SALADIN.   Was denn noch sonst?
DER MAMELUCK.   Dem guten Boten
   Kein Botenbrod? – So wär ich ja der erste,
   Den Saladin mit Worten abzulohnen,

Doch endlich lernte? – Auch ein Ruhm! – Der erste,
Mit dem er knickerte.

SALADIN.   So nimm dir nur
Dort einen Beutel.

DER MAMELUCK.   Nein, nun nicht! Du kannst
Mir sie nun alle schenken wollen.

SALADIN.   Trotz! –
Komm her! Da hast du zwei. – Im Ernst? er geht?
Tut mirs an Edelmut zuvor? – Denn sicher
Muß ihm es saurer werden, auszuschlagen,
Als mir zu geben. – Ibrahim! – Was kömmt
Mir denn auch ein, so kurz vor meinem Abtritt
Auf einmal ganz ein andrer sein zu wollen? –
Will Saladin als Saladin nicht sterben? –
So mußt' er auch als Saladin nicht leben.

EIN ZWEITER MAMELUCK.
Nun, Sultan! ...

SALADIN.   Wenn du mir zu melden kömmst ...

ZWEITER MAMELUCK. Daß aus Ägypten der Transport nun da!

SALADIN. Ich weiß schon.

ZWEITER MAMELUCK.   Kam ich doch zu spät!

SALADIN.   Warum
Zu spät? – Da nimm für deinen guten Willen
Der Beutel einen oder zwei.

ZWEITER MAMELUCK.   Macht drei!

SALADIN. Ja, wenn du rechnen kannst! – So nimm sie nur.

ZWEITER MAMELUCK.
Es wird wohl noch ein dritter kommen, – wenn
Er anders kommen kann.

SALADIN.   Wie das?

ZWEITER MAMELUCK.   Je nu;
Er hat auch wohl den Hals gebrochen! Denn
Sobald wir drei der Ankunft des Transports
Versichert waren, sprengte jeder frisch
Davon. Der Vorderste, der stürzt; und so
Komm ich nun vor, und bleib' auch vor bis in
Die Stadt; wo aber Ibrahim, der Lecker,
Die Gassen besser kennt.

184

SALADIN. O der Gestürzte!
Freund, der Gestürzte! – Reit ihm doch entgegen.
ZWEITER MAMELUCK.
Das werd ich ja wohl tun! – Und wenn er lebt:
So ist die Hälfte dieser Beutel sein. *(Geht ab)*
SALADIN. Sieh, welch ein guter edler Kerl auch das! –
Wer kann sich solcher Mamelucken rühmen?
Und wär' mir denn zu denken nicht erlaubt,
Daß sie mein Beispiel bilden helfen? – Fort
Mit dem Gedanken, sie zu guter Letzt
Noch an ein anders zu gewöhnen! ...
EIN DRITTER MAMELUCK. Sultan, ...
SALADIN. Bist dus, der stürzte?
DRITTER MAMELUCK. Nein. Ich melde nur, –
Daß Emir Mansor, der die Karawane
Geführt, vom Pferde steigt ...
SALADIN. Bring ihn! geschwind! –
Da ist er ja! –

ZWEITER AUFTRITT

Emir Mansor und Saladin

SALADIN. Willkommen, Emir! Nun,
Wie ists gegangen? – Mansor, Mansor, hast
Uns lange warten lassen!
MANSOR. Dieser Brief
Berichtet, was dein Abulkassem erst
Für Unruh in Thebais dämpfen müssen:
Eh' wir es wagen durften abzugehen.
Den Zug darauf hab' ich beschleuniget
So viel, wie möglich war.
SALADIN. Ich glaube dir! –
Und nimm nur, guter Mansor, nimm sogleich ...
Du tust es aber doch auch gern? ... nimm frische
Bedeckung nur sogleich. Du mußt sogleich
Noch weiter; mußt der Gelder größern Teil
Auf Libanon zum Vater bringen.

MANSOR.   Gern!
  Sehr gern!
SALADIN.   Und nimm dir die Bedeckung ja
  Nur nicht zu schwach. Es ist um Libanon
  Nicht alles mehr so sicher. Hast du nicht
  Gehört? Die Tempelherrn sind wieder rege.
  Sei wohl auf deiner Hut! – Komm nur! Wo hält
  Der Zug? Ich will ihn sehn; und alles selbst
  Betreiben. – Ihr! ich bin sodann bei Sittah.

DRITTER AUFTRITT

Szene: die Palmen vor Nathans Hause,
wo der TEMPELHERR *auf und nieder geht*

Ins Haus nun will ich einmal nicht. – Er wird
Sich endlich doch wohl sehen lassen! – Man
Bemerkte mich ja sonst so bald, so gern! –
Wills noch erleben, daß er sichs verbittet,
Vor seinem Hause mich so fleißig finden
Zu lassen. – Hm! – ich bin doch aber auch
Sehr ärgerlich. – Was hat mich denn nun so
Erbittert gegen ihn? – Er sagte ja:
Noch schlüg' er mir nichts ab. Und Saladin
Hats über sich genommen, ihn zu stimmen. –
Wie? sollte wirklich wohl in mir der Christ
Noch tiefer nisten, als in ihm der Jude? –
Wer kennt sich recht? Wie könnt ich ihm denn sonst
Den kleinen Raub nicht gönnen wollen, den
Er sichs zu solcher Angelegenheit
Gemacht, den Christen abzujagen? – Freilich;
Kein kleiner Raub, ein solch Geschöpf! – Geschöpf?
Und wessen? – Doch des Sklaven nicht, der auf
Des Lebens öden Strand den Block geflößt,
Und sich davon gemacht? Des Künstlers doch
Wohl mehr, der in dem hingeworfnen Blocke
Die göttliche Gestalt sich dachte, die

Er dargestellt? – Ach! Rechas wahrer Vater
Bleibt, Trotz dem Christen, der sie zeugte – bleibt
In Ewigkeit der Jude. – Wenn ich mir
Sie lediglich als Christendirne denke,
Sie sonder alles das mir denke, was
Allein ihr so ein Jude geben konnte: –
Sprich, Herz, – was wär' an ihr, das dir gefiel?
Nichts! wenig! Selbst ihr Lächeln, wär' es nichts
Als sanfte schöne Zuckung ihrer Muskeln;
Wär', was sie lächeln macht, des Reizes unwert,
In den es sich auf ihrem Munde kleidet: –
Nein; selbst ihr Lächeln nicht! Ich hab' es ja
Wohl schöner noch an Aberwitz, an Tand,
An Höhnerei, an Schmeichler und an Buhler,
Verschwenden sehn! – Hats da mich auch bezaubert?
Hats da mir auch den Wunsch entlockt, mein Leben
In seinem Sonnenscheine zu verflattern? –
Ich wüßte nicht. Und bin auf den doch launisch,
Der diesen höhern Wert allein ihr gab?
Wie das? warum? – Wenn ich den Spott verdiente,
Mit dem mich Saladin entließ! Schon schlimm
Genug, daß Saladin es glauben konnte!
Wie klein ich ihm da scheinen mußte! wie
Verächtlich! – Und das alles um ein Mädchen? –
Curd! Curd! das geht so nicht. Lenk' ein! Wenn vollends
Mir Daja nur was vorgeplaudert hätte,
Was schwerlich zu erweisen stünde? – Sieh,
Da tritt er endlich, in Gespräch vertieft,
Aus seinem Hause! – Ha! mit wem! – Mit ihm?
Mit meinem Klosterbruder? – Ha! so weiß
Er sicherlich schon alles! ist wohl gar
Dem Patriarchen schon verraten! – Ha!
Was hab' ich Querkopf nun gestiftet! – Daß
Ein einz'ger Funken dieser Leidenschaft
Doch unsers Hirns so viel verbrennen kann! –
Geschwind entschließ dich, was nunmehr zu tun!
Ich will hier seitwärts ihrer warten; – ob
Vielleicht der Klosterbruder ihn verläßt.

Nathan und der Klosterbruder

NATHAN *(im Näherkommen).*
  Habt nochmals, guter Bruder, vielen Dank!
KLOSTERBRUDER. Und Ihr desgleichen!
NATHAN.   Ich? von Euch? wofür?
  Für meinen Eigensinn, Euch aufzudringen,
  Was Ihr nicht braucht? – Ja, wenn ihm Eurer nur
  Auch nachgegeben hätt'; Ihr mit Gewalt
  Nicht wolltet reicher sein, als ich.
KLOSTERBRUDER.   Das Buch
  Gehört ja ohnedem nicht mir; gehört
  Ja ohnedem der Tochter; ist ja so
  Der Tochter ganzes väterliches Erbe. –
  Je nu, sie hat ja Euch. – Gott gebe nur,
  Daß Ihr es nie bereuen dürft, so viel
  Für sie getan zu haben!
NATHAN.   Kann ich das?
  Das kann ich nie. Seid unbesorgt!
KLOSTERBRUDER.   Nu, nu!
  Die Patriarchen und die Tempelherren ...
NATHAN. Vermögen mir des Bösen nie so viel
  Zu tun, daß irgend was mich reuen könnte:
  Geschweige, das! – Und seid Ihr denn so ganz
  Versichert, daß ein Tempelherr es ist,
  Der Euern Patriarchen hetzt?
KLOSTERBRUDER.   Es kann
  Beinah kein andrer sein. Ein Tempelherr
  Sprach kurz vorher mit ihm; und was ich hörte,
  Das klang darnach.
NATHAN.   Es ist doch aber nur
  Ein einziger itzt in Jerusalem.
  Und diesen kenn' ich. Dieser ist mein Freund.
  Ein junger, edler, offner Mann!
KLOSTERBRUDER.   Ganz recht;

Der nämliche! – Doch was man ist, und was
Man sein muß in der Welt, das paßt ja wohl
Nicht immer.

NATHAN.   Leider nicht. – So tue, wers
Auch immer ist, sein Schlimmstes oder Bestes!
Mit Euerm Buche, Bruder, trotz' ich allen;
Und gehe graden Wegs damit zum Sultan.

KLOSTERBRUDER.
Viel Glücks! Ich will Euch denn nur hier verlassen.

NATHAN. Und habt sie nicht einmal gesehn? – Kommt ja
Doch bald, doch fleißig wieder. – Wenn nur heut
Der Patriarch noch nichts erfährt! – Doch was?
Sagt ihm auch heute, was Ihr wollt.

KLOSTERBRUDER.   Ich nicht.
Lebt wohl!   *(Geht ab)*

NATHAN.   Vergeßt uns ja nicht, Bruder! – Gott!
Daß ich nicht gleich hier unter freiem Himmel
Auf meine Kniee sinken kann! Wie sich
Der Knoten, der so oft mir bange machte,
Nun von sich selber löset! – Gott! wie leicht
Mir wird, daß ich nun weiter auf der Welt
Nichts zu verbergen habe! daß ich vor
Den Menschen nun so frei kann wandeln, als
Vor dir, der du allein den Menschen nicht
Nach seinen Taten brauchst zu richten, die
So selten seine Taten sind, o Gott! –

FÜNFTER AUFTRITT

Nathan und der Tempelherr,
der von der Seite auf ihn zu kömmt

TEMPELHERR.
He! wartet, Nathan; nehmt mich mit!

NATHAN.   Wer ruft? –
Seid Ihr es, Ritter? Wo gewesen, daß

Ihr bei dem Sultan Euch nicht treffen lassen?

TEMPELHERR. Wir sind einander fehl gegangen. Nehmts
 Nicht übel.

NATHAN.   Ich nicht; aber Saladin ...

TEMPELHERR. Ihr wart nur eben fort ..

NATHAN.   Und spracht ihn doch?
 Nun, so ists gut.

TEMPELHERR.   Er will uns aber beide
 Zusammen sprechen.

NATHAN.   Desto besser. Kommt
 Nur mit. Mein Gang stand ohnehin zu ihm. –

TEMPELHERR. Ich darf ja doch wohl fragen, Nathan, wer
 Euch da verließ?

NATHAN.   Ihr kennt ihn doch wohl nicht?

TEMPELHERR. Wars nicht die gute Haut, der Laienbruder,
 Des sich der Patriarch so gern zum Stöber
 Bedient?

NATHAN.   Kann sein! Beim Patriarchen ist
 Er allerdings.

TEMPELHERR.   Der Pfiff ist gar nicht übel:
 Die Einfalt vor der Schurkerei voraus
 Zu schicken.

NATHAN.   Ja, die dumme; – nicht die fromme.

TEMPELHERR. An fromme glaubt kein Patriarch.

NATHAN.   Für den
 Nun steh ich. Der wird seinem Patriarchen
 Nichts Ungebührliches vollziehen helfen.

TEMPELHERR. So stellt er wenigstens sich an. – Doch hat
 Er Euch von mir denn nichts gesagt?

NATHAN.   Von Euch?
 Von Euch nun namentlich wohl nichts. – Er weiß
 Ja wohl auch schwerlich Euern Namen?

TEMPELHERR.   Schwerlich.

NATHAN. Von einem Tempelherren freilich hat
 Er mir gesagt ...

TEMPELHERR.   Und was?

NATHAN.   Womit er Euch
 Doch ein für allemal nicht meinen kann!

TEMPELHERR.

Wer weiß? Laßt doch nur hören.

NATHAN. Daß mich einer

Bei seinem Patriarchen angeklagt ...

TEMPELHERR. Euch angeklagt? – Das ist, mit seiner Gunst –
Erlogen. – Hört mich, Nathan! – Ich bin nicht
Der Mensch, der irgend etwas abzuleugnen
Im Stande wäre. Was ich tat, das tat ich!
Doch bin ich auch nicht der, der alles, was
Er tat, als wohl getan verteid'gen möchte.
Was sollt' ich eines Fehls mich schämen? Hab'
Ich nicht den festen Vorsatz ihn zu bessern?
Und weiß ich etwa nicht, wie weit mit dem
Es Menschen bringen können? – Hört mich, Nathan! –
Ich bin des Laienbruders Tempelherr,
Der Euch verklagt soll haben, allerdings. –
Ihr wißt ja, was mich wurmisch machte! was
Mein Blut in allen Adern sieden machte!
Ich Gauch! – ich kam, so ganz mit Leib und Seel'
Euch in die Arme mich zu werfen. Wie
Ihr mich empfingt – wie kalt – wie lau – denn lau
Ist schlimmer noch als kalt; wie abgemessen
Mir auszubeugen Ihr beflissen wart;
Mit welchen aus der Luft gegriffnen Fragen
Ihr Antwort mir zu geben scheinen wolltet:
Das darf ich kaum mir itzt noch denken, wenn
Ich soll gelassen bleiben. – Hört mich, Nathan! –
In dieser Gärung schlich mir Daja nach,
Und warf mir ihr Geheimnis an den Kopf,
Das mir den Aufschluß Euers rätselhaften
Betragens zu enthalten schien.

NATHAN. Wie das?

TEMPELHERR. Hört mich nur aus! – Ich bildete mir ein,
Ihr wolltet, was Ihr einmal nun den Christen
So abgejagt, an einen Christen wieder
Nicht gern verlieren. Und so fiel mir ein,
Euch kurz und gut das Messer an die Kehle
Zu setzen.

NATHAN.   Kurz und gut? und gut? – Wo steckt
  Das Gute?
TEMPELHERR.
          Hört mich, Nathan! – Allerdings:
  Ich tat nicht recht! – Ihr seid wohl gar nicht schuldig. –
  Die Närrin Daja weiß nicht was sie spricht –
  Ist Euch gehässig – Sucht Euch nur damit
  In einen bösen Handel zu verwickeln –
  Kann sein! kann.sein! – Ich bin ein junger Laffe,
  Der immer nur an beiden Enden schwärmt;
  Bald viel zu viel, bald viel zu wenig tut –
  Auch das kann sein! Verzeiht mir, Nathan.
NATHAN.   Wenn
  Ihr so mich freilich fasset –
TEMPELHERR.   Kurz, ich ging
  Zum Patriarchen! – hab' Euch aber nicht
  Genannt. Das ist erlogen, wie gesagt!
  Ich hab ihm bloß den Fall ganz allgemein
  Erzählt, um seine Meinung zu vernehmen. –
  Auch das hätt' unterbleiben können: ja doch! –
  Denn kannt' ich nicht den Patriarchen schon
  Als einen Schurken? Konnt' ich Euch nicht selber
  Nur gleich zur Rede stellen? – Mußt ich der
  Gefahr, so einen Vater zu verlieren,
  Das arme Mädchen opfern? – Nun, was tuts?
  Die Schurkerei des Patriarchen, die
  So ähnlich immer sich erhält, hat mich
  Des nächsten Weges wieder zu mir selbst
  Gebracht. – Denn hört mich, Nathan; hört mich aus! –
  Gesetzt; er wüßt' auch Euern Namen: was
  Nun mehr, was mehr? – Er kann Euch ja das Mädchen
  Nur nehmen, wenn sie niemands ist, als Euer.
  Er kann sie doch aus *Euerm* Hause nur
  Ins Kloster schleppen. – Also – gebt sie mir!
  Gebt sie nur mir; und laßt ihn kommen. Ha!
  Er solls wohl bleiben lassen, mir mein Weib
  Zu nehmen. – Gebt sie mir; geschwind! – Sie sei
  Nun Eure Tochter, oder sei es nicht!

Sei Christin, oder Jüdin, oder keines!
Gleich viel! gleich viel! Ich werd' Euch weder itzt
Noch jemals sonst in meinem ganzen Leben
Darum befragen. Sei, wie's sei!

NATHAN.   Ihr wähnt
Wohl gar, daß mir die Wahrheit zu verbergen
Sehr nötig?

TEMPELHERR.
          Sei, wie's sei!

NATHAN.   Ich hab' es ja
Euch – oder wem es sonst zu wissen ziemt –
Noch nicht geleugnet, daß sie eine Christin,
Und nichts als meine Pflegetochter ist. –
Warum ichs aber ihr noch nicht entdeckt? –
Darüber brauch' ich nur bei ihr mich zu
Entschuldigen.

TEMPELHERR.   Das sollt Ihr auch bei ihr
Nicht brauchen. – Gönnts ihr doch, daß sie Euch nie
Mit andern Augen darf betrachten! Spart
Ihr die Entdeckung doch! – Noch habt Ihr ja,
Ihr ganz allein, mit ihr zu schalten. Gebt
Sie mir! Ich bitt' Euch, Nathan; gebt sie mir!
Ich bins allein, der sie zum zweitenmale
Euch retten kann – und will.

NATHAN.   Ja – konnte! konnte!
Nun auch nicht mehr. Es ist damit zu spät.

TEMPELHERR. Wie so? zu spät?

NATHAN.   Dank sei dem Patriarchen ...

TEMPELHERR. Dem Patriarchen? Dank? ihm Dank? wofür?
Dank hätte *der* bei uns verdienen wollen?
Wofür? wofür?

NATHAN.   Daß wir nun wissen, wem
Sie anverwandt; nun wissen, wessen Händen
Sie sicher ausgeliefert werden kann:

TEMPELHERR. Das dank' ihm – wer für mehr ihm danken wird!

NATHAN. Aus diesen müßt Ihr sie nun auch erhalten;
Und nicht aus meinen.

TEMPELHERR.   Arme Recha! Was

Dir alles zustößt, arme Recha! Was
Ein Glück für andre Waisen wäre, wird
Dein Unglück! – Nathan! – Und wo sind sie, diese
Verwandte?

NATHAN.　　　Wo sie sind?

TEMPELHERR.　　　　　Und wer sie sind?

NATHAN. Besonders hat ein Bruder sich gefunden,
Bei dem Ihr um sie werben müßt.

TEMPELHERR.　　　　　　Ein Bruder?
Was ist er, dieser Bruder? Ein Soldat?
Ein Geistlicher? – Laßt hören, was ich mir
Versprechen darf.

NATHAN.　　　Ich glaube, daß er keines
Von beiden – oder beides ist. Ich kenn'
Ihn noch nicht recht.

TEMPELHERR.　　　Und sonst?

NATHAN.　　　　　　Ein braver Mann!
Bei dem sich Recha gar nicht übel wird
Befinden.

TEMPELHERR.
　　　　Doch ein Christ! – Ich weiß zu Zeiten
Auch gar nicht, was ich von Euch denken soll: –
Nehmt mirs nicht ungut, Nathan. – Wird sie nicht
Die Christin spielen müssen, unter Christen?
Und wird sie, was sie lange gnug gespielt,
Nicht endlich werden? Wird den lautern Weizen,
Den Ihr gesä't, das Unkraut endlich nicht
Ersticken? – Und das kümmert Euch so wenig?
Dem ungeachtet könnt Ihr sagen – Ihr? –
Daß sie bei ihrem Bruder sich nicht übel
Befinden werde?

NATHAN.　　　Denk' ich! hoff' ich! – Wenn
Ihr ja bei ihm was mangeln sollte, hat
Sie Euch und mich denn nicht noch immer?

TEMPELHERR.　　　　　　　Oh!
Was wird bei ihm ihr mangeln können! Wird
Das Brüderchen mit Essen und mit Kleidung,
Mit Naschwerk und mit Putz, das Schwesterchen

194

Nicht reichlich gnug versorgen? Und was braucht
Ein Schwesterchen denn mehr? – Ei freilich: auch
Noch einen Mann! – Nun, nun; auch den, auch den
Wird ihr das Brüderchen zu seiner Zeit
Schon schaffen; wie er immer nur zu finden!
Der Christlichste der Beste! – Nathan, Nathan!
Welch einen Engel hattet Ihr gebildet,
Den Euch nun andre so verhunzen werden!

NATHAN. Hat keine Not! Er wird sich unsrer Liebe
Noch immer wert genug behaupten.

TEMPELHERR.   Sagt
Das nicht! Von *meiner* Liebe sagt das nicht!
Denn die läßt nichts sich unterschlagen; nichts.
Es sei auch noch so klein! Auch keinen Namen! –
Doch halt! – Argwohnt sie wohl bereits, was mit
Ihr vorgeht?

NATHAN.   Möglich; ob ich schon nicht wüßte,
Woher?

TEMPELHERR.
                Auch eben viel; sie soll – sie muß
In beiden Fällen, was ihr Schicksal droht,
Von mir zuerst erfahren. Mein Gedanke,
Sie eher wieder nicht zu sehn, zu sprechen,
Als bis ich sie die Meine nennen dürfe,
Fällt weg. Ich eile ...

NATHAN.   Bleibt! wohin?

TEMPELHERR.   Zu ihr!
Zu sehn, ob diese Mädchenseele Manns genug
Wohl ist, den einzigen Entschluß zu fassen
Der ihrer würdig wäre!

NATHAN.   *Welchen?*

TEMPELHERR.   Den:
Nach Euch und ihrem Bruder weiter nicht
Zu fragen –

NATHAN.   Und?

TEMPELHERR.   Und mir zu folgen; – wenn
Sie drüber eines Muselmannes Frau
Auch werden müßte.

NATHAN.   Bleibt! Ihr trefft sie nicht.
  Sie ist bei Sittah, bei des Sultans Schwester.
TEMPELHERR. Seit wenn? warum?
NATHAN.   Und wollt Ihr da bei ihnen
  Zugleich den Bruder finden: kommt nur mit.
TEMPELHERR. Den Bruder? welchen? Sittahs oder Rechas?
NATHAN.
  Leicht beide. Kommt nur mit! Ich bitt' Euch, kommt!
                    (Er führt ihn fort)

              SECHSTER AUFTRITT

          Szene: in Sittahs Harem

      Sittah und Recha in Unterhaltung begriffen

SITTAH. Was freu ich mich nicht deiner, süßes Mädchen! –
  Sei so beklemmt nur nicht! so angst! so schüchtern! –
  Sei munter! sei gesprächiger! vertrauter!
RECHA. Prinzessin, …
SITTAH.   Nicht doch! nicht Prinzessin! Nenn
  Mich Sittah, – deine Freundin, – deine Schwester.
  Nenn mich dein Mütterchen! – Ich könnte das
  Ja schier auch sein. – So jung! so klug! so fromm!
  Was du nicht alles weißt! nicht alles mußt
  Gelesen haben!
RECHA.   Ich gelesen? – Sittah,
  Du spottest deiner kleinen albern Schwester.
  Ich kann kaum lesen.
SITTAH.   Kannst kaum, Lügnerin!
RECHA. Ein wenig meines Vaters Hand! – Ich meinte,
  Du sprächst von Büchern.
SITTAH.   Allerdings! von Büchern.
RECHA. Nun, Bücher wird mir wahrlich schwer zu lesen! –
SITTAH. Im Ernst?
RECHA.   In ganzem Ernst. Mein Vater liebt
  Die kalte Buchgelehrsamkeit, die sich

196

Mit toten Zeichen ins Gehirn nur drückt,
Zu wenig.

SITTAH.   Ei, was sagst du! – Hat indes
Wohl nicht sehr Unrecht! – Und so manches, was
Du weißt ..?

RECHA.   Weiß ich allein aus seinem Munde.
Und könnte bei dem meisten dir noch sagen,
Wie? wo? warum? er michs gelehrt.

SITTAH.   So hängt
Sich freilich alles besser an. So lernt
Mit eins die ganze Seele.

RECHA.   Sicher hat
Auch Sittah wenig oder nichts gelesen!

SITTAH. Wie so? – Ich bin nicht stolz aufs Gegenteil. –
Allein wie so? Dein Grund! Sprich dreist. Dein Grund?

RECHA. Sie ist so schlecht und recht; so unverkünstelt;
So ganz sich selbst nur ähnlich ...

SITTAH.   Nun?

RECHA.   Das sollen
Die Bücher uns nur selten lassen: sagt
Mein Vater.

SITTAH.   O was ist dein Vater für
Ein Mann!

RECHA.   Nicht wahr?

SITTAH.   Wie nah er immer doch
Zum Ziele trifft!

RECHA.   Nicht wahr? – Und diesen Vater –

SITTAH. Was ist dir, Liebe?

RECHA.   Diesen Vater –

SITTAH.   Gott!
Du weinst?

RECHA.   Und diesen Vater – Ah! es muß
Heraus! Mein Herz will Luft, will Luft ...
      (wirft sich, von Tränen überwältiget, zu ihren Füßen)

SITTAH.   Kind, was
Geschieht dir? Recha?

RECHA.   Diesen Vater soll –
Soll ich verlieren!

SITTAH. Du? verlieren? ihn?
Wie das? – Sei ruhig! – Nimmermehr! – Steh auf!

RECHA. Du sollst vergebens dich zu meiner Freundin,
Zu meiner Schwester nicht erboten haben!

SITTAH. Ich bins ja! bins! – Steh doch nur auf! Ich muß
Sonst Hülfe rufen.

RECHA *(die sich ermannt und aufsteht).*
Ah! verzeih! vergib! –
Mein Schmerz hat mich vergessen machen, wer
Du bist. Vor Sittah gilt kein Winseln, kein
Verzweifeln. Kalte, ruhige Vernunft
Will alles über sie allein vermögen.
Wes Sache diese bei ihr führt, der siegt!

SITTAH. Nun dann?

RECHA. Nein; meine Freundin, meine Schwester
Gibt das nicht zu! Gibt nimmer zu, daß mir
Ein andrer Vater aufgedrungen werde!

SITTAH. Ein andrer Vater? aufgedrungen? dir?
Wer kann das? kann das auch nur wollen, Liebe?

RECHA. Wer? Meine gute böse Daja kann
Das wollen, – will das können. – Ja; du kennst
Wohl diese gute böse Daja nicht?
Nun, Gott vergeb' es ihr! – belohn' es ihr!
Sie hat mir so viel Gutes, – so viel Böses
Erwiesen!

SITTAH. Böses dir? – So muß sie Gutes
Doch wahrlich wenig haben.

RECHA. Doch! recht viel,
Recht viel!

SITTAH. Wer ist sie?

RECHA. Eine Christin, die
In meiner Kindheit mich gepflegt; mich so
Gepflegt! – Du glaubst nicht! – Die mir eine Mutter
So wenig missen lassen! – Gott vergelt'
Es ihr! – Die aber mich auch so geängstet!
Mich so gequält!

SITTAH. Und über was? warum?
Wie?

198

RECHA.

      Ach! die arme Frau, – ich sag' dirs ja –
Ist eine Christin; – muß aus Liebe quälen; –
Ist eine von den Schwärmerinnen, die
Den allgemeinen, einzig wahren Weg
Nach Gott, zu wissen wähnen!

SITTAH.   Nun versteh' ich!

RECHA. Und sich gedrungen fühlen, einen jeden,
  Der dieses Wegs verfehlt, darauf zu lenken. –
  Kaum können sie auch anders. Denn ists wahr,
  Daß dieser Weg allein nur richtig führt:
  Wie sollen sie gelassen ihre Freunde
  Auf einem andern wandeln sehn, – der ins
  Verderben stürzt, ins ewige Verderben?
  Es müßte möglich sein, denselben Menschen
  Zur selben Zeit zu lieben und zu hassen. –
  Auch ists das nicht, was endlich laute Klagen
  Mich über sie zu führen zwingt. Ihr Seufzen,
  Ihr Warnen, ihr Gebet, ihr Drohen hätt'
  Ich gern noch länger ausgehalten; gern!
  Es brachte mich doch immer auf Gedanken,
  Die gut und nützlich. Und wem schmeichelts doch
  Im Grunde nicht, sich gar so wert und teuer,
  Von wems auch sei, gehalten fühlen, daß
  Er den Gedanken nicht ertragen kann,
  Er müß' einmal auf ewig uns entbehren!

SITTAH. Sehr wahr!

RECHA.   Allein – allein – das geht zu weit!
  Dem kann ich nichts entgegensetzen; nicht
  Geduld, nicht Überlegung; nichts!

SITTAH.   Was? wem?

RECHA. Was sie mir eben itzt entdeckt will haben.

SITTAH. Entdeckt? und eben itzt?

RECHA.   Nur eben itzt!
  Wir nahten, auf dem Weg' hierher, uns einem
  Verfallnen Christentempel. Plötzlich stand
  Sie still; schien mit sich selbst zu kämpfen; blickte
  Mit nassen Augen bald gen Himmel, bald

Auf mich. Komm, sprach sie endlich, laß uns hier
Durch diesen Tempel in die Richte gehn!
Sie geht; ich folg' ihr, und mein Auge schweift
Mit Graus die wankenden Ruinen durch.
Nun steht sie wieder; und ich sehe mich
An den versunknen Stufen eines morschen
Altars mit ihr. Wie ward mir? als sie da
Mit heißen Tränen, mit gerungnen Händen,
Zu meinen Füßen stürzte ...

SITTAH.   Gutes Kind!

RECHA. Und bei der Göttlichen, die da wohl sonst
So manch Gebet erhört, so manches Wunder
Verrichtet habe, mich beschwor, – mit Blicken
Des wahren Mitleids mich beschwor, mich meiner
Doch zu erbarmen! – Wenigstens, ihr zu
Vergeben, wenn sie mir entdecken müsse,
Was ihre Kirch' auf mich für Anspruch habe.

SITTAH. (Unglückliche! – Es ahndte mir!)

RECHA.   Ich sei
Aus christlichem Geblüte; sei getauft;
Sei Nathans Tochter nicht; er nicht mein Vater! –
Gott! Gott! Er nicht mein Vater! – Sittah! Sittah!
Sieh mich aufs neu' zu deinen Füßen ...

SITTAH.   Recha!
Nicht doch! steh auf! – Mein Bruder kömmt! steh auf!

SIEBENDER AUFTRITT

Saladin und die Vorigen

SALADIN. Was gibts hier, Sittah?

SITTAH.   Sie ist von sich! Gott!

SALADIN. Wer ists?

SITTAH.   Du weißt ja ...

SALADIN.   Unsers Nathans Tochter?
Was fehlt ihr?

SITTAH.   Komm doch zu dir, Kind! – Der Sultan ...

200

RECHA *(die sich auf den Knieen zu Saladins Füßen schleppt,*
den Kopf zur Erde gesenkt).
Ich steh nicht auf! nicht eher auf! – mag eher
Des Sultans Antlitz nicht erblicken! – eher
Den Abglanz ewiger Gerechtigkeit
Und Güte nicht in seinen Augen, nicht
Auf seiner Stirn bewundern ...
SALADIN.   Steh ... steh auf!
RECHA. Eh er mir nicht verspricht ...
SALADIN.   Komm! ich verspreche...
Sei was es will!
RECHA.   Nicht mehr, nicht weniger,
Als meinen Vater mir zu lassen; und
Mich ihm! – Noch weiß ich nicht, wer sonst mein Vater
Zu sein verlangt; – verlangen kann. Wills auch
Nicht wissen. Aber macht denn nur das Blut
Den Vater? nur das Blut?
SALADIN *(der sie aufhebt).* Ich merke wohl! –
Wer war so grausam denn, dir selbst – dir selbst
Dergleichen in den Kopf zu setzen? Ist
Es denn schon völlig ausgemacht? erwiesen?
RECHA. Muß wohl! Denn Daja will von meiner Amm'
Es haben.
SALADIN.   Deiner Amme!
RECHA.   Die es sterbend
Ihr zu vertrauen sich verbunden fühlte.
SALADIN. Gar sterbend! – Nicht auch faselnd schon? – Und wärs
Auch wahr! – Ja wohl: das Blut, das Blut allein
Macht lange noch den Vater nicht! macht kaum
Den Vater eines Tieres! gibt zum höchsten
Das erste Recht, sich diesen Namen zu
Erwerben! – Laß dir doch nicht bange sein! –
Und weißt du was? Sobald der Väter zwei
Sich um dich streiten: – laß sie beide; nimm
Den dritten! – Nimm dann mich zu deinem Vater!
SITTAH. O tu's! o tu's!
SALADIN.   Ich will ein guter Vater,
Recht guter Vater sein! – Doch halt! mir fällt

Noch viel was Bessers bei. – Was brauchst du denn
Der Väter überhaupt? Wenn sie nun sterben?
Bei Zeiten sich nach einem umgesehn,
Der mit uns um die Wette leben will!
Kennst du noch keinen? ...

SITTAH.   Mach sie nicht erröten!

SALADIN. Das hab' ich allerdings mir vorgesetzt.
Erröten macht die Häßlichen so schön:
Und sollte Schöne nicht noch schöner machen? –
Ich habe deinen Vater Nathan; und
Noch einen – einen noch hierher bestellt.
Errätst du ihn? – Hierher! Du wirst mir doch
Erlauben, Sittah?

SITTAH.   Bruder!

SALADIN.   Daß du ja
Vor ihm recht sehr errötest, liebes Mädchen!

RECHA. Vor wem? erröten? ....

SALADIN.   Kleine Heuchlerin!
Nun so erblasse lieber! – Wie du willst
Und kannst! –

            (Eine Sklavin tritt herein, und nahet sich Sittah)

                    Sie sind doch etwa nicht schon da?

SITTAH *(zur Sklavin)*.
Gut! laß sie nur herein. – Sie sind es, Bruder!

LETZTER AUFTRITT

*Nathan und der Tempelherr
zu den Vorigen*

SALADIN. Ah, meine guten lieben Freunde! – Dich,
Dich, Nathan, muß ich nur vor allen Dingen
Bedeuten, daß du nun, sobald du willst,
Dein Geld kannst wiederholen lassen! ...

NATHAN.   Sultan! ..

SALADIN. Nun steh ich auch zu deinen Diensten ...

NATHAN.   Sultan!..

SALADIN. Die Karawan' ist da. Ich bin so reich
    Nun wieder, als ich lange nicht gewesen. –
    Komm, sag' mir, was du brauchst, so recht was Großes
    Zu unternehmen! Denn auch ihr, auch ihr,
    Ihr Handelsleute, könnt des baren Geldes
    Zu viel nie haben!

NATHAN.   Und warum zuerst
    Von dieser Kleinigkeit? – Ich sehe dort
    Ein Aug' in Tränen, das zu trocknen, mir
    Weit angelegner ist. *(Geht auf Recha zu)* Du hast geweint?
    Was fehlt dir? – bist doch meine Tochter noch?

RECHA. Mein Vater! ..

NATHAN.   Wir verstehen uns. Genug! –
    Sei heiter! Sei gefaßt! Wenn sonst dein Herz
    Nur dein noch ist! Wenn deinem Herzen sonst
    Nur kein Verlust nicht droht! – Dein Vater ist
    Dir unverloren!

RECHA.   Keiner, keiner sonst!

TEMPELHERR. Sonst keiner? – Nun! so hab' ich mich betrogen.
    Was man nicht zu verlieren fürchtet, hat
    Man zu besitzen nie geglaubt, und nie
    Gewünscht. – Recht wohl! recht wohl! – Das ändert, Nathan,
    Das ändert alles! – Saladin, wir kamen
    Auf dein Geheiß. Allein, ich hatte dich
    Verleitet: itzt bemüh dich nur nicht weiter!

SALADIN. Wie gach nun wieder, junger Mann! – Soll alles
    Dir denn entgegen kommen? alles dich
    Erraten?

TEMPELHERR.
            Nun du hörst ja! siehst ja, Sultan!

SALADIN. Ei wahrlich! – Schlimm genug, daß deiner Sache
    Du nicht gewisser warst!

TEMPELHERR.   So bin ichs nun.

SALADIN. Wer so auf irgend eine Wohltat trotzt,
    Nimmt sie zurück. Was du gerettet, ist
    Deswegen nicht dein Eigentum. Sonst wär'
    Der Räuber, den sein Geiz ins Feuer jagt,
    So gut ein Held, wie du!

Komm, liebes Mädchen,
Komm! Nimms mit ihm nicht so genau. Denn wär'
Er anders; wär' er minder warm und stolz:
Er hätt' es bleiben lassen, dich zu retten.
Du mußt ihm eins fürs andre rechnen. – Komm!
Beschäm ihn! tu, was ihm zu tun geziemte!
Bekenn' ihm deine Liebe! trage dich ihm an!
Und wenn er dich verschmäht; dirs je vergißt,
Wie ungleich mehr in diesem Schritte du
Für ihn getan, als er für dich... Was hat
Er denn für dich getan? Ein wenig sich
Beräuchern lassen! ist was Rechts! – so hat
Er meines Bruders, meines Assad, nichts!
So trägt er seine Larve, nicht sein Herz.
Komm, Liebe ...

SITTAH.　　　　Geh! geh, Liebe, geh! Es ist
Für deine Dankbarkeit noch immer wenig;
Noch immer nichts.

NATHAN.　　　　Halt Saladin! halt Sittah!

SALADIN. Auch du?

NATHAN.　　　　Hier hat noch einer mit zu sprechen ...

SALADIN. Wer leugnet das? – Unstreitig, Nathan, kömmt
So einem Pflegevater eine Stimme
Mit zu! Die erste, wenn du willst. – Du hörst,
Ich weiß der Sache ganze Lage.

NATHAN.　　　　　　　Nicht so ganz! –
Ich rede nicht von mir. Es ist ein andrer;
Weit, weit ein andrer, den ich, Saladin,
Doch auch vorher zu hören bitte.

SALADIN.　　　　　　Wer?

NATHAN. Ihr Bruder!

SALADIN.　　　Rechas Bruder?

NATHAN.　　　　　　Ja!

RECHA.　　　　　　　Mein Bruder?
So hab ich einen Bruder?

TEMPELHERR *(aus seiner wilden, stummen Zerstreuung auf-*

fahrend).   Wo? wo ist
Er, dieser Bruder? Noch nicht hier? Ich sollt'
Ihn hier ja treffen.

NATHAN.   Nur Geduld!

TEMPELHERR *(äußerst bitter).*   Er hat
Ihr einen Vater aufgebunden: – wird
Er keinen Bruder für sie finden?

SALADIN.   Das
Hat noch gefehlt! Christ! ein so niedriger
Verdacht wär über Assads Lippen nicht
Gekommen. – Gut! fahr nur so fort!

NATHAN.   Verzeih
Ihm! – Ich verzeih ihm gern. – Wer weiß, was wir
An seiner Stell', in seinem Alter dächten!
            (Freundschaftlich auf ihn zugehend)
Natürlich, Ritter! – Argwohn folgt auf Mißtraun! –
Wenn Ihr mich Euers *wahren* Namens gleich
Gewürdigt hättet ...

TEMPELHERR.   Wie?

NATHAN.   Ihr seid kein Stauffen!

TEMPELHERR.
Wer bin ich denn?

NATHAN.   Heißt Curd von Stauffen nicht!

TEMPELHERR.
Wie heiß ich denn?

NATHAN.   Heißt Leu von Filneck.

TEMPELHERR.   Wie?

NATHAN. Ihr stutzt?

TEMPELHERR.   Mit Recht! Wer sagt das?

NATHAN.   Ich; der mehr,
Noch mehr Euch sagen kann. Ich straf' indes
Euch keiner Lüge.

TEMPELHERR.   Nicht?

NATHAN.   Kann doch wohl sein,
Daß jener Nam' Euch ebenfalls gebührt.

TEMPELHERR.
Das sollt ich meinen! – (Das hieß Gott ihn sprechen!)

NATHAN. Denn Eure Mutter – die war eine Stauffin.

Ihr Bruder, Euer Ohm, der Euch erzogen,
Dem Eure Eltern Euch in Deutschland ließen,
Als, von dem rauhen Himmel dort vertrieben,
Sie wieder hier zu Lande kamen: – Der
Hieß Curd von Stauffen; mag an Kindesstatt
Vielleicht Euch angenommen haben! – Seid
Ihr lange schon mit ihm nun auch herüber
Gekommen? Und er lebt doch noch?

TEMPELHERR.   Was soll
Ich sagen? – Nathan! – Allerdings! So ists!
Er selbst ist tot. Ich kam erst mit der letzten
Verstärkung unsers Ordens. – Aber, aber –
Was hat mit diesem allen Rechas Bruder
Zu schaffen?

NATHAN.   Euer Vater ...

TEMPELHERR.   Wie? auch den
Habt Ihr gekannt? Auch den?

NATHAN.   Er war mein Freund.

TEMPELHERR.
War Euer Freund? Ists möglich, Nathan! ...

NATHAN.   Nannte
Sich Wolf von Filneck; aber war kein Deutscher ...

TEMPELHERR. Ihr wißt auch das?

NATHAN.   War einer Deutschen nur
Vermählt; war Eurer Mutter nur nach Deutschland
Auf kurze Zeit gefolgt ...

TEMPELHERR.   Nicht mehr! Ich bitt'
Euch! – Aber Rechas Bruder? Rechas Bruder ...

NATHAN. Seid Ihr!

TEMPELHERR.   Ich? ich ihr Bruder?

RECHA.   Er mein Bruder?

SITTAH. Geschwister!

SALADIN.   Sie Geschwister!

RECHA *(will auf ihn zu)*.   Ah! mein Bruder!

TEMPELHERR *(tritt zurück)*.
Ihr Bruder!

RECHA *(hält an, und wendet sich zu Nathan)*.
                    Kann nicht sein! nicht sein! – Sein Herz

Weiß nichts davon! – Wir sind Betrieger! Gott!
SALADIN *(zum Tempelherrn).*
  Betrieger? wie? Das denkst du? kannst du denken?
  Betrieger selbst! Denn alles ist erlogen
  An dir: Gesicht und Stimm und Gang! Nichts dein!
  So eine Schwester nicht erkennen wollen! Geh!
TEMPELHERR *(sich demütig ihm nahend).*
  Mißdeut' auch du nicht mein Erstaunen, Sultan!
  Verkenn' in einem Augenblick', in dem
  Du schwerlich deinen Assad je gesehen,
  Nicht ihn und mich!
                  (Auf Nathan zueilend)
                        Ihr nehmt und gebt mir, Nathan!
  Mit vollen Händen beides! – Nein! Ihr gebt
  Mir mehr, als Ihr mir nehmt! unendlich mehr!
                  (Recha um den Hals fallend)
  Ah meine Schwester! meine Schwester!
NATHAN.   Blanda
  Von Filneck!
TEMPELHERR. Blanda? Blanda? – Recha nicht?
  Nicht Eure Recha mehr? – Gott! Ihr verstoßt
  Sie! gebt ihr ihren Christennamen wieder!
  Verstoßt sie meinetwegen! – Nathan! Nathan!
  Warum es sie entgelten lassen? sie!
NATHAN. Und was? – O meine Kinder! meine Kinder! –
  Denn meiner Tochter Bruder wär mein Kind
  Nicht auch, – sobald er will?
              *(Indem er sich ihren Umarmungen überläßt,
              tritt Saladin mit unruhigem Erstaunen zu seiner
                          Schwester)*
SALADIN.   Was sagst du, Schwester?
SITTAH. Ich bin gerührt ...
SALADIN.   Und ich, – ich schaudere
  Vor einer größern Rührung fast zurück!
  Bereite dich nur drauf, so gut du kannst.
SITTAH. Wie?
SALADIN.   Nathan, auf ein Wort! ein Wort! –
              (Indem Nathan zu ihm tritt, tritt Sittah zu dem

Geschwister, ihm ihre Teilnehmung zu bezeigen;
und Nathan und Saladin sprechen leiser)

Hör! hör doch, Nathan! Sagtest du vorhin
Nicht –?

NATHAN. Was?

SALADIN. Aus Deutschland sei ihr Vater nicht
Gewesen; ein geborner Deutscher nicht.
Was war er denn? wo war er sonst denn her?

NATHAN. Das hat er selbst mir nie vertrauen wollen.
Aus seinem Munde weiß ich nichts davon.

SALADIN. Und war auch sonst kein Frank? kein Abendländer?

NATHAN. O! daß er der nicht sei, gestand er wohl. –
Er sprach am liebsten Persisch ...

SALADIN.   Persisch? Persisch?
Was will ich mehr? – Er ists! Er war es!

NATHAN.   Wer?

SALADIN. Mein Bruder! ganz gewiß! Mein Assad! ganz
Gewiß!

NATHAN. Nun, wenn du selbst darauf verfällst: –
Nimm die Versichrung hier in diesem Buche!
(ihm das Brevier überreichend)

SALADIN *(es begierig aufschlagend).*
Ah! seine Hand! Auch die erkenn' ich wieder!

NATHAN. Noch wissen sie von nichts! Noch stehts bei dir
Allein, was sie davon erfahren sollen!

SALADIN *(indes er darin geblättert).*
Ich meines Bruders Kinder nicht erkennen?
Ich meine Neffen – meine Kinder nicht?
Sie nicht erkennen? ich? Sie dir wohl lassen?
                    (Wieder laut)
Sie sinds! sie sind es, Sittah, sind! Sie sinds!
Sind beide meines ... deines Bruders Kinder!
                (Er rennt in ihre Umarmungen)

SITTAH *(ihm folgend).*
Was hör' ich! – Konnts auch anders, anders sein! –

SALADIN *(zum Tempelherrn).*
Nun mußt du doch wohl, Trotzkopf, mußt mich lieben!

208

(Zu Recha)
Nun bin ich doch, wozu ich mich erbot?
Magst wollen, oder nicht!

SITTAH. Ich auch! ich auch!

SALADIN *(zum Tempelherrn zurück)*.
Mein Sohn! mein Assad! meines Assads Sohn!

TEMPELHERR. Ich deines Bluts! – So waren jene Träume,
Womit man meine Kindheit wiegte, doch –
Doch mehr als Träume! *(ihm zu Füßen fallend)*

SALADIN *(ihn aufhebend)*. Seht den Bösewicht!
Er wußte was davon, und konnte mich
Zu seinem Mörder machen wollen! Wart!

*(Unter stummer Wiederholung allerseitiger
Umarmungen fällt der Vorhang)*

Letzter Auftritt. pag 275.
Saladin. Sie finds! sie find es, Sittah sie sind
es! sind beyde meines......deines Bruders Kinder

Illustration aus dem Erstdruck von 1779

Auszüge aus Lessings ›Nathan‹-Entwürfen und Materialien:

(Lessing notierte in diesen Materialien zweispaltig, links meistens den Handlungsgang, rechts die Dialoge, die hier noch in Prosa erschienen.)

Erster Aufzug

1.

Nathan kommt von der Reise. *Dina* ihm entgegen. Dina berichtet ihm, welche Gefahr er indes gelaufen. Es schimmert so etwas durch, wer *Rahel* eigentlich sei.

* Babylon ist von Jerusalem – Meilen; und Schulden eintreiben ist kein Geschäft, das sich von der Hand schlagen läßt.
** Gott gebe nur, daß ich alles gehört habe

DINA: Gottlob, Nathan, daß Ihr endlich wieder da seid.
NATHAN: Gottlob, Dina. Aber warum eigentlich? Habe ich denn eher wiederkommen können? wiederkommen wollen?*
DINA: Wie unglücklich hättet Ihr indes hier werden können!
NATHAN: So habe ich schon gehört.**
DINA: Das ganze Haus hätte abbrennen können.
NATHAN: Dann hätten wir ein neues gebaut, Dinah, u. ein bequemres.

Dritter Aufzug

4.

Saladin u. Nathan. Die Szene aus dem Boccaz. – Nathan bietet dem Saladin zwei mal so viel an, als er dem Schatzmeister abgeschlagen hatte. Er würde ihm noch mehr geben können, wenn er nicht eine Summe zu Curds Belohnung zurückbehalten müßte. Er erzählt, was Curd getan, u. Saladin freuet sich einem solchen jungen Mann das Leben geschenkt zu haben. Er schenke ihm hiermit auch seine Freiheit. Nathan will eilen ihm diese Nachricht zu bringen.

SALADIN: Du sollst nicht mehr Nathan der Weise, du sollst nicht mehr Nathan der Kluge – du sollst Nathan der Gute heißen.

CURD: (der auf Nathan zugeht). Nathan, Nathan, Ihr seid ein Mann – ein Mann, wie ich ihn nicht verstehe – nie vorgekommen ist – ich bin aber nichts als ein Krieger – ich hab Euch unrecht getan – Vergebt mir – Ich bitte euch nicht darum, als ob es Euch Mühe kosten würde – Ich bitte Euch, um Euch gebeten zu haben.

ERKLÄRUNGEN

Für ein bequemes Nachschlagen sind die Wort- und Sacherklärungen abschnittweise nach Aufzug und Szene gegliedert. Die Zahlen vor den kursiv gedruckten Stichwörtern des »Nathan«-Textes verweisen auf die Seitenzahl dieses Buches.

67 *Introite* . . .: Tretet ein, denn auch hier sind Götter! Bei Gellius.

68 *Personen:* nach gesellschaftlichem Stand u. nach Bedeutung geordnet. ›In dem Historischen was in dem Stücke zu Grunde liegt, habe ich mich über alle Chronologie hinweg gesetzt; ich habe sogar mit den einzeln Namen nach meinem Gefallen geschaltet. Meine Anspielungen auf wirkliche Begebenheiten, sollen bloß den Gang meines Stückes motivieren.

So hat der Patriarch Heraklius gewiß nicht in Jerusalem bleiben dürfen, nachdem Saladin es eingenommen. Gleichwohl nahm ich ohne Bedenken ihn daselbst noch an, u. betaure nur, daß er in meinem Stücke noch bei weiten so schlecht nicht erscheint, als in der Geschichte.

Saladin hatte nie mehr als *ein* Kleid, nie mehr als ein Pferd in seinem Stalle. Mitten unter Reichtümern u. Überfluß freute er sich einer willigen Armut. Ein Kleid, ein Pferd, ein Gott! Nach seinem Tode fand man in des Saladin Schatze mehr nicht als einen Dukaten u. 40 silberne Naserinen.‹ (Aus Lessings ›Nathan‹-Materialien)

Saladin: von ›Salah ed din‹: Heil des Glaubens. – *Sittah:* nach ›Sitt alscham‹, dem Namen von Saladins Schwester. – *Recha:* hieß im Entwurf noch ›Rahel‹. – *Daja:* ›für *Dinah* lieber *Daja.* Daja heißt, wie ich . . . sehe, soviel als Nutrix;‹, also ›Amme‹ (Lessings Nathan-Materialien). – *Derwisch:* Bettelmönch. – *Emir:* arabischer Fürst. – *Mamelucken:* Sklaven, Leibwächter. –

Über die Schlüsselrolle der Namen im ›Nathan‹ und über ihre verdeckte Funktion vgl. H. Birus, Poetische Namensgebung. Zur Bedeutung der Namen in Lessings ›Nathan der Weise‹. Göttingen 1978.

Erster Aufzug, erste Szene

72 *Des Hauses Kundschaft:* Kenntnis des Hauses. – 73 *Aufer-standnen:* Jesu. – 73 *Traun:* Wahrlich, wahrhaftig. – 73 *Grille:* Laune, närrischer Einfall. – 74 *Der Engel:* ›Die Kreuzbrüder, die so unwissend als leicht gläubig waren, streuten oft aus, daß sie in weißen Kleidern, mit blitzenden Schwerden in der Hand, u. insbesonderheit den heiligen Georg zu Pferde in voller Rüstung hätten vom Himmel herabkommen sehen, welche an der Spitze ihrer Kriegsvölker gestritten hätten.‹ (Lessings Nathan-Materialien). – 74 *Muselmann:* vom arabischen ›muslim‹ (Bekenner des Islam) über das Persische in die europäischen Sprachen gekommen. ›Islam ein arabisches Wort, welches die Überlassung seiner in den Willen Gottes bedeutet.‹ (Lessings Nathan-Materialien.)

Erster Aufzug, zweite Szene

76 *Subtilitäten:* Feinheiten, Spitzfindigkeiten. – 76 *Das schließt . . .:* Das spricht (beweisend) . . . – 78 *sein Spiel . . .:* Gottes. – 78 *Bug:* Krümmung, Biegung. – 79 *Tage seiner Feier:* Namenstag im katholischen Kalender. – 79 *Franke:* Die Kreuzzüge gingen wesentlich von Frankreich aus, deswegen Kreuzfahrer gleich Franken. – 81 *Al Hafi:* arabisch ›Barfuß‹. – 81 *Hinein:* Der Fremde Mann darf die unverschleierten Frauen nicht sehen. –

Erster Aufzug, dritte Szene

81 *Propheten:* Mohammed. – 83 *Fürsten Geier:* ›Die Maxime, welche die Araber dem Aristoteles beilegen: es sei besser, daß ein Fürst ein Geier sei unter Äsern, als ein Aas unter Geiern.‹ (Lessings Nathan-Materialien). – 83 *Kommt an:* Kommt her. – 83 *Defter-dar:* arabisch/persisch ›Schatzmeister‹ 84 *im Hui:* im Nu. – 84 *Vorfahr:* Vorgänger. – 85 *Voglers . . .:* Lockpfeife des Vogelfängers. –

Erster Aufzug, vierte Szene

86 *ab/Sich schlägt:* weggeht. – 86 *Absein:* Wesein, Abwesenheit. –

Erster Aufzug, fünfte Szene

87 *Milz . . .:* Nach der alten Lehrmeinung, daß zwischen physischen und psychischen Zuständen Zusammenhänge bestehen, also kranke Milz: Melancholie, kranke Galle: Cholerik, Zorn etc. 88 *Tebnin:* Bergfestung bei Tyrus. – 88 *Stillstand:* Waffenstillstand. – *Sidon:* heute Saida am Mittelmeer. 90 *König Philipp:* Philipp II (1165–1223), franz. König. Die Zusammenhänge hier richten sich nicht nach der historischen Chronologie. Vgl. oben S. 211. – 92 *Maroniten:* Anhänger einer christlichen Sekte. – 92 *Ptolemais:* Akka, syrische Mittelmeerstadt; am längsten von Kreuzfahrern besetzt. –

Erster Aufzug, sechste Szene

93 *Paket . . . wagen:* Sache, Angelegenheit . . . wagen. – 94 *Sina:* China. – 95 *Kaiser Friedrich:* der in Kleinasien ertrunkene Staufenkaiser Friedrich I (1121–1190); ihm u. dem Ministerpräsidenten Baden-Württembergs zu Ehren fand 1977 in Stuttgart eine große Ausstellung statt. –

Zweiter Aufzug, erste Szene

97 *Gabel:* Schachausdruck für eine Bedrohung von gleichzeitig zwei Figuren. – 98 *Dinar:* arabische Goldmünze ohne Bild, nur mit Schriftzeichen; wurde von Kreuzfahrern nachgemacht. *Naserinchen:* kleine Silbermünze aus der Zeit Saladins. – 98 *doppelt Schach:* König u. Dame werden zugleich bedroht. – 98 *Abschach:* durch Wegziehen einer Figur bedroht eine andere hinter ihr den König. – 99 *glatten Steine:* Im Islam sind, streng genommen, alle tierischen u. menschlichen Abbildungen verboten. Der ›Iman‹ darf als geistlicher Würdenträger (Bischof) erst recht nur mit diesen Steinen spielen. Sie erfordern größere Aufmerksamkeit, womit sich hier der Sultan herauszureden versucht. – 99 *Richards Bruder:* Der engl. König Richard Löwenherz (1157–1199) war am 3. Kreuzzug als verwegener Heerführer beteiligt. Sein Bruder ist der spätere König Johann I. Im Machtpoker der Kreuzzugszeit gab es wie im 18. Jh. immer wieder die verschiedensten Heiratspläne. 99 *Melek:* Saladins Bruder Malek el Adel. – 100 *Acca:* vgl. oben zu I, 5 Seite 92. –

Zweiter Aufzug, zweite Szene

104 *Ein Kleid:* Vgl. oben S. 211 zu den Personen des Stücks. – 105 *Unterschleif:* Unterschlagung von Geldern. – 107 *Parsi:* indische Anhänger des persischen Zoroaster-(Zarathustra)Glaubens. Es ist unklar, wie genau Lessing über die Parsi Bescheid wußte u. ob hier zu den drei Religionen eine vierte hinzukommt. 107 *Gesetz:* mosaisches Gesetz. –

Zweiter Aufzug, dritte Szene

108 *. . . und Davids Gräber:* In ihnen soll nach dem sagenhaften Bericht eines römischen Historikers ein großer Schatz mit wunderbaren Wirkungen gewesen sein, so daß schon König Herodes ihn nicht erbeuten konnte. – 108 *Siegel:* Salomons Siegel galt als ein Talisman der Weisheit. – 108 *Mammon:* Wort für Reichtum aus der Bibel. – 109 *Haram:* Harem, türk. Frauengemach. –

Zweiter Aufzug, vierte Szene

111 *Was gilts?:* Die bekannte Herausforderung für eine Wette. –

Zweiter Aufzug, fünfte Szene

113 *in die Schanze ... schlagen:* ursprünglich ›aufs (Glücks-) Spiel setzen‹. – 115 Gipfelchen: heute ›Wipfel‹. – 115 *das auserwählte Volk:* Vgl. Altes Testament, 5. Mose, 7, 6–8. –

Zweiter Aufzug, siebte Szene

118 *Blick des Forschers:* Könnte es sein, daß diese sprichwortartige Wendung auch auf den Komplex der Theologiekritik Lessings anspielt? –

Zweiter Aufzug, neunte Szene

121 *Roche:* Turm. – 122 *Ghebern:* Sekte der Parsi. Vgl. oben zu II, 2 Seite 107. – 122 *Delk:* Gewand des Derwisch. –

Dritter Aufzug, zweite Szene

128 *wo Moses:* Vgl. Altes Testament, 2. Mose 19 ff. –

Dritter Aufzug, vierte Szene

132 *abzubangen:* ›Durch Bangemachen einem etwas ablisten, abpressen.‹ (Lessing in Anmerkungen zu einem Wörterbuch). –

Dritter Aufzug, fünfte Szene

136 *wägst:* von ›wägen‹: ›abschätzen‹, ›prüfen‹. –

Dritter Aufzug, sechste Szene

137 *aufs Brett:* Eingerahmte Bretter wurden früher zum Geldzählen benutzt. – 137 *fodern:* fordern. – 137 *Die Wahrheit Münze:* In einer theologischen Streitschrift Lessings, der ›Duplik‹ stehen die berühmten Zeilen über die Verurteilung der Wahrheit als ›Besitz‹: ›Nicht die Wahrheit, in deren Besitz irgend ein Mensch ist, oder zu sein vermeinet, sondern die aufrichtige Mühe, die er angewandt hat, hinter die Wahrheit zu kommen, macht den Wert des Menschen. Denn nicht durch den Besitz, sondern durch die Nachforschung der Wahrheit erweitern sich seine Kräfte, worin allein seine immer wachsende Vollkommenheit bestehet. Der Besitz macht ruhig, träge, stolz –

Wenn Gott in seiner Rechten alle Wahrheit, und in seiner Linken den einzigen immer regen Trieb nach Wahrheit, obschon mit dem Zusatze, mich immer und ewig zu irren, verschlossen hielte, und spräche zu mir: wähle! Ich fiele ihm mit Demut in seine Linke, und sagte: Vater gib! die reine Wahrheit ist ja doch für dich allein!‹ (Lessing, Werke, Hrsg. v. P. Rilla, Bd. 8, S. 27).

Dritter Aufzug, siebte Szene

138 *Verbesserer der Welt:* ›Unter den Titeln, deren sich Saladin
bediente war auch »Besserer der Welt und des Gesetzes«.‹ (Lessings Nathan-Materialien). 138 *Vor grauen Jahren:* Hier beginnt
die berühmte Ringerzählung, die Lessing, wie in Briefen mehrfach
berichtet, aus dem ›Decameron‹, einem Novellenband des italienischen Schriftstellers Giovanni Boccaccio aus dem 14. Jh., übernahm u. veränderte. Für diese Erzählung gibt es wiederum ältere
Traditionen, die wohl orientalischen Ursprungs sind. – 141 *Bezie-
hen:* bezichtigen. – 142 *Tyrannei:* Kein blasses Wort für den into-
leranten Ausschließlichkeitsanspruch auf Wahrheit nur einer Religion!. – *drücken:* benachteiligen, unterdrücken. – 143 *Post:* Be-
trag, Schuld. –

Dritter Aufzug, achte Szene

145 *auszubeugen:* auszuweichen. –

Dritter Aufzug, zehnte Szene

151 *Vorsicht:* Vorsehung. –

Vierter Aufzug, zweite Szene

158 Frommen: In dem Wort ist auch ›Nutzen‹ enthalten. – 160
Witzes: Witz als ›geistreicher Einfall‹. – 160 *das Theater:* Vgl. Lessings 2. Anti-Goeze, oben S. 55 f. – 160 *fördersamst:* unverzüglich.
– 160 *Apostasie:* Abfall vom Glauben. – 161 *Kapitulation:* Ver-
trag. – 162 *Sermon:* Rede, Predigt, Strafpredigt. – 162 *Bonafides:*
Guter Glaube. –

Vierter Aufzug, dritte Szene

163 zurück: übrig. – 163 *das Armut:* die armen Leute. –

Vierter Aufzug, vierte Szene

165 Ginnistan: ›so viel als Feenland‹. (Lessing). – 165 *Div:* ›so
viel als Fee‹ (Lessing). – 166 *Jamerlonk:* ›das weite Oberkleid des
Arabers‹ (Lessing). – 166 *Tulban:* Turban. *Filze:* Filzkappe. – 169
körnt: lockt (wie einen Vogel mit Körnern). – 169 *Schwärmer:*
religiöse Fanatiker. – 169 *Pöbel:* Im 18. Jh. zunehmend die Unge-
bildeten, Unwissenden; Lessing spricht auch vom ›Hofpöbel‹.
– 170 *ohne Schweinefleisch:* Die jüdischen Religionsvorschriften
verbieten, Schweinefleisch zu essen. –

Vierter Aufzug, sechste Szene

173 *Feuerkohlen:* Vgl. Neues Testament, Römerbrief 12, 20. –

Vierter Aufzug, siebte Szene

175 Quarantana: Berg zwischen Jericho u. Jerusalem, wo die Versuchung Jesu gewesen sein u. wo er 40 Tage gefastet haben soll. 175 *Siedelei:* Einsiedelei. – *Tabor:* Berg, auf dem Jesu sich ›verklärt‹, Mose u. Elia erschienen, sich 500 Jüngern gezeigt haben soll. – 176 *Gazza:* Ghaza, Hafenstadt in Palästina; die folgenden Orte südlich u. nördlich Ghazas. 176 *Gleisnerei:* frommen Heuchelei. – 178 *Beiher:* nebenher. –

Vierter Aufzug, achte Szene

181 *Vorsicht:* Vorsehung. –

Fünfter Aufzug, erste Szene

183 *Kahira:* Kairo. – 183 *Zeitung:* Nachricht. – 184 *Lecker:* Schlingel, Schmeichler. –

Fünfter Aufzug, zweite Szene

185 *Thebais:* Oberägypten, heute Said. – 185 *Bedeckung:* Schutz durch Soldaten. –

Fünfter Aufzug, fünfte Szene

196 *Gauch:* Narr. –

Fünfter Aufzug, sechste Szene

196 *Buchgelehrsamkeit:* ›Ich bin nicht gelehrt – ich habe nie die Absicht gehabt, gelehrt zu werden – ich möchte nicht gelehrt sein, und wenn ich es im Traume werden könnte. Alles, wornach ich ein wenig gestrebt habe, ist, im Fall der Not ein gelehrtes Buch brauchen zu können. . . . Der aus Büchern erworbne Reichtum fremder Erfahrung heißt Gelehrsamkeit. Eigne Erfahrung ist Weisheit. Das kleinste Kapital von dieser ist mehr wert, als Millionen von jener.‹ *(Lessing, Werke, Hrsg. v. P. Rilla, Bd. 8, S. 410 u. 411).*
Dies notierte Lessing in den Wolfenbüttler Jahren.

Lessing um 1765

Lessing schrieb *Musterdramen* für die deutsche Literatur: das neue *bürgerliche Trauerspiel* »Miß Sara Sampson«, die neue *Komödie* »Minna von Barnhelm«. In nicht ganz ›reinen‹ fünffüßigen Jamben präsentierte er auch mit dem »Nathan« eine neue Form: das *»dramatische Gedicht«*.

In alle diese Werke gingen Anregungen der englischen und französischen Theaterliteratur ein. Auf den »Nathan« wirkten Gedanken Voltaires und vor allem theoretische Überlegungen Diderots, die Lessing in einer Auswahl ins Deutsche übersetzte. Nicht mehr die Rolle im herkömmlichen Theater der Tragödie oder Komödie, die die einzelnen Charaktere nach Ständen auszeichnete, sondern der Mensch selbst wird in dieser neuen Dramenform wichtig. In diesem Aspekt folgt Lessings »Nathan« den Vorstellungen Diderots. Vereinfacht heißt das: Im »Nathan« wird an die Stelle der festen Gebundenheit an die Rolle, die man z. B. in der Zugehörigkeit zu einer Religionsgemeinschaft einzunehmen gezwungen ist, der freiere Mensch gesetzt. Dem öffentlichen ›Rollenspiel‹ steht das Dasein des Menschen im Privaten und in der Familie gegenüber. Dabei erweist sich der Konflikt zwischen Rolle und Mensch als ein Problem der Wirklichkeit; das dramatische Gedicht führt vor, was in der Wirklichkeit im Argen liegt. Auf den Zuschauer wirkt das glückliche Ende des »Nathan« dann als Kontrast zu der ihm erfahrbaren schlechten Wirklichkeit.

(Vgl. Dominik von König, Natürlichkeit und Wirklichkeit. Studien zu Lessings ›Nathan der Weise‹. Bonn 1976.)

Auszüge aus Diderots Vorstellungen:

Von der ernsthaften Komödie:

. . . die Pflichten des Menschen sind für den dramatischen Dichter eine ebenso reiche Grube, als ihre Lächerlichkeiten und Laster; und die ehrbaren *(honnêtes)* und ernsthaften Stücke werden überall Beifall finden, unfehlbarer aber bei einem verderbten Volke als sonstwo. Hier wird der rechtschaffne Mann in den Schauplatz *(théâtre)* gehen, um sich der Gesellschaft der Bösen, mit welchen er umgeben ist, zu entschlagen, um diejenigen zu finden, mit welchen er zu leben wünschte, um das menschliche Geschlecht zu sehen, wie es ist, und sich mit ihm wieder auszusöhnen. Die rechtschaffenen Leute sind selten, aber es gibt deren doch. Wer anders denkt, klaget sich selbst an und verrät, wie unglücklich er mit seiner Frau, mit seinen Anverwandten, mit seinen Freunden, mit seinen Bekannten ist. Es sagte einst jemand, nachdem er so ein ehrbares Werk gelesen und sich auf das süßeste *(délicieusement)* damit unterhalten hatte: »Mich dünkt, ich bin wieder allein.« Das Werk verdiente diesen Lobspruch, aber seine Freunde verdienten diese Satire nicht. . . .

Ich wiederhole es also: zu der ehrbaren, zu der ehrbaren. Das Ehrbare rühret uns auf eine weit innigere, auf eine weit süßere Art als dasjenige, was unsere Verachtung und unser Lachen erweckt. Ihr Dichter, die ihr Gefühl und Zärtlichkeit habet, diese Saite berühret, und ihr werdet sie in aller Herzen wiedertönen hören.

»Die menschliche Natur ist also gut?«

Ja, mein Freund, und sehr gut. Wasser, Luft, Erde, Feuer, alles ist in der Natur gut; der Orkan, der sich zu Ende des Herbstes erhebt, die Wälder erschüttert. . . .

Die elenden willkürlichen Satzungen (les misérables conventions) sind es, die den Menschen verderben; diese muß man anklagen und nicht die menschliche Natur. Und in der Tat, was rührt uns stärker als die Erzählung einer großmütigen Handlung? Wo ist der Unselige, der die Klagen eines rechtschaffnen Mannes mit Gleichgültigkeit anhören könnte? . . .

Von einer Art philosophischen Dramas

Es gibt eine Art von Schauspielen, wo man die Moral geradezu und doch glücklich vortragen könnte. Hier ist ein Beispiel. Man gebe wohl darauf Achtung, was unsere Richter davon sagen werden, und wenn es ihnen frostig vorkömmt, so glaube man nur gewiß, daß es ihnen an Energie der Seele, an der Idee der wahren Beredsamkeit, an Gefühl und Empfindlichkeit fehlet. Ich wenigstens halte dafür, wenn sich ein Genie dieses Stoffes bemächtigte, es würde unsern Augen nicht Zeit lassen, trocken zu werden, und wir würden ihm das allerrührendste Schauspiel, die allerlehrreichste und angenehmste Schrift, die man nur lesen kann, zu danken haben. *(D. Diderot, Ästhetische Schriften Bd. 1, Berlin, Weimar 1967. S. 247f., 249f., 252)*

Aus der Grundbeziehung von Form und Ablauf des dramatischen Gedichts zur geschichtlichen Wirklichkeit des 18. Jahrhunderts und unserer Zeit ergeben sich weitere Fragen nach dem Verhältnis von Vorsehung und menschlicher Geschichte, nach Vorurteil und Überzeugungsrede im Versdialog und schließlich nach dem Verhältnis von dramatischer Handlung und der Erzählung von dem einen und den drei Ringen, in der sich die Beziehung zwischen dem Drama und der ›wirklichen‹ Geschichte spiegelt. Was die Handlung dem Zuschauer als menschliche Geschichtsmöglichkeit utopisch vorführt, zeigt die Ringerzählung in ihrem Erzählverlauf. Wie der Tempelherr, der Sultan und Nathan, so sollen Menschen im Sinn der Aufklärung erziehbar sein. Über die Aufklärung hinaus oder neben ihr wären möglicherweise die keineswegs unwichtigen ›Neben‹-Figuren Al-Hafi und der Klosterbruder in ihrem subtilen Subjektivismus oder Egoismus und ihrem Drang nach Freiheit zu sehen.

Der bilderreiche, scheinbar schlechte Vers mit seinem orientalischen Ton demonstriert sprachlich den Kontrast zur Wirklichkeit, die dem Zuschauer erfahrbar ist. Es wird ein sprachliches Spiel vorgeführt, das durchaus Momente eines Kalküls trägt, wie es das Schachspiel andeutet, das die Handlung des dramatischen Gedichts begleitet.

Brief an den Bruder Karl vom 7. 12. 1778:
. . . Wenn ich Dir noch nicht geschrieben habe, daß das Stück in Versen ist: so wirst Du Dich vermutlich wundern, es so zu finden. Laß Dir aber nur wenigstens nicht bange sein, daß ich darum später fertig werden würde. Meine Prose hat mir von jeher mehr Zeit gekostet, als Verse. Ja, wirst Du sagen, als solche Verse! – Mit Erlaubnis; ich dächte, sie wären viel schlechter, wenn sie viel besser wären. Es soll mich verlangen, was Herr Ramler dazu sagen wird. Ihm und Herrn Moses kannst Du sie wohl weisen, dessen Urteil vom Tone des Ganzen ich wohl auch zu wissen begierig wäre.

und vom 20. 10. 1778:
Aber, lieber Bruder, selbst Du hast Dir eine ganz unrechte Idee davon gemacht. Es wird nichts weniger, als ein satirisches Stück, um den Kampfplatz mit Hohngelächter zu verlassen. Es wird ein so rührendes Stück, als ich nur immer gemacht habe. . . .

Kampf der Kreuzfahrer mit Saladins Truppen. Zeitgenössische Miniatur

Eine komplizierte Besonderheit des »Nathan« besteht für das 18. Jahrhundert wie für uns heute in der Mischung verschiedener Zeitebenen. Das Theaterstück spielt zur Zeit der Kreuzzüge, und zwar im Osten von Europa, in Jerusalem. Zudem wird am Anfang der Ringerzählung auf noch weiter zurückliegende ›graue Jahre‹ im Osten verwiesen. Am Ende der Ringerzählung wiederum wird eine ferne Zukunft angesprochen, die in die Zeit der Entstehung des Stückes, ins 18. Jahrhundert reicht, und auch wohl noch im 20. Jahrhundert Zukunft bedeutet. Das Stück wirkt auch deshalb mit diesen mehrfachen Zeitebenen auf unsere Gegenwart, in der wir (im Zusammenhang mit dem Leid, das die Nathan-Figur von sich erzählt und bei der Verbrennungsdrohung des Patriarchen) nicht nur an die Judenverfolgung vom Mittelalter bis zum 18. Jahrhundert erinnert werden, sondern auch an die Ermordung der Juden in den Konzentrationslagern, an immer noch bestehende Foltern. Damit hat das dramatische Gedicht ›Nathan der Weise‹ einen konkreten historischen und geographischen Hintergrund vielfältiger Intoleranz.

Die Kreuzzugszeit

> ›Die ganze Welt/
> Drängt sich hier zusammen.‹
> (›Nathan‹ III, 10 Seite 151 f.)

Jerusalem war und ist für Juden, Christen und Mohammedaner eine heilige Stadt; sie haben ihre Synagogen, Kirchen und Moscheen dort an den Stätten, an denen Salomon, Jesus und Mohammed wirkten. Nach der Zerstörung der Stadt durch die Römer und der gewaltsamen Zurückdrängung des oströmischen Reiches, beherrschten verschiedene, sich untereinander bekriegende Herrscherhäuser Palästina alle im Namen des Islam. Im Hochmittelalter, zur

Zeit permanenter Machtauseinandersetzungen zwischen Papst, Kaisern und Königen, glaubten alle Machthaber, ihre Herrschaft sei von ›Gottes Gnaden‹. Da man außerdem im kleinen Lebensbezirk Jesus, seine Jünger, Kirchenväter und Heilige in Andenkenresten, den Reliquien, verehrte, mußte es umso erhebender wirken, auch die Orte selbst, an denen Jesus geboren wurde, predigte und starb, zu seinem Besitz zu zählen. Und schließlich glaubte auch der Papst, einen Anspruch auf dieses Gebiet zu haben, von dem die christliche Religion ihren Ausgang nahm. Nach für die Beteiligten ungeheuer blutigen Kriegszügen von einigen hunderttausend Menschen, von denen nicht einmal die Hälfte bis Palästina kam, eroberten die christlichen Heere am 15. Juli 1099 Jerusalem und schlachteten einen Teil der Jerusalemer Bevölkerung: Mohammedaner und Juden. Im 12. Jahrhundert dehnte erneut ein mohammedanischer Sultan seine Macht in Ägypten und im Vorderen Orient aus und eroberte 1187 Jerusalem. Dieser Sultan ist Saladin.

Die Kreuzzugszeit hat Lessing studiert, doch hat er sich nicht an die genaue Chronologie der Ereignisse gehalten. Die dramatische Handlung spielt während des Waffenstillstands zwischen Richard Löwenherz und Saladin. Der Handlungsort hat seine besondere Bedeutung in der Zusammenführung von Vertretern der drei Offenbarungsreligionen. Zu Lessings Quellen gehören u. a. die historischen Schriften Voltaires, die häufig auf den Zusammenhang von Macht, Geld und Religion hinweisen. In allen Darstellungen des 18. Jahrhunderts wird Saladin als vorbildlicher Herrscher gepriesen.

Voltaire in seiner »Geschichte der Kreuzzüge« über Saladin:
Dieser berühmte Muselmann, der mit dem Richard einen Tractat gemacht hatte, vermöge dessen er den Christen die Seeküste von Tyr bis Joppe überließ, und das übrige alles für sich behielt, hielt sein Wort, davon er ein Sklave war, redlich. Er starb (1195) funfzehn Jahre danach zu Damasco, von den Christen selbst bewundert. Er hatte in seiner letzten Krankheit, statt der Fahne, die man vor seine Thüre zu pflanzen pflegte, das Tuch, darinnen man ihn begraben sollte, bringen lassen. Der, welcher die Todesfahne hielt, rufte mit lauter Stimme aus: »das ist alles, was Saladin, der Bezwinger des Orients, von seinen Siegen davon trägt.«
Man sagt, er habe in seinem Testamente verordnet, gleichgroße

Summen unter die armen Mahometaner, Juden und Christen, als Allmosen, auszutheilen, durch welche Verordnungen er habe zu verstehen geben wollen, daß alle Menschen Brüder wären, und man, um ihnen beyzustehen, sich nicht darnach, was sie glaubten, sondern, was sie auszustehen hätten, erkundigen müßte. Er hatte auch niemals um der Religion willen jemand verfolget; er war zugleich ein Bezwinger, ein Mensch und ein Philosoph.

(Aus: G. E. Lessings Übersetzungen . . ., Hrsg. v. E. Schmidt, Berlin 1892, S. 198)

Ausführlich beschäftigte sich Lessing mit François Louis Claude Marins »Geschichte Saladins Sulthans von Ägypten und Syrien« (deutsch Celle 1761). Darin heißt es:

Es scheinet einigen Schriftstellern in unsern Tagen unmöglich zu seyn, daß es wahrhaftig große Männer ohne jene so genannte Philosophie geben könne, welche darinn bestehet, daß man gar keine Religion hat. Sie wissen inzwischen, daß die Religion noch weit mehr dasjenige Band ist, welches die Fürsten mit den Unterthanen verknüpft, als dasjenige, welches die Unterthanen an die Fürsten bindet; daß dieses Band zu trennen, so viel heiße, als den Menschen alle Freyheit einräumen, alles ungestraft zu unternehmen, und daß, wenn gar keine Religion da wäre, man vielleicht, dem menschlichen Geschlecht zum Besten, ausdrücklich eine Religion machen müsse, um den Leidenschaften der Regenten einen furchtbaren Zaum anzulegen.

Saladin, weit entfernt das Gesetz Muhammeds zu verachten, behielt selbst die abergläubigsten Uebungen bey. Dieser Fehler, der bey den meisten Menschen eine Schwäche der Seele ankündiget, war bey ihm mit vielen Muthe verbunden: denn der Begriff von einem unwiederruflichen Schicksale, welches alle Begebenheiten dieser Welt bestimmt und ordnet, begeistert jedweden devoten Muselmann mit Unerschrockenheit, insonderheit in den Kriegen, die für den Ruhm des Islamitischen Glaubens geführt werden. Er setzte sich ohne Furcht allen Gefahren aus: Vor der Schlacht hatte er die Gewohnheit, zwischen den beyden Kriegesheeren hin und her zu reiten, wobey ihm nur ein einziger Waffenträger oder Schildhalter folgte. In dem Treffen war er der erste im Handgemenge. Zuweilen rückte er ganz nahe gegen die Franken an, befahl auf einmal zu halten, und ließ sich einige Hauptstücke aus dem Koran vorlesen, mittlerweile die Christen schon mit Pfeilen und Bolzen auf ihn schossen. Dem Stolze und der Weichlichkeit feind, trug er allezeit ganz schlechte Kleider, lebte von wenigen, bediente sich nur gemeiner Speisen; sein Zelt war unter allen am mindesten prächtig. Gegen alle Ermüdungen ausgehärtet, stand er vor der Morgenröthe auf, ritt alle Tage zum Verkundschaften aus, arbeitete bey den Belagerungen wie ein gemeiner Soldat, führete alle Angriffe an, ordnete die Richtung der Maschinen, war der erste bey dem Sturme.

Seine Gerechtigkeit glich seiner Pracht. Er hielt alle Montage und Donnerstage seinen Divan selbst, mit Zuziehung seiner Cadhis, er mochte in der Stadt oder bey der Armee seyn. An den übrigen Tagen in der Woche nahm er Bittschriften, Berichte, Klagschriften an, und entschied die Dinge, die keinen Aufschub litten. Alle Personen, ohne Unterschied des Ranges, des Alters, des Landes, der Religion fanden bey ihm einen freyen Zutritt: die Muselmänner, die Christen, die Unterthanen, die Ausländer, die Armen, die Reichen, alle wurden zu seinem Richterstuhle zugelassen, und nach den Gesetzen, oder vielmehr nach der natürlichen Billigkeit gerichtet. Sein Neffe Teki-eddin wurde von einem Privatmanne verklagt: Saladin zwang ihn, daß er erscheinen mußte. Ein gewisser Kaufmann, mit Namen Omar, aus Akhlat, einer von Saladinen unabhängigen Stadt, hatte selbst die Kühnheit, eine Klagschrift gegen diesen Monarchen bey dem Cadhi zu Jerusalem zu übergeben, worinn er die Erbschaft eines Sklaven zurück forderte, welche Saladin zu sich genommen hatte. Der Richter erstaunete. Er meldete dem Sulthan die Forderungen dieses Mannes, und bat sich von ihm Befehle aus, was er thun sollte. Was recht ist, erwiederte der Sulthan. Er erschien an dem bestimmten Tage, vertheidigte seine Sache selbst, gewann sie, und weit entfernt, die Verwegenheit dieses Kaufmanns zu bestrafen, ließ er ihm eine große Summe Geldes reichen, indem er ihn für seine gute Meynung von seiner Aufrichtigkeit belohnen wollte, da er von seinem eigenen Gerichte Gerechtigkeit gesucht habe, ohne zu fürchten, daß man daselbst zu seinem Nachtheil sprechen werde.

(Aus: P. Demetz, G.E. Lessing: Nathan der Weise . . . Text, Dokumentation. Frankfurt/M., Berlin 1966, S. 174f.)

In dieser Idealisierung eines orientalischen Herrschers steckt aufklärerische Absicht. Den Herrschern des 18. Jahrhunderts wird beispielhaft ein aufgeklärter Fürst gegenübergestellt. Neben dieser Wirkungsabsicht sind in Lessings Theaterstück weitere Hintergründe der Kreuzzugszeit eingegangen. Die geistigen Anführer der Kreuzzüge nutzten alle seit dem 11. Jahrhundert entwickelten Propagandamethoden aus, um die oft chaotisch aufbrechenden Christen gegen die Nichtchristen aufzuhetzen. So wurden nicht erst in Kleinasien und Palästina die blutigen Ausschreitungen möglich, sondern vorher schon, etwa während des Zugs durch die Städte am Rhein, fanden systematische Verfolgungen der Juden statt. Christen machten jetzt in der Zeit von Krieg, Seuchen und wirtschaftlicher Not die anderen, die Juden für diese Not verantwortlich. Begründet wurden die Verfolgungen, Ermordungen und Plünderungen mit der lang tradierten Vorstellung, daß es ein Jude gewesen war, der Jesus gegen ein paar Silberlinge verraten hatte, und daß es Juden waren, die das ›Kreuziget ihn!‹ gerufen hatten.

Bis zur Kreuzzugszeit hatten die Juden in den mittelalterlichen Städten noch relativ angstfrei leben können: Sie bestimmten z. B. im fränkischen Reich den Handel, gelegentlich wurde deshalb auch ›Kaufmann‹ synonym für ›Jude‹ gesagt; Städte und Fürsten schätzten ihre Handelstätigkeit, die schon im Mittelalter mit zusätzlichen Einnahmen für einen Landesherrn aus den besonderen Gebühren für Juden verknüpft waren. In dieser für viele Juden wirtschaftlich guten Zeit war eine geistige Elite unter den Rabbinern entstanden. In den großen, auch von Juden bewohnten Städten gab es weitwirkende Gelehrtenschulen.

Absolutismus und Aufklärung

Die Schriftsteller der Aufklärung hatten im 18. Jahrhundert denkbar schlechte Bedingungen für die wirksame Propagierung ihrer Ideen. Die Einheit des ›Heiligen Römischen Reiches deutscher Nation‹ stand seit dem Ende des 30jährigen Krieges in sozialer, wirtschaftlicher, religiöser und kultureller Hinsicht nicht einmal mehr auf dem Papier. Rund 2000 selbständige Herrschaftsgebiete gab es, in denen jeder Landesherr, Graf, Abt, Bischof, Fürst, Herzog oder König nur auf den Vorteil für seinen Hof bedacht war. Dadurch entstand eine kaum mehr überschaubare Konkurrenz unter den Herrscherhäusern. In dieser Konstellation verstärkte sich eine Fürsten- und Adelswillkür, der der größte Teil der Land- und Stadtbevölkerung, soweit sie nicht ihre Interessen mit denen des Hofes verbinden konnte, ausgeliefert war. Nüchtern beschrieben ergibt sich das etwa folgende Bild:

Ermöglichung und Wirkung des monarchischen Absolutismus sind eng miteinander verschlungen. Verwüstung und Verschuldung vieler Städte sowie weitgehender Zusammenbruch des deutschen Fernhandels hatten einen ökonomischen und politischen Bedeutungsrückgang des städtischen Elements zur Folge. Nachdem schon im frühen 16. Jahrhundert das Bauerntum aus dem öffentli-

chen Leben Deutschlands verdrängt worden war, ereilte im
17. und 18. Jahrhundert das Stadtbürgertum ein ähnliches Schicksal. Viele Landstädte verloren jetzt ihre kommunale Selbstverwal-
tung mehr und mehr an die ausgreifende landesfürstliche Gewalt.
Und auch der oft verarmte Landadel vermochte seine selbständige
politische Macht nicht mehr überall zu behaupten. Wo er jedoch
in der Auseinandersetzung mit dem Landesherren unterlag, hat er
seine privilegierte soziale Position und darüber hinaus immer noch
beträchtlichen politischen Einfluß bewahrt. Er kam zur Geltung im
bewahrten Besitz der lokalen Administration, Justiz und Kirchen-
obrigkeit, zunehmend auch im landesherrlichen Dienst und im en-
gen gesellschaftlichen Kontakt von Teilen des Adels mit dem Hofe,
und er hatte seine Grundlage in der im 18. Jahrhundert sich sogar
noch festigenden sozialen Solidarität von regierender und grund-
herrlicher Aristokratie.

Durch den Aufstieg der monarchischen Gewalt und die Auswei-
tung des Staatsapparates begünstigt wurde die im 18. Jahrhundert
an Zahl und Bedeutung zunehmende Schicht von bürgerlichen Gebildeten: Juristen, Beamten, Pfarrern, Professoren, von Männern
also im Dienste der Fürsten oder auch lokaler Obrigkeiten oder
der Kirche, meist ohne materielle Unabhängigkeit, aber mit wachsendem sozialen Bewußtsein. Wie sie, so besaßen auch die im spä-
teren 18. Jahrhundert langsam wichtiger werdenden Unternehmer
bürgerlicher und unterbürgerlicher Herkunft, die in die Zunftorga-
nisation nicht mehr hineinpaßten, keinen vorgegebenen Platz in
der ständischen Gesellschaft. Sie alle, die »Bürgerlichen« im neuen
Sinne, in deren Reihen der Gedanke einer allgemeinen staatsbür-
gerlichen Gesellschaft um sich griff, bildeten das dynamische Ele-
ment im deutschen Sozialgefüge des 18. Jahrhunderts, allerdings
ohne politische Macht und von vergleichsweise geringer materiel-
ler Potenz. Denn eine wohlhabende »Bourgeoisie« gab es, abgesehen von einigen See-, Handels- und Messestädten, in Deutschland
nicht. Das politische Interesse von bürgerlichen Unternehmern
überschritt in der Regel kaum den lokalen Horizont. Anders die
bürgerlichen Gebildeten, die – eben in der Kompensation ihrer
faktischen Machtlosigkeit – mit wachsendem Mut den Herr-
schaftsanspruch der Vernunft, des kritischen Denkens, der aufgeklärten Humanität und des geläuterten Gefühls in allen Lebensbe-
reichen erhoben und, wenn sie allgemein über die Natur zwischen-
menschlicher Beziehungen und die Aufgaben guter Obrigkeit dis-
kutierten, ihre eigene Gegenwart meinten.

(R. Vierhaus, Deutschland im 18. Jahrhundert.: soziales Gefüge,
politische Verfassung, geistige Bewegung. In: Lessing und die Zeit
der Aufklärung. Vorträge . . . Göttingen 1968, S. 18f.)

In dieser Konstellation darf freilich nicht vergessen werden, daß die meisten staatlichen Einrichtungen der feudalen
repräsentativen Machtdarstellung des Fürsten galten – vom
Militär bis hin zu den nach dem Vorbild Frankreichs er-

richteten Residenzbauten, mit ihren Parks, Sommer-, Jagd- und Maitressenschlößchen. In ihren Anlagen wurden zu besonderen Festtagen, zur Hochzeit, an Geburtstagen oder beim Besuch eines regierenden Fürsten groß angelegte Feste gefeiert, die bis zu 50000 Taler kosteten. Dieser gewaltige Aufwand mußte durch Steuern, Anleihen oder durch Kriegsgewinne finanziert werden, häufig genug am Rande des Bankrotts.

Die meisten größeren Staaten Europas waren an einem der zahlreichen Kriege im 18. Jahrhundert beteiligt, entweder mit eigenen militärischen Aktionen, durch den Verleih von Truppen oder negativ betroffen von Besetzungen und Truppeneinquartierungen. Lessings »Nathan«, in dem ein friedliches Zusammenleben beschworen wird, steht ebenfalls vor diesem brutalen Hintergrund:

Kriege zwischen 1700 und 1789 mit den Hauptkriegsschauplätzen:

Nordischer Krieg: 1700–1721	Norddeutsche u. baltische Ostseegebiete, westliches Rußland.
Spanischer Erbfolgekrieg: 1701–1714	Spanien, Norditalien, Nordfrankreich, Niederlande, Süddeutschland.
Türkischer Krieg: 1714–1718	Griechische Mittelmeerküsten, Balkan.
(weitere Türkenkriege bis 1792) Polnischer Thronfolgekrieg: 1733–1735	Italien, Lothringen
1. Schlesischer Krieg: 1740–1742	Sachsen, Schlesien, Böhmen.
2. Schlesischer Krieg: 1744–1745	Böhmen, Sachsen, Rheinland.
3. Schlesischer, Siebenjähriger Krieg: 1756–1763	Preußen, Schlesien, Sachsen, Polen, Böhmen, Braunschweig, mit Auswirkung in Übersee u. a. in Amerika.
Unabhängigkeitskrieg der Nordamerik. Kolonien: 1775–1783	Amerika, Truppen aus England, Hessen, Braunschweig.
Bayerischer Erbfolgekrieg: 1778–1779	Einquartierungen Preußens in Böhmen

229

Fast ununterbrochen hatte die Bevölkerung unter solchem wirtschaftlich-militärischen Machtspiel der Fürstenhäuser zu leiden.

Die folgenden Texte geben einen konkreten Einblick in die Lebensverhältnisse außerhalb der fürstlichen Residenzen. Die Situation der Ärmsten schildert ein Brief aus einer Autobiographie:

J. K. Lavater
1741–1799

Wohlehrwürdiger, Hoch- und Wohlgelehrter
Herr Pfarrer Johann Caspar Lavater!

Mitten in einer entsetzlich bangen Nacht unterwind' ich mich, an Sie zu schreiben. Keine Seel' in der Welt weiß es; und keine Seel' weiß meine Noth. Ich kenne Sie aus Ihren Schriften und vom Gerüchte. Wüßt' ich nun freylich nicht von diesem, daß Sie einer der beßten, edelsten Menschen wären, dürft' ich von Ihnen wohl keine andre Antwort erwarten, als wie etwa von einem Grossen der Erde. Z. E. Pack dich, Schurke! Was gehn mich deine Lumpereyen an. – Aber nein! ich kenne Sie als einen Mann voll Großmuth und Menschenliebe, welchen die Vorsehung zum Lehrer und Arzt der itzigen Menschheit ordentlich scheint bestimmt zu haben. Allein Sie kennen mich nicht. Geschwind will ich also sagen, wer ich bin. O werfen Sie doch den Brief eines elenden Tockenburgers nicht ungesehn auf die Seite, eines armen gequälten Mannes, der sich mit zitternder Hand an Sie wendet, und es wagt, sein Herz gegen einen Herrn auszuschütten, gegen den er ein so inniges Zutrauen fühlt. O hören Sie mich, daß Gott Sie auch höre! Er weiß, daß ich nicht im Sinn habe, ihnen weiter beschwerlich zu fallen, als nur Sie zu bitten, diese Zeilen zu lesen, und mir dann ihren väterlichen Rath zu ertheilen. Also. Ich bin der älteste Sohn eines blutarmen Vaters von 11. Kindern, der in einem wilden Schneeberg unsers Lands erzogen ward, und bis in sein sechszehntes Jahr fast ohne allen Unterricht blieb, da ich zum H. Nachtmahl unterwiesen wurde, auch von selbst ein wenig schreiben lernte, weil ich grosse Lust dazu hatte. Mein sel. Vater mußte unter seiner Schuldenlast erliegen, Haus und Heimath verlassen, und mit seiner zahlreichen Familie unterzukommen suchen, wo er konnte und mochte, und Arbeit und ein kümmerliches Brodt für uns zu finden war. Die Hälfte von uns war damals noch unerzogen. Bis in mein neunzehntes Jahr blieb mir die Welt ganz unbekannt, als ein schlauer Betrüger mich auf Schaffhausen führte, um, wie er sagte, mir einen Herrendienst zu verschaffen. Mein Vater war's zufrieden – und ich wurde, ohne mein Wissen, an einen preußischen Werber verkauft, der mich freylich so lange als seinen Bedienten hielt, bis ich nach Berlin kam, wo man mich unter die Soldaten steckte – und noch itzt nicht begreifen wollte, wie man mich so habe betriegen können. Es gieng eben ins Feld. O wie mußt' ich da meine vorigen in Leichtsinn vollbrachten guten Tage so theuer büssen! Doch ich flehte zu Gott, und er half mir ins Vaterland. In der ersten Schlacht bey Lowositz nämlich, kam ich wieder auf freyen Fuß, und kehrte sofort nach Hause. In dem Städtgen Rheineck küßt' ich zum erstenmal wieder die Schweitzer-Erde, und schätzte mich für den glücklichsten Mann, ob ich schon nichts als ein Paar Brandenburgische Dreyer, und einen armseligen Soldatenrock auf dem Leib in meine Heimath brachte. Nun mußt' ich wieder als Taglöhner mein Brodt suchen; das kam mich freylich sauer genug an. In meinem sechs und zwanzigsten heurathete ich ein Mädchen mit hundert Thalern. Damit glaubt' ich schon ein reicher Mann zu seyn, dachte itzt an leichtere Arbeit mit aufrechtem Rücken, und fieng, auf Anrathen meiner Braut, einen Baumwollen- und Garngewerb an, ohne daß ich das geringste von diesem Handwerk verstuhnd. Anfangs fand ich Credit, baute ein eigenes Häuschen, und vertiefte mich unvermerkt in Schulden. Indessen verschaffte mir doch mein kleines Händelchen einen etwelchen Unterhalt; aber bösartige Leuthe betrogen mich immer um Ware und Geld, und die Haushaltung mehrte sich von Jahr zu Jahre, so daß Einnahm' und Ausgabe sich immer wettauf frassen. Dann dacht' ich: Wenn einst meine Jungen größer sind, wird's schon besser kommen! Aber ich betrog mich in dieser Hoffnung. Mittlerweile überfielen mich die hungrigen Siebenziger-Jahre, als ich ohnedem schon in Schulden steckte. Ich hatte itzt fünf Kinder, und wehrte mich wie die Katz' am Strick. Das Herz brach mir, wenn ich so meine Jungen nach Brodt schreyen hörte. Dann noch meine arme Mutter und Geschwister! Von meinen Debitoren nahm hie und da einer den Reißaus; andre starben, und liessen mich die Glocken zahlen;

Ich hingegen wurde von etlichen meiner Gläubiger scharf ge-
spornt; mit meinem Handel gieng's täglich schlechter. Itzt wurden
wir noch alle gar an der Ruhr krank; meine zwey Aeltst gebohrnen
starben, wir übrigen erholten uns wieder. Inzwischen harrt' ich auf
Gott und günstigere Zeiten. Aber umsonst! Und war ich nicht ein
Thor, und bin ich's nicht itzt noch, wenn ich auch nur ein wenig
zurückdenke, auf mein sorgloses in den Tag hinein leben? Bin ich
denn nicht selbst schuld an allem meinem Elend? Meine Unbeson-
nenheit, meine Leichtgläubigkeit, mein unwiderstehlicher Hang
zum Lesen und Schreiben, haben nicht die mich dahin gebracht?
Wenn mein Weib, wenn ich selbst, mir solche nur zu wohl verdiente Vorwürfe machen, dann kämpf' ich oft mit der Verzweif-
lung; wälze mich halbe Nächte im Bett herum, rufe den Tod her-
bey, und bald jede Art mein Leben zu endigen scheint mir erträg-
licher, als die äusserste Noth der ich alle Tage entgegensehe. Voll
Schwermuth schleich' ich dann langsam unsrer Thur nach, und
blicke vom Felsen herab scharf in die Tiefe. Gott! wenn nur meine
Seele in diesen Fluthen auch untergehen könnte! Das eintemal lis-
pelt mir der Teufel des Neides – freylich eine grosse Wahrheit ein:
Wie viele Schätze werden nicht auf dieser Erde verschwendet! Wie
manches Tausend auf Karten und Würfel gesetzt, wo dir ein einziges aus dem Labyrinth helfen könnte! Ein andermal heißt mich
dieser böse Feind gar, zusammenpacken, und alles im Stich lassen.
Aber nein! da bewahre mich Gott dafür! Ja, im blossen Hemd
wollt' ich auf und davon, mich an die Algier verkaufen, wenn
dann nur meine Ehre gerettet, und Weib und Kindern damit geholfen wäre. Noch ein andermal raunt mir, wie ich wenigstens
wähne, ein beßrer Geist ins Ohr: Armer Narr! der Himmel wird
deinetwegen kein Wunder thun! Gott hat die Erde gemacht, und
so viel Gutes darauf ausgeschüttet. Und das Beßte davon, goß er's
nicht ins weiche Herz des Menschen? Also hinaus in die Welt, und
spüre diesen edeln Seelen nach; Sie werden Dich nicht aufsuchen.
Gesteh' ihnen deine Noth und deine Thorheit, schäm' dich deines
Elends nicht, und schütte deinen Kummer in ihren Schooß aus.
Schon manchem weit Unglücklichern ist geholfen worden. Aber
o wie blöd' bin ich, und wie zweifelhaft, ob auch dieses gute oder
schlimme Eingebungen seyn! – Beßter Menschenfreund! O um
Gotteswillen rathen Sie mir; sagen Sie es mir, ob das ebenbemerkte
Mittel nicht noch das thunlichste wäre, mich von einem gänzlichen
Verderben zu retten. – Ach! wär' es nur um mich allein zu thun!
– Aber meine Frau, meine armen unschuldigen Kinder, sollten
auch diese die Schuld und Schand' ihres Mannes und Vaters tragen; und die hiesige *Moralische Gesellschaft,* in die ich mich erst
neulich, freylich eben auch unüberlegt genug, habe aufnehmen
lassen, sollte auch diese frühe, und zum erstenmal, durch eins ihrer
Mitglieder, gegen welches man ohnehin so manche begründete
Einwendungen machte, so schrecklich beschimpft werden? O noch
einmal, um aller Erbärmden Gottes willen, Herr Lavater! Nur um
einen väterlichen Rath! verziehen Sie mir diese Kühnheit. Noth
macht frech. Und in meiner Heimath dürft' ich um aller Welt Gut

232

willen mich keiner Seele entdecken. Freunde die mich zu retten wißten, hab' ich keine; wohl ein Paar die noch eher von mir Hülf' erwarten könnten; dem Spott aber von Halbfreunden oder Unbekannten mich auszusetzen – Nein! da will ich tausendmal lieber das Alleräusserste erwarten. – Und nun mit sehnlicher Ungeduld und kindlichem Zutraun, erwartet, auch zuletzt nur eine Zeile Antwort von dem Mann, auf den noch einzig meine Seele hoffet,

> *Der in den letzten Zügen des Elends liegende,*
> *arme, geplagte Tockenburger*
> *U. B.*

H**, bey L***,
den 12. Herbstm. 1777.

(Kap. 74 in: Ulrich Bräker, Der arme Mann im Tockenburg. Zürich 1789. Neudruck München 1965 S. 161–165)

Der Göttinger Professor Georg Christoph Lichtenberg war 1774/75 auf Einladung des englischen Königs in England. Vom Großstadtleben Londons berichtet er am 10. 1. 1775 an einen Göttinger Freund:

... Ich sitze noch immer in dem neblichten Kew, bewohne ein Königliches Haus allein, schlafe zwischen königlichen Bett-Tüchern, trinke königlichen Rheinwein und kaue, wenigstens 2mal die Woche mein königliches Rostbeef. Ich bewohne ein Eckzimmer des Hauses, ein Fenster desselben sieht gegen Osten und zwei gegen Süden. Aus dem ersten sehe ich auf einen großen, grünen und teils mit königlichen teils andern Gebäuden fast ganz umgebenen Platz, der Kewgreen genannt wird. Im Sommer spazieren hier eine Menge Personen beiderlei Geschlechts und genießen der frischen Luft, jetzt ist da nichts zu sehen als einige Pferde und Knaben, die darauf herumtollen, und zuweilen eine englische – – – – Hunde-Hochzeit ...

Sehr oft aber stehe ich alsdann auf, sehe nach meinem Geldbeutel, und wenn es da auf gut Wetter steht, so nehme ich eine Kutsche und fliege für 18 pence nach London; dieses habe ich während meines hiesigen Aufenthaltes auf 14mal getan. Da vergesse ich mich denn sehr leicht, und um Ihnen einigermaßen zu zeigen, daß es kaum anders möglich ist, will ich Ihnen ein flüchtiges Gemälde von einem Abend in London auf der Straße machen ... Ich will dazu Cheapside und Fleetstreet nehmen, so wie ich sie in voriger Woche, da ich des Abends etwas vor 8 Uhr aus Herrn Boydells Haus nach meinem Logis ging, gefunden habe. Stellen Sie sich eine Straße vor etwa so breit als die Weender, [Göttingens Hauptstraße] aber, wenn ich alles zusammen nehme, wohl auf 6mal so lang. Auf beiden Seiten hohe Häuser mit Fenstern von Spiegelglas. Die untern Etagen bestehen aus Boutiquen und scheinen ganz von Glas zu sein; viele Tausende von Lichtern erleuchten da Silberläden,

Kupferstichläden, Bücherläden, Uhren, Glas, Zinn, Gemälde, Frauenzimmer-Putz und Unputz, Gold, Edelgesteine, Stahl-Arbeit, Kaffeezimmer und Lottery Offices ohne Ende. Die Straße läßt wie zu einem Jubelfeste illuminiert, die Apotheker und Materialisten stellen Gläser, ... mit bunten Spiritibus aus und überziehen ganze Quadratruten mit purpurrotem, gelbem, grünspangrünem und himmelblauem Licht. Die Zuckerbäcker blenden mit ihren Kronleuchtern die Augen und kützeln mit ihren Aufsätzen die Nasen, für weiter keine Mühe und Kosten, als daß man beide nach ihren Häusern kehrt; da hängen Festons von spanischen Trauben, mit Ananas abwechselnd, um Pyramiden von Äpfeln und Orangen, dazwischen schlupfen bewachende und, was den Teufel gar los macht, oft nicht bewachte weißarmigte Nymphen mit seidenen Hütchen und seidenen Schlenderchen. Sie werden von ihren Herrn den Pasteten und Torten weislich zugesellt, um auch den gesättigten Magen lüstern zu machen und dem armen Geldbeutel seinen zweitletzten Schilling zu rauben, denn Hungrige und Reiche zu reizen, wären die Pasteten mit ihrer Atmosphäre allein hinreichend. Dem ungewöhnten Auge scheint dieses alles ein Zauber; desto mehr Vorsicht ist nötig, alles gehörig zu betrachten; denn kaum stehen Sie still, Bums! läuft ein Packträger wider Sie an und ruft by Your leave wenn Sie schon auf der Erde liegen. In der Mitte der Straße rollt Chaise hinter Chaise, Wagen hinter Wagen und Karrn hinter Karrn. Durch dieses Getöse, und das Summen und Geräusch von Tausenden von Zungen und Füßen, hören Sie das Geläute von Kirchtürmen, die Glocken der Postbedienten, die Orgeln, Geigen, Leiern und Tambourinen englischer Savoyarden und das Heulen derer, die an den Ecken der Gasse unter freiem Himmel Kaltes und Warmes feil haben. Dann sehen Sie ein Lustfeuer von Hobelspänen Etagen hoch auflodern in einem Kreis von jubilierenden Betteljungen, Matrosen und Spitzbuben. Auf einmal ruft einer, dem man sein Schnupftuch genommen: stop thief, und alles rennt und drückt und drängt sich, viele, nicht um den Dieb zu haschen, sondern selbst vielleicht eine Uhr oder einen Geldbeutel zu erwischen. Ehe Sie es sich versehen, nimmt Sie ein schönes, niedlich angekleidetes Mädchen bei der Hand: come, My Lord, come along, let us drink a glass together, or I'll go with You if You please; dann passiert ein Unglück 40 Schritte vor Ihnen; God bless me, rufen einige, poor creature ein anderer; da stockt's und alle Taschen müssen gewahrt werden, alles scheint Anteil an dem Unglück des Elenden zu nehmen, auf einmal lachen alle wieder, weil einer sich aus Versehen in die Gosse gelegt hat; look there, damn me, sagt ein Dritter und dann geht der Zug weiter. Zwischendurch hören Sie vielleicht einmal ein Geschrei von Hunderten auf einmal, als wenn ein Feuer auskäme oder ein Haus einfiele oder ein Patriot zum Fenster herausguckte. In Göttingen geht man hin und sieht wenigstens von 40 Schritten her an, was es gibt; hier ist man (hauptsächlich des Nachts und in diesem Teil der Stadt, the City) froh, wenn man mit heiler Haut in einem Nebengäßgen den Sturm auswarten kann. Wo es breiter wird, da läuft alles, niemand sieht aus, als wenn er spazieren ginge oder observierte, sondern alles scheint zu einem Sterbenden gerufen. Das ist Cheapside und Fleetstreet an einem Dezemberabend.

Bis hieher habe ich fast, wie man sagt, in einem Odem weg geschrieben, mit meinen Gedanken mehr auf jenen Gassen als hier. Sie werden mich also entschuldigen, wenn es sich zuweilen hart und schwer liest, es ist die Ordnung von Cheapside. Ich habe nichts übertrieben, gegenteils vieles weggelassen, was das Gemälde gehoben haben würde, unter andern habe ich nichts von den umzirkelten Balladen-Sängern gesagt, die in allen Winkeln einen Teil des Stroms von Volk stagnieren machen, zum Horchen und zum Stehlen. Ferner habe ich die liederlichen Mädchen nur ein einziges Mal auftreten lassen, dieses hätte zwischen jede Szene, und in jeder Szene wenigstens einmal, geschehen müssen ... Sie packen einen zuweilen auf eine Art an, die ich Ihnen dadurch deutlich genug bezeichne, daß ich sie Ihnen nicht sage. Dabei sehen sich die Vorbeigehenden nicht einmal um, da ist liberty und property.

(G. C. Lichtenberg, Schriften u. Briefe. 4. Bd. hrsg. v. W. Promies, München 1967, S. 208–212.)

Die Situation von Braunschweig-Wolfenbüttel

Als sich Lessing 1770 auf die braunschweigische Abhängigkeit einließ, regierte dort seit 1735 Herzog Karl I. mit seinen Geheimen Räten. Das Herzogtum hatte rund 160000 Einwohner, davon ungefähr 16000 Soldaten. Die Regierungszeit Karls I. bis 1780 ist durch eine Fülle von Initiativen und Plänen zugunsten des Handels und des kulturellen Ansehens des Landes sowie deren teilweiser Ausführung geprägt, die zusammen mit der Verschwendungsliebe des Herzogs, den hohen Ausgaben für die Truppen und den Belastungen des Siebenjährigen Kriegs zu einer extremen Verschuldung des Staates und einem bedrückenden Leben derer führte, die sich an den Ausgaben des Hofes nicht bereichern konnten.

Die Grundlage der Regierungsgeschäfte ist absolutistisch-feudal, sie zeichnet sich aus durch staatliche Zwangsmaßnahmen in fast allen Wirtschaftsbereichen, durch die Unfreiheit der Bauern, durch allgemeine strenge Überwachung und Zensur der Meinungsäußerungen, die – ähnlich wie im benachbarten Preußen (Herzog Karl war mit einer preußischen Prinzessin verheiratet) – vor allem dort wirksam war, wo politische Interessen angesprochen wurden. Das Volk hatte in diesen Bereichen blind zu gehorchen.

In den in dieser Zeit eingerichteten Bildungsinstitutionen, in Schulen und im Braunschweiger »Collegium Carolinum«, auch in der älteren Helmstedter Universität, konnte man die Aufklärung spüren, um die sich einige Professoren, teilweise mit Lessing befreundet, bemühten. Es entstand – etwa durch die Einrichtung neuer Grundschulen in Städten und auf dem Land – für Teile der Bevölkerung eine allgemeine Grundbildung in Schreiben, Lesen, Rechnen und Religion. Dennoch litten – neben der Finanznot – diese Schulen einerseits unter dem Gängelband von Staat und Kirche, andererseits unter dem Protest von Bürgern und Bauern gegen Schulbildung überhaupt.

In wessen Interesse lag es, daß, beginnend mit dem 18. Jahrhundert, alle lesen und schreiben lernen sollten? Welche Bedeutung hat es im »Nathan«, daß Recha kaum und der Klosterbruder überhaupt nicht lesen konnten?

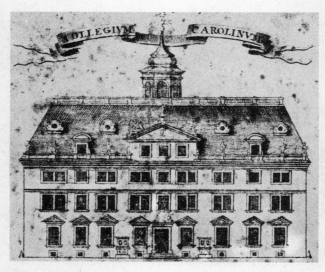

Das alte Collegium Carolinum in Braunschweig

> ... Ja, wenn noch
> Uralte Münze, die gewogen ward! –
> Das ginge noch! Allein so neue Münze,
> Die nur der Stempel macht ...
>
> *(Nathan III, 6)*

> ... weil doch
> Ein naher Krieg des Geldes immer mehr
> Erfordert ...
>
> *(Nathan III, 7)*

Schon in den ersten 20 Regierungsjahren von Herzog Karl waren die Braunschweiger Kassen ständig leer. Nachdem durch wirtschaftliche Maßnahmen und Steuern zunächst keine steigenden Einnahmen zu erreichen waren, ging man dazu über, riesige Summen zu borgen. Die größte Anleihe von 2 Millionen Taler kam aus Hannover, damals in Personalunion regiert vom englischen König. Mit dieser Anleihe konnten kaum neue wirtschaftliche Initiativen unterstützt, fast die ganze Summe mußte vielmehr für die Bezahlung schon bestehender Schulden ausgegeben werden. Hinzu kamen fast 174000 Taler für die französische Besatzung während des Siebenjährigen Krieges, für weitere rund 100000 Taler wurde ein neues Kornmagazin angelegt. In der Folgezeit war für Braunschweigs Hofkassen neben weiteren Schuldenbelastungen die Bezahlung der Zinsen für diese Zwei-Millionen-Anleihe das finanzielle Hauptproblem. In den darüber geführten Verhandlungen mit Hannover kam es außerdem fortwährend zu Schwierigkeiten wegen des schwankenden Geldwertes, einem der wirtschaftlichen Grundübel des 18. Jahrhunderts.

Lange schon wurde beim Bezahlen mit Münzen nicht mehr die ganze Menge des Geldes gewogen, vielmehr hatten sich wegen der verschiedensten Unterschiede beim Prägen überall besondere Münzen und Münzwerte entwickelt. Immer nur für kurze Zeit konnte man sich im Deutschen Reich wenigstens auf eine einheitliche Metallverwendung und Prägung einigen. So wurde 1738 vereinbart, aus einer Mark Feinsilber – bezogen auf die ›Kölnische Mark‹, die 283,9 g wog – höchstens 18 Gulden oder 12 Taler auszuprägen. An diese Vereinbarung haben sich die Münzanstalten der Landesherrn unterschiedlich gehalten. In Braunschweig wurde davon ab 1747 zunehmend abgewichen, was zunächst eine Mehreinnahme von 55 000 Talern jährlich einbrachte. Der diese Geldentwertung beaufsichtigende Hofbeamte Graumann ging 1750 von Braunschweig in preußische Dienste, wo er im Siebenjährigen Krieg die preußischen Gelder noch mehr entwertete: Aus 4 Millionen englischer Unterstützungsgelder einer Berechnungseinheit machte man in Preußen 11 Millionen; der Silber- oder Goldanteil der Münzen wurde einfach radikal vermindert. Mit diesem Geld wurden die Soldaten für ihren Dienst, die Bauern für ihre Produkte bezahlt. In Braunschweig betrug in dieser Zeit der Geldwert der Silbermünzen auch nur noch 50–60 Prozent des aufgeprägten Zahlenwertes. In den kleinen Münzen, die hauptsächlich für die Bezahlung im Innern des Landes benutzt wurden, ist die Geldentwertung ganz besonders hoch gewesen und heute kaum mehr rekonstruierbar. Außerhalb des Landes nahm kaum noch jemand die Braunschweiger Münze als Zahlungsmittel an. Braunschweig wurde von den übrigen Ländern unter Druck gesetzt, die Mark Feinsilber zu der neu festgesetzten Einheit von 20 Gulden oder 13 ¹/₃ Taler zu prägen. Die schlechtere Währung im Land wurde für ihren wahren Metallwert eingezogen, was allen im Herzogtum, die Geld hatten, einen Schaden von 40–50 Prozent zufügte. Solche Währungsreformen treffen natürlich diejenigen weniger hart, die Land, Waren oder Maschinen besitzen.

Die Währungsreform hatte zwar das Braunschweiger Geld wieder aufgewertet und dem Reichsstandard angepaßt, die Kassen wurden deswegen aber nicht viel voller. Man versuchte zu Geld zu kommen, wie und wo es nur irgend möglich war. Girobanken entstanden, eine Zahlenlotterie wurde mit Pomp eröffnet, neue Schulden wurden gemacht. 1768 hatte das Herzogtum 12 Millionen Taler Schulden. In dieser Situation wollte Hannover Zinsen für die Anleihe von 1756; einige Jahre später war die erste

Rückzahlungsrate fällig. Die Regierung griff zu ›Maßnahmen‹, die einen weiteren Einblick in die Grundlagen der Geschichte des 18. Jahrhunderts geben:

Da der Herzog und sein einflußreicher Minister Schrader aus den Finanzen der Hofkassen die fälligen Summen nicht mehr aufbrachten, besann man sich auf die Finanzkraft der Stände. Diese wurden zum ersten Mal im 18. Jahrhundert in Braunschweig einberufen, in der Zwischenzeit regierten die Herzöge und ihre Minister ohne sie. 46 Vertreter des Adels, 9 der Geistlichkeit und 9 der Städte bewilligten schließlich die Übernahme von zunächst 150 000 Taler Schulden und später mehrere 100 000 Taler, an die sie allerdings Bedingungen knüpften, die dem Adel in erster Linie alte Privilegien wieder sicherten oder neue schufen, wie z. B. die Befreiung von einigen Steuern. Zusätzlich wurden Lebensmittelsteuern bewilligt für Zucker, Kaffee, Tee, Fleisch, Fische und Gewürze. Der größte Teil der Schuld wurde aus der Kopf- und Personensteuer bezahlt. Letztlich waren es also wieder einmal die Bauern und die Bürger, die einen erheblichen Teil der Landesschulden aufzubringen hatten. Eine weitere Forderung der Stände wirkte sich allerdings positiv aus: die Truppenstärke mußte reduziert werden.

1769 zahlte Braunschweig schließlich die erste Zinssumme an Hannover. Weitere Zinsen sollten in der folgenden Zeit nicht mehr nötig werden; an ihre Stelle traten die sogenannten Subsidienverträge, eine Art Menschenhandel: Dem Kurfürsten von Hannover und König von England fehlten für die militärische Aufrechterhaltung der Interessen Englands in den amerikanischen Kolonien Truppen, Braunschweig stellte dafür 1769 zwei Regimenter von je 1672 Soldaten bereit, wofür es jährlich 60 000 Taler Subsidien erhielt.

1774 mußte Braunschweig die erste Rate der 2 Millionen Anleihe an Hannover zurückzahlen. Die Summe von über 500 000 Talern wurde teilweise wiederum durch neue Schulden aufgebracht. Eine zeitgenössische Aufstellung zeigt, welche Kreditgeber Braunschweig außerdem zur Verfügung standen:

Ausgeliehen bei Privaten	77 500 Taler[1];
Aus der Kammerkasse	6 000 Taler;
Genuesische Gelder	190 103 Taler[2];

Vom Bankhaus Rocquettes in Amsterdam	
	73 344 Taler 16 Groschen;
Vom Bankhaus Bous in Holland	42 164 Taler;
Vom Bankhaus Rocquettes wie vor	21 300 Taler;
Anleihe aus Berlin	38 340 Taler;
Zinszuschuß aus der Kammerkasse	24 795 Taler 23 Groschen;
Aus der Kriegskasse	14 667 Taler 5 Groschen 8 Pfennig;
Anleihe vom Kloster Riddagshausen	3 000 Taler;
»Ferner erborgt, welchenfalls Fstl.	
Cammer-Casse demnächst das weitere	
bekannt gemacht werden soll	40 000 Taler[3];
Von Herz Samson erborgt	4 000 Taler;
Rest aus der Kammerkasse	499 Taler 10 Groschen 2 Pfennig.

[1] Anleihen zu 4½ und 5%, u. a. 9 000 Taler von der Erbprinzessin, 5 000 Taler von der Herzogin Philippine Charlotte, 10 000 Taler von der geschiedenen Königin Caroline Mathilde von Dänemark aus Celle u. s. w.

[2] Eine von dem Kaufmann Sechehage in Leipzig vermittelte Anleihe.

[3] Hier ist eine versteckte Anleihe der Erbprinzessin Auguste, die über englische Gelder verfügte, auf Betreiben des Erbprinzen Carl Wilhelm Ferdinand zu vermuten.

(Aus: W. Deeters, Das erste Jahrzehnt des braunschweigischen Finanzkollegiums von 1773 bis 1785. In: Braunschweig. Jahrbuch 56 (1975) S. 112)

Diese Finanzierung wie die nun erst richtig anlaufenden Subsidienverträge gingen wesentlich vom Erbprinzen und einem neu eingerichteten Finanzkollegium, einer Art Nebenministerium, aus. Dreimal ›verlieh‹ Braunschweig in den nächsten 20 Jahren Truppen, zu denen jeweils in den Jahren danach noch Ersatzmannschaften kamen: 1776 4300 Soldaten an England, 1788 3000 Soldaten an die Vereinigten Niederlande, 1795 erneut 1900 Soldaten an England. Allein aus dem Subsidienvertrag von 1776 ergab sich für Braunschweig ein ›Reingewinn‹ von annähernd 2 Millionen Talern. Die Staatsfinanzen kamen allmählich aus den roten Zahlen. Die ›Kosten‹: von 5723 Soldaten, die in Amerika zu kämpfen gezwungen waren, kehrten 2708 im Jahr 1783 in das Herzogtum zurück.

Lessings Bekanntschaft mit Moses Mendelssohn, sein frühes Theaterstück »Die Juden« sowie Teile seines theologiekritischen Werkes, beginnend mit der »Rettung des Hier(onimus) Cardanus«, zeigen, wie sehr die Ungerechtigkeiten gegenüber den Juden, wie aber auch deren Leistungen Lessing als kritischen Aufklärer beschäftigten. Im »Nathan« erscheinen Probleme der Juden in unterschiedlicher Art. Die Vorurteile Dajas und des Tempelherrn, die Brutalität und dumme Schläue im Antisemitismus des Patriarchen zeigen ebenso Momente der realen geschichtlichen Situation der Juden im 18. Jahrhundert wie der Eigenart des Juden Nathan: »Ich muß /Behutsam gehn! – . . . Warum kein Muselmann?«

Gerichtliche Notificationes.

Stade. Bei hiesiger K. und Ch. Justizcanzlei ist in Convocationssachen der an dem Nachlasse des bei Eudahore in Ostinden. gebliebenen Lieutenants Klusmann vom 15ten Infanterieregimente, unterm 14ten Jun. sententia praeclusiva & prioritatis eröfnet worden.

Coldingen. Zu Eröfnung des von weil. der verwitweten Amtmannin Riemann, geb. Cordemann, zu Döhren außergerichtlich errichteten, und von deren Tochter Louisen Henrietten dem hiesigen Amte versiegelt übergebenen letzten Willens, ist der 27te Jun. bei hiesigem Amte anberahmt worden.

Gifhorn. Es ist den 16ten Jun. ein Judenjunge, welcher sich Heinemann Nathan nennet, angiebt, daß er 14 Jahre alt sey, und daß sein Vater Simon Nathan in Altona handele, er oder ganz allein über Copenhagen, Kiel, Boitzenburg, Hitzacker und Bodenteich in hiesiges Amt gekommen sey, solches aber unwahrscheinlich ist, auch der Arrestat einen von dem Oberpräsidenten zu Copenhagen unterm 16ten Mai 1788 einem Juden, Namens Henrich Simons ertheilten Paß bei sich hat, in Verhaft genommen. Alle Obrigkeiten werden ersucht, hiesigem Amte Nachricht davon zu ertheilen, wenn von diesem Judenjungen etwas Verdächtiges bekant ist, und wird hiedurch bemerklich gemacht, daß derselbe lebhaft und von kleinem Wuchse ist, schwarze krause Haare und schwarze Augen hat, und einen zerrissenen braunen Rock mit Knöpfen von derselben Farbe, ein dergleichen Kaput, ferner ein greises Kaput mit hornen Knöpfen, und eine schwarze Hose trägt, über dem einen tuchenen Rock von pfirsich Blütenfarbe, und einen Rock von gelber Farbe bei sich führt.

Freiherrlich Wrisbergisches Gericht Brunkensen. In Concurssachen des Ackermanns Matthias Füry zu Lütgenholzen, ist zu Eröfnung des Prioritäturtheils der 5te Jul. anberahmt.

Zeitungsnotiz über die Verhaftung eines Juden

Als Moses Mendelssohn 1743 von Dessau nach Berlin kam, gab es dort unter den mehr als hunderttausend Einwohnern 333 jüdische Haushaltungen mit insgesamt fast zweitausend Familienmitgliedern. Man kann die jüdischen Bewohner Berlins in verschiedene Gruppen nach ihren wirtschaftlichen Möglichkeiten einteilen, wie sie auch im damaligen ›toleranten‹ Berlin nach juristischen Vorschriften klassifiziert wurden. Die Juden hatten sehr unterschiedliche Rechte und unterlagen Beschränkungen, die in Vorschriften vor allem ihre Arbeitsmöglichkeiten festlegten und große Differenzen in der Freizügigkeit unter den Juden selbst schufen. Die privilegierten Kaufleute etwa hatten sich darüber hinaus auch gegen wiederholte neidische Angriffe ihrer christlichen Mitbürger zu wehren. Allgemein galt, daß ein Jude immer mehr Geld haben und bezahlen müßte als ein Christ, um auch nur annähernd gleiche Rechte zu haben – das entsprach einer seit dem Mittelalter tradierten Praxis.

Nur eine kleine Gruppe besaß ein ›Generalprivileg‹, das ihr folgende Rechte einräumte: sich an allen für Juden zugelassenen Orten niederzulassen; umzuziehen und Häuser zu erwerben; Gleichheit mit den christlichen Kaufleuten im Handel, und Vererbung dieser Privilegien an alle Kinder. Einige Mitglieder dieser Klasse von Juden besaßen sogar das verbriefte Bürgerrecht.

Zur zweiten Klasse gehörten die gewöhnlichen ›Schutzjuden‹ . . ., die kein Recht der freien Wohnungswahl hatten und bei denen nur ein Sohn oder eine Tochter den Status des Vaters erben konnte. Einem zweiten Sohn wurde der ›Schutz‹ nur gewährt, wenn er mindestens eine Geldsumme von 1000 Talern besaß, einem dritten Sohn, wenn er 2000 Taler besaß. Für diese Konzession mußte eine besondere Gebühr bezahlt werden.

Die dritte Klasse umfaßte außergewöhnliche Schutzjuden, z. B. diejenigen Juden, deren Privileg auf ihre Person beschränkt blieb und nicht auf ein Kind übertragbar war. Zu dieser Gruppe zählten Ärzte, Maler, Drucker, Optiker und weitere Berufe.

Die vierte Gruppe bestand aus den offiziellen Gemeindevertretern. Als 1743 die Liste der Juden überprüft wurde, waren die öffentlichen Vertreter der Berliner Judenschaft ein Rabbiner, zwei Rabbinerhelfer, ein Haupt- und ein Hilfskantor, drei ›Klöpper‹ (wörtlich ›Anklopfer‹, d. h. Männer, die die männlichen Gemeindemitglieder zum Morgengottesdienst riefen, indem sie an deren Tür klopften), drei Synagogendiener usw., insgesamt 43 Personen. Ihnen war verboten, sich an Handelsgeschäften zu beteiligen, im übrigen hatten sie den Status der außergewöhnlichen ›Schutzjuden‹.

Die fünfte Klasse war in keiner Weise ›geschützt‹, sie wurde nur geduldet. Ihre Mitglieder hingen von der Fürsorge und dem Wohlwollen eines Angehörigen einer geschützten Gruppe ab. Sie besaßen keinerlei ›Konzessionen‹, waren ausgeschlossen von allen Handels- und Berufstätigkeiten und durften nur in eine Familie der beiden höheren Klassen einheiraten. Zu dieser Gruppe gehörten jene Kinder der gewöhnlichen Schutzjuden, die den Status des Vaters nicht erben konnten, ferner alle Kinder der Gemeindevertreter.

Die sechste und niedrigste Klasse bestand aus den privaten Angestellten. Sie durften nicht heiraten und nur für die Dauer ihrer Anstellung in Berlin bleiben.

(A. Altmann, Moses Mendelssohn. A biographical study. Alabama 1973, S. 16–17; übers. v. Verf.)

Erläuterung: »*Schutz-Jude* ... heißt ein Jude, der von der hohen Landes-Obrigkeit aus besonderen Gnaden an einem gewissen Orte zu wohnen, und seines Thuns abzuwarten, auf- und in Schutz genommen worden.« So umschreibt Zedlers Universallexikon, Bd. 35, Leipzig 1743, Sp. 1717, die Ungleichheit eines Teils der deutschen Bevölkerung im 18. Jahrhundert. Dieser ›Schutz‹ erfolgte durch einen »Schutzbrief«, wofür zwischen 10 und 60 Taler jährlich und weitere, teilweise hohe einmalige Gebühren gezahlt werden mußten.

Die Situation der Berliner Juden gibt nur andeutungsweise die allgemeine Situation der Juden im Deutschen Reich wieder. Es gab Orte, an denen sich überhaupt keine Juden niederlassen durften; andererseits konnten sich durch die besonderen Privilegien und Schutzbriefe der ersten Gruppen manchmal auch einzelne Familien an einem Ort niederlassen, wenn sie für den Landesherrn von besonderer, vor allem wirtschaftlicher Bedeutung wurden. Solche ›Hofjuden‹ gab es seit dem dreißigjährigen Krieg an zahlreichen deutschen Fürstenhöfen immer häufiger.

In dieser Funktion stand auch der sogar als Braunschweigischer Kammeragent, also als Finanzbeamter wirkende Alexander David, Vater des mit Lessing befreundeten Alexander Daveson. Gegen den Protest einiger Innungen wurde er in Braunschweig Schutzjude. Dem ging wenige Jahre zuvor etwas für diesen Ort Unerhörtes voraus: 1704 gestattete der Herzog reformierten Christen, sich in Braunschweig niederzulassen. Die protestantische Geistlichkeit sah in ihrem damaligen Protest richtig voraus, daß damit auch für Katholiken und Juden ein Präzedenzfall geschaffen wurde und daß tatsächlich 1707 Alexander David einen Schutzbrief erhielt. Für die Herzöge bot dies einige Vorteile, die

Von GOttes Gnaden, CARL, Herzog zu Braunschweig und Lüneburg rc.

Demnach die Abgaben, welche von denjenigen auswärtigen Juden zu entrichten, die Unsere Fürstl. Residenz Wolfenbüttel, insonderheit die Jahrmärkte daselbst, mit oder ohne Waaren besuchen, bis daher unbestimmt gewesen, und es dieserhalb einer gewissen Vorschrift bedurft: So setzen und verordnen Wir hiemit gnädigst, daß die auf die Jahrmärkte nach Wolfenbüttel kommende Juden, welche Waaren bey sich führen, VIER Reichsthaler, diejenigen hingegen, welche ohne bey sich habende Waaren dahin kommen, sie seyn Herren oder Bedienten, jeder EINEN Species-ducaten, dafür bezalen sollen; Wornach Unser Fürstl. Policeyamt, auch die Thorschreibere hieselbst, bey Einlassung derselben, sich zu achten haben. Urkundlich Unserer eigenhändigen Unterschrift und beygedruckten Fürstl. Geheimen-Canzley-Insiegels. Gegeben in Unserer Vestung Wolfenbüttel, den 28sten Oct. 1751.

CARL,
H. zu Br. u. L.

A. A. v. Cramm.

Herzogliche Verordnung vom 28. Oktober 1751
über die Abgabe der Juden auf den Wolfenbütteler
Jahrmärkten

sich insbesondere durch die ständige Beschaffung von Geldern für die Staatskasse und u. a. von Schmuck und Pretiosen für die Damen des Hofes vorteilhaft auswirkten.

In Wolfenbüttel, das damals noch Heinrichstadt hieß, war Hofjude seit dem Ende des 17. Jahrhunderts Gumpel Moses. Als dieser 1727 für seinen Sohn in Wolfenbüttel ein Haus kaufte, protestierte ein Nachbar vergeblich; dieser forderte auch die Fürstliche Kanzlei auf, bei einer juristischen Fakultät ein Gutachten darüber einzuholen, »ob der Herzog die Einwilligung zu dem Verkauf des Hauses an einen Juden geben könne« und »ob ein Jude zwischen Christen wohnen möge«.

Im Kirchenbuchführer der Wolfenbütteler Hauptkirche vom März 1733 heißt es zum Tod Gumpel Moses und dessen Frau:

Die ungläubigen Juden gehören zwar nicht unter die Christen, man wird aber gleichwohl genötigt, den Nachkommen zur Nachricht zu schreiben, daß, als der hiesige Schutzjude Gumpel Mosis mit seiner Frau gestorben und auf ihren Juden-Kirchhof vor das Herzogtor gegraben worden, die Erben dafür die jura stolae an die Kirche und Schulen entrichten müssen/Vor den Juden Vater und Mutter haben die Erben 40 Thlr. müssen zahlen.

(Aus: H. Schulze, Beiträge zur Geschichte der jüdischen Gemeinde in Wolfenbüttel, Teil 1. In: Braunschw. Jahrb. 48 (1967), S. 33)

Verordnung über Abgaben der Juden von 1751 (Nds. Staatsarchiv Wolfenbüttel 40 Slg 7515) vgl. Abbildung auf Seite 244).

Ein weiteres Beispiel aus der Geschichte der Braunschweiger Juden führt zu Lessing. Wegen seiner nicht mehr ganz durchschaubaren Beteiligung an einem Lotterieskandal in Kassel geriet Alexander Daveson 1779 in Braunschweig zunächst in große Schwierigkeiten, 1780 wurde er verhaftet. Lessing bemühte sich erfolgreich um seine Freilassung und nahm ihn bei sich auf. Am 19. Dezember 1780 schickte er Daveson mit folgendem Begleitschreiben zu Moses Mendelssohn nach Berlin:

Liebster Freund,

Der Reisender, den Sie mir vor einiger Zeit zuschickten, war ein *neugieriger Reisender.* Der, mit dem ich Ihnen itzt antworte, ist ein *emigrierender.* Diese Klasse von Reisenden findet sich unter Yoricks nun zwar nicht; und unter diesen wäre nur der *unglückliche* *und unschuldige Reisende*,* die hier allenfalls paßte. Doch warum nicht lieber eine neue Klasse gemacht, als sich mit einer beholfen, die eine so unschickliche Benennung hat? Denn es ist nicht wahr, daß der Unglückliche ganz unschuldig ist. An Klugheit hat er es wohl immer fehlen lassen.

Eigentlich heißt er Alexander Daveson, dieser Emigrant; und daß ihm unsre Leute, auf Verhetzung der Ihrigen, sehr häßlich mitgespielt haben, das kann ich ihm bezeugen. Er will von Ihnen nichts, lieber Moses, als daß Sie ihm den kürzesten und sichersten Weg nach dem europäischen Lande vorschlagen, wo es weder Christen noch Juden gibt. Ich verliere ihn ungern; aber sobald er glücklich da angelangt ist, bin ich der erste, der ihm folgt.

(Lessing, Gesammelte Werke, hrsg. v. P. Rilla, Bd. IX, S. 882f.)

Mit Ausnahme der Napoleonischen Zeit des Königreichs Westphalen, zu dem auch das Herzogtum Braunschweig-Wolfenbüttel gehörte, erhielt erst am 25. 11. 1835 ein Jude in Wolfenbüttel das normale Bürgerrecht; Mischehen zwischen Christen und Juden wurden erst seit dem 23. 5. 1848 erlaubt.**

---

* In Sternes Erzählung » Yoricks empfindsame Reise «, » Vorrede im Desobligeant «, werden die Reisenden eingeteilt in müßige, neugierige, lügende, aufgeblasene, eitele, unglückliche und unschuldige, empfindsame usw.

** Zu Personen, zur Situation der Juden, zu gesellschaftlichen und finanziellen Fragen zum Herzogtum Braunschweig im 18. Jahrhundert benutzte der Verfasser dankbar viele Aufsätze im ›Jahrbuch des Braunschweigischen Geschichtsvereins‹ bzw. im ›Braunschweigischen Jahrbuch‹.

ZUR WIRKUNG

Deutschsprachige Zeitungen und Zeitschriften stellen
»Nathan der Weise« bald nach seinem Erscheinen zur
Leipziger Messe von 1779 vor. Überall werden die hervor-
ragende Charakterdarstellung Lessings, seine Sprache und
die dichterische Qualität des Stückes gelobt. Gelegentlich
spielt man auf die aktuelle Bedeutung des Stückes an:

... Und nun werden manche Leute glauben, daß ich dieses dramatische Gedicht von der ästhetischen Seite auch auf die – wie soll
ich sie nennen? – polemische herumkehren und Gift und Galle heraus und hineinpressen werde. Aber diese Seite liegt ausser meinem
Gebiet. Die Parabel, welche Nathan dem Sultan erzählt, da letzte-
rer wissen will: welcher von den drey Glauben, dem christlichen,
jüdischen und muhamedanischen, der beste sey? und Nathan für
keine entscheidet, könnte bedenklich und feindselig scheinen,
wenn die Parabel Lessings Erfindung wäre; sie ist aber aus dem
Bokkaz entlehnt. Andere bedenkliche Stellen mögen diejenigen
aufspüren, denen es entweder um Kampf, oder um Nahrung zu
thun ist. – Der Idealmensch Nathan könnte, so wie er ist, doch
eben sowohl ein solcher Christ, als ein *solcher* Jude seyn. ...

(Nürnbergische gelehrte Zeitung. Nürnberg 25. Mai 1779 nach:
J. W. Braun, Lessing im Urtheile seiner Zeitgenossen. Teil 2, Ber-
lin 1893, Reprint Hildesheim S. 213)

Von den Gesinnungen, oder so man will, Meynungen, derentwe-
gen manche den Nathan geschrieben zu seyn glauben, wollen wir
nichts sagen. Wie sie im Drama selbst vorkommen, sind sie jedem
Charakter gemäß. Warum jeder Charakter nun so ist und nicht
anders, wäre eine besondere Frage, die thun mag wer mehr Beruf
dazu hat. So viel versteht sich ja von selbst, daß ein Drama, wäre
es auch ein Lessingsches, nicht über ernste Wahrheiten zu entscheiden prätendiren kann. Für den mögte auch wol jede solche Wahrheit immer unentschieden bleiben, der daher Entscheidung annäh-
me. – Dem Gesagten zu Folge wird man schon vermuthen, daß
Nathan wol nicht leicht auf die Bühne gebracht werden dürfte; das
ist nun leider wol hier der Fall. Aber hat denn Lessing auch kein
Stück für unsre arme Bühne mehr?

(Kaiserlich privilegirte Hamburgische Neue Zeitung. Hamburg
18. Juni 1779. nach: Braun S. 217)

... dies ist die Arbeit, von der Herr Leßing in der Ankündigung
sagt, daß er Ursache hat selbst damit zufrieden zu seyn. Einer größeren Empfehlung bedarf das Werk keines Verfassers der Minna,
der Emilia, und des Laokoons, der doch sonst so ernstlich über
Unfruchtbarkeit des Genies klagt; nicht aus jenem demüthigen

Stolze, der so oft klagt um nicht geglaubt, um widersprochen zu werden, um mit dem Widerspruche den nagenden Dünkel zu laben, sondern so ernstlich klagt – Wem dies nicht Empfehlung genug ist, der lese und fühle selbst, was ein Kopf und ein Herz wie Lessings, vermögen, wenn sie gemeinschaftlich an ein Werk Hände legen, der lese und fühle selbst der menschlichen Absichten größte, die der höchsten Kunst Vorsatz ist, die wahrlich hier nicht ist, eines edeldenkenden Tempelherrn, eines großmüthigen Sultans, und eines rechtschaffenen Juden Möglichkeit, dichterisch zu zeigen! – Mehr von diesem Meisterstücke sage, wer kann und darf. Und dem Mufti, Patriarchen und Rabbi, dem auch dies vielleicht schon zuviel gesagt ist, antworten wir mit dem Richter im Osten: *Wenn des Nathans Wirkungen bei euren weisern Nachfolgern sich äussern: so laden wir über hundert, hundert, vielleicht, so Gott will, über funfzig funfzig Jahre, sie wiederum zu uns. Da wird ein weiserer Recensent an dieser Zeitung arbeiten, als wir: und sprechen. Geht!*

(Königlich privilegirte Staats- und gelehrte Zeitung. Berlin 27. Juli 1779 nach: Braun, S. 217f.)

In Briefen erscheint mehr als in öffentlichen Darstellungen das Ärgernis, das das dramatische Gedicht erregte:

Johann Georg Hamann an Johann Gottfried Herder am 6. Mai 1779:
Vorige Woche habe ich die 10 ersten Bogen von Nathan gelesen und mich recht daran geweidet. Kant hat sie aus Berl. erhalten, der sie bloß als den 2 Theil der Juden beurtheilt und keinen Helden aus diesem Volk leiden kann. So göttlich streng ist unsere Philosophie in ihren Vorurtheilen bey aller ihrer Tolerantz und Unpartheylichkeit!

(Hamanns Briefwechsel. 4. Bd. Hrsg. v. A. Henkel Wiesbaden 1959 S. 77)

Johann Wilhelm Ludwig Gleim an Lessing am 22. Juli 1779:
Urtheile der Bosheit und der Dummheit hört' ich die Menge; zum Besten der Menschen einen Juden, zum Schlimmsten, einen Christen zu machen, welch ein Verbrechen! Auch haben die Christen zu Dresden, deshalb, sagt man, ihn, den Besten der Menschen schon des Landes verwiesen. Nicht übel, denn nun erst wird man ihn suchen, und weiser werden.

(G. E. Lessings sämtl. Schriften. Hrsg. v. K. Lachmann, 3. Aufl. F. Muncker. 21. Bd. Leipzig 1907, S. 264)

Christoph Friedrich Nicolai an Tobias Philipp Freiherr von Gebler am 10. Oktober 1779:
Ich glaube nicht, daß *Lessings* Nathan, mit den Fragmenten und dem Streit darüber das geringste gemein hat. Seine Freunde wissen, daß er den Plan dazu lange vorher fertig gehabt hat. Meines Erachtens enthält dieß Stück theure Wahrheiten, welche gesagt wer-

den durften und musten. Billig solte es weder ein Verdienst noch ein Vorwurf seyn, zu sagen, daß ein Mensch in allen Religionen, weise, tugendhaft und glücklich leben kann, eben so wie es weder Verdienst noch Vorwurf ist zu sagen, daß zwey mahl zwey vier ist, oder daß Gott die Sonne auf alle Menschen ohne Unterschied der Religion scheinen läßt. Daß ein solches Stück in Wien verboten werde – doch ich mag diese Seite ferner nicht berühren.

Die einzige Beziehung welche Nathan auf den Streit wegen der Fragmente haben mag, wäre allenfalls, daß *Lessingen* bey dem Patriarchen *Goeze* in Hamburg beygefallen ist, und daß er jenem, von diesem einige Züge gegeben hat, sonst ist keine Beziehung da.

(R. Daunicht, Lessing im Gespräch, München 1971, S. 486 f.)

Bald meldeten sich neben einigen Zensoren auch andere gegen Lessings Theaterstück zu Wort. In Breslau verfaßte der Arzt Balthasar Ludwig Tralles eine zweiteilige Arbeit gegen den »Nathan«; der Hofprediger von Meiningen, Johann Georg Pfranger, wagte sich sogar mit einem dramatischen ›Nachtrag‹ zu Lessings Stück hervor, das 1782 in Dessau erschien. In der »Allgemeinen deutschen Bibliothek« die von Lessings Freund Nicolai herausgegeben wurde, steht 1785 eine ausführliche Darstellung, die so beginnt:

Die ganze Anlage des Stücks zeigt nicht von viel Erfindungskraft. Saladin liegt auf dem Tod krank, und bekömmt Gewissenszweifel wegen Nathans Fabel von den Ringen; nichts kann ihn trösten als ein Traum, worin er erst Mohammed, dann Moses, dann Christus am Kreuz sieht, dessen Worte zu ihm: *Heute wirst du mit mir im Paradiese seyn,* ihm zwar Gewißheit seines Todes, aber auch himmlische Beruhigung geben. Ein christlicher Arzt kömmt, und bekehrt Recha. Ein Mameluck und ein Imam (zugleich Geistlicher und Arzt) spinnen eine Verrätherey gegen Saladins Leben an, die sie dem christlichen Arzt Schuld geben wollen, dessen Unschuld sich aber zuletzt entdeckt. Saladin stirbt. . . . Der zugleich dumme und tolle Imam ist eine für ein ernsthaftes Lehrgedicht zu verächtliche und läppische Person, und vorzüglich ohne moralische Bedeutung. Sollte er aber etwa ein Gegenstück gegen den schurkischen Patriarchen seyn, so hat der Verfasser leider sein Original nicht verstanden, und nicht gefühlt, daß Lessing wahr und anschauend lehren wollte, wie tief mißverstandene Begriffe einer positiven Religion den Menschen erniedrigen können; . . .

(Braun S. 341 f.)

Vielleicht weil in den Rezensionen vielfach behauptet wurde, der »Nathan« sei nicht für die Bühne gemacht, wurde das Stück 1780 in Hamburg vorerst nur mit verteilten Rollen öffentlich gelesen. Die Theateruraufführung fand am 14. April 1783 in Berlin statt. Wie aus einer kurzen Nachricht darüber hervorgeht, galt bei dieser Aufführung dem Schauspieler des Nathan besondere Aufmerksamkeit. Dies bleibt bis ins 20. Jahrhundert ein Problem der Nathan-Aufführungen; gelegentlich entsteht der Eindruck, das Stück werde nur wegen eines Schauspielers in den Spielplan aufgenommen. Die Aufführungsnachricht spricht auch die Problematik der Rezeption durch die jüdische Bevölkerung an:

Vom hiesigen deutschen Theater.

Die merkwürdigste Erscheinung auf unsrer Bühne in diesem Jahre ist bis jezt *Nathan der Weise* von *Lessing* gewesen. Dieses dramatische Gedicht, über welches wir die schönen Briefe in den Jahrgängen von 1780 und 1781 dieser Zeitung nachzulesen bitten, wurde den 14. 15. und 16. April gegeben. Herr *Döbbelin* hatte keine Kosten gespart, dieses Meisterstück so würdig als möglich aufzuführen. Es waren neue Dekorationen und Kleider dazu verfertigt worden, und man konnte glauben, dieser Aufwand würde ihm tausendfach vergolten werden. Der erste Tag war dem Stücke günstig. Es herrschte eine feierliche Stille, man beklatschte jede rührende Situation, man munkelte allerseits von Göttlichkeiten, welche dieses Lehrgedicht belebten, man glaubte, unser Publikum werde das Haus stürmen, aber dies Publikum blieb bei der dritten Vorstellung Nathans beinahe ganz und gar zu Hause. Die Judenschaft, auf die man bei diesem Stücke sehr rechnen konnte, war, wie sie sich selbst verlauten ließ, zu bescheiden, eine Apologie anzuhören, die freilich nicht für die heutigen Juden geschrieben war, und so fanden sich nur sehr wenige, denen Nathan behagen wollte. Freilich hat das Stück wenig theatralisches – freilich ist's ein Miniaturgemälde, dessen Schönheiten in der Ferne ganz und gar verschwinden, aber man hätte Ferngläser mitnehmen, und sich so gut als möglich behelfen sollen, um für das Compliment, welches Herr *Döbbelin* dem Publikum damit machen wollte, nicht ganz unerkenntlich zu seyn. *Hr. Döbbelin* selbst war Nathan und gab ihn uns mit vieler Innigkeit; sein Spiel erinnerte uns noch immer an seine theatralischen Verdienste, durch die er den Harlekin verbannt und reinere Vergnügungen uns schmecken gelehrt hatte. . . .

Litteratur- und Theater-Zeitung, Berlin, 1783, 3. May.
(Braun S. 341)

Die nächsten Aufführungen fanden 1785 in Preßburg und 1801 in Magdeburg statt. Eine große theatralische Wirkung ging von der Inszenierung in Weimar am 28. November 1801 aus. Friedrich Schiller bearbeitete das Stück; durch Verskorrekturen und Veränderungen einiger Szenen machte er aus Lessings vieldeutigen Bezügen zur Wirklichkeit ein hochstilisiertes Schillersches Drama. Vor allem die realistische Geldproblematik hat Schiller offenbar nicht immer mit der dramatischen Motivation Lessings stehengelassen. Fast ein Drittel des dritten Auftritts im ersten Akt hat Schiller gestrichen; er übernahm Lessings Text bis Vers 406, die folgenden 50 ersetzte Schiller durch 17 neue:

NATHAN
Nun aber, daß du dich dazu entschlossen?

DERWISCH
Was mich verführte? Gut! so hört mich an!
Als ich von weisen Männern in der Wüste
Vernahm: wie in der Welt es eigentlich
An redlichen, an wackern Männern fehle!
Die recht im Ernst das Gute wollten. Wie
Man mit so Wenigem das Böse hindern,
Mit Wenigem das Beste fördern könne,
Warum, so dacht' ich, solltest du nicht auch
In diese Räder greifen? Deinen Willen,
Den besten, auch in Tat verwandeln? So
Kam ich hieher und sah und lernte hoffen,
Nahm Anteil an der Welt, und was noch schlimmer ist,
Am Staat, ich nahm ein Amt und stecke nun –

NATHAN
Grad wie ein Derwisch, der mit Himmelsgütern
Zu walten weiß und nun auch irdische
Verwalten soll.

DERWISCH
Und so geschieht mir recht.

Der Anfang von III, 4 bei Schiller ergibt einen völlig neuen Sultan, eine völlig andere Sittah:

VIERTER AUFTRITT

Szene: Ein Audienzsaal in dem Palaste des Sultans Saladin und Sittah.

SALADIN *im Hereintreten, gegen die Türe*
Hier bringt den Juden her, sobald er kömmt!
Er scheint sich eben nicht zu übereilen.

SITTAH
Er war auch wohl nicht bei der Hand; nicht gleich
Zu finden. Stimm nur nicht zu hastig!
Nimm diese Sache listig, wie sie ist!
Der Jude will ein Weiser heißen; diesmal
Soll er doch in die Klemme. Frag ihn ernstlich:
Welch einen Glauben er den besten preist,
Des Juden, Christen oder Muselmanns.
Antwort' er, wie er will; er wird gestraft.
Sagt er: des Juden! das muß dich beleidigen,
Des Muselmanns! warum ist er ein Jud'?
Den Christen wird er ohnehin nicht loben.
Spricht er aufrichtig; straf ihn tüchtig ab,
Und schmeichelt er; so straf ihn doppelt. Sieh,
Wofür hat er sein Geld, als daß er's zolle?
Nur zu!

SALADIN
O Schwester! Schwester!

SITTAH
Tust du doch,
Als stünde dir ein Treffen vor.

*(Schillers Werke. Nationalausgabe. 13. Bd., 1. Teil hrsg. v.
H. H. Borchardt, Weimar 1949, S. 177f. u. 220)*

In seiner berühmten Abhandlung »Über naive und senti-
mentalische Dichtung« kommentierte Schiller schon 1795
Lessings »Nathan« wobei er nicht bedachte, daß das Stück
als »dramatisches Gedicht« bezeichnet wird und nicht als
Tragödie oder Komödie:

Diese Freiheit des Gemüts in uns hervorzubringen und zu nähren, ist die schöne Aufgabe der Komödie, so wie die Tragödie bestimmt ist, die Gemütsfreiheit, wenn sie durch einen Affekt gewalt-
sam aufgehoben worden, auf ästhetischem Weg wiederherstellen
zu helfen. In der Tragödie muß daher die Gemütsfreiheit künstli-
cherweise und als Experiment aufgehoben werden, weil sie in Her-
stellung derselben ihre poetische Kraft beweist; in der Komödie
hingegen muß verhütet werden, daß es niemals zu jener Aufhebung der Gemütsfreiheit komme. Daher behandelt der Tragödien-
dichter seinen Gegenstand immer praktisch, der Komödiendichter
den seinigen immer theoretisch; auch wenn jener (wie Lessing in
seinem Nathan) die Grille hätte, einen theoretischen, dieser, einen
praktischen Stoff zu bearbeiten. Nicht das Gebiet, aus welchem
der Gegenstand genommen, sondern das Forum, vor welches der
Dichter ihn bringt, macht denselben tragisch oder komisch. Der
Tragiker muß sich vor dem ruhigen Räsonnement in acht nehmen
und immer das Herz interessieren; der Komiker muß sich vor dem

Pathos hüten und immer den Verstand unterhalten. Jener zeigt also durch beständige Erregung, dieser durch beständige Abwehrung der Leidenschaft seine Kunst; und diese Kunst ist natürlich auf beiden Seiten um so größer, je mehr der Gegenstand des einen abstrakter Natur ist und der des andern sich zum Pathetischen neigt*.

(F. Schiller, Sämtl. Werke, hrsg. v. G. Fricke u. H. Göpfert, 5. Bd., 5. Aufl., München 1975, S. 725)

Neben Schillers Verständnis bzw. Mißverständnis wirkte Friedrich Schlegels Einschätzung von Lessings Stück:

›Nathan‹ kam aber freilich aus dem Gemüt und dringt wieder hinein; er ist vom schwebenden Geist Gottes unverkennbar durchglüht und überhaucht. Nur scheint es schwer, ja fast unmöglich, das sonderbare Werk zu rubrizieren und unter Dach und Fach zu bringen. Wenn man auch mit einigem Recht sagen könnte, es sei der Gipfel von Lessings poetischem Genie, wie ›Emilia‹ seiner poetischen Kunst; wie denn allerdings im ›Nathan‹ alle dichterischen Funken, die Lessing hatte – nach seiner eigenen Meinung waren es nicht viele – am dichtesten und hellsten leuchten und sprühen: so hat doch die Philosophie wenigstens gleiches Recht, sich das Werk zu vindizieren, welches für eine Charakteristik des ganzen Mannes eigentlich das *klassische* ist, indem es Lessings Individualität aufs tiefste und vollständigste und doch mit vollendeter Popularität darstellt. Wer den ›Nathan‹ recht versteht, kennt Lessing.

(F. Schlegel 1797 über Lessing. Zitiert nach H. Steinmetz, Lessing – ein unpoetischer Dichter, Dokumente aus drei Jahrhunderten zur Wirkungsgeschichte Lessings in Deutschland, Frankfurt M. 1969, S. 182 f.)

Schlegel beruft sich auf die vielzitierte Selbstdarstellung in der »Hamburgischen Dramaturgie«, wo Lessing meinte, er sei kein Dichter, alles was er geschrieben habe, verdanke er der Kritik. Diese Selbsteinschätzung wird nun von der

---

* Im »Nathan dem Weisen« ist dieses nicht geschehen, hier hat die frostige Natur des Stoffs das ganze Kunstwerk erkältet. Aber Lessing wußte selbst, daß er kein Trauerspiel schrieb, und vergaß nur, menschlicherweise, in seiner eigenen Angelegenheit die in der »Dramaturgie« aufgestellte Lehre, daß der Dichter nicht befugt sei, die tragische Form zu einem andern als tragischen Zweck anzuwenden. Ohne sehr wesentliche Veränderungen würde es kaum möglich gewesen sein, dieses dramatische Gedicht in eine gute Tragödie umzuschaffen; aber mit bloß zufälligen Veränderungen möchte es eine gute Komödie abgegeben haben. Dem letzten Zweck nämlich hätte das Pathetische, dem erstern das Räsonierende aufgeopfert werden müssen, und es ist wohl keine Frage, auf welchem von beiden die Schönheit dieses Gedichts am meisten beruht.

romantischen Poesievorstellung her verstanden und bestimmt neben Schillers Urteil weithin das Bild Lessings als »unpoetischem Dichter« (Steinmetz). Einiges davon geht in die Nathan-Wirkung ein. Abweichungen im weiteren Wirkungsverlauf des 19. Jahrhunderts finden sich zuerst bei den Vertretern des ›Jungen Deutschland‹, bei Börne und Gutzkow, aber auch bei Heine.

Das Lessing- und teilweise auch das Nathanbild sind jedoch auch stets mit der Geschichte und der tonangebenden Meinung in Deutschland verkettet. Vereinfacht ergab sich folgende Grundtendenz: Der Mann Lessing wird gelobt; an seinem »Nathan« wird – mit mehr oder weniger Einschränkungen in ästhetischer, religiös-christlicher und nationaler Hinsicht – die ›Toleranz‹ gelobt, wobei eben diese Einschränkungen Basis neuer Intoleranz sind. Für die Behandlung des »Nathan« in der Schule hat dies Dominik von König dargestellt (Vgl. Lessing-Yearbook VI, 1974, S. 108–138).

Soll der »Nathan« Unterrichtsstoff sein?
Die Ablehnung:

Nun verkenne ich keineswegs den Ideengehalt von Lessings ›Nathan dem Weisen‹. Ich würde gerade in der deutschen Literatur ein wesentliches, eine Seite unserer Nationalität scharf bezeichnendes Kunstwerk vermissen, wenn ich dies dramatische Gedicht entbehren sollte; doch aber kenne ich auf unseren Gymnasien und höheren Lehranstalten keine Bildungsstufe, auf welcher ich es behandelt wissen möchte. Sein künstlerischer und literarhistorischer Wert entzieht sich dem Verständnis der Schüler auf allen Stufen, seine Bedeutung läßt die Jugend bestenfalls kalt, seine Schönheit erwärmt keinen unserer Schüler; denn einzelne Frühreife geben keinen Maßstab für die große Masse. Fragt man die Jugend nach ihrer Teilnahme am ›Nathan‹, verlangt man ernstlich ein ehrliches und aufrichtiges Bekenntnis, so schied sie vom Sehen und Hören ohne innere Befriedigung; sie hat keine Vorstellung gewonnen, bei welcher sie mit Vorliebe ausruhete, keine plastische Anschauung, bei welcher sie gern verweilte, keine sittliche Erwärmung, die in ihr belebend nachwirken möchte; sie steht dem Werke wie ein Laie einem Raffael gegenüber und kann sich gar nicht klar machen, warum denn diese Kunstschöpfung bewundert werde, sie glaubt an die Schönheit aus Tradition und weil das reifere Alter solche gepriesen und bekannt hatte. Was aber soll eine solche Lektüre auf den höheren Lehranstalten? Nun – so möchte man sagen – soll sie eben durch verständige Mittel, durch gute Kommentare der Jugend nahegeführt und zugänglich gemacht werden. Ja, wenn sich wirklich dann für die Jugendbildung von dem Werke ein Segen erwarten ließe; denn das Wort von dem Mißbrauch jener Perle darf auf keiner Stufe der Bildung auf unsere Jugend angewendet werden, weil wahrhaft Schönes, ja selbst das Kostbarste nicht zu kostbar ist, wenn es die Jugend wahrhaft bilden und nähren kann. Bei ›Nathan dem Weisen‹ aber gibt es kein Mittel, welches ohne Schaden für die Jugend und ohne dem Zweck unserer höheren Lehranstalten, die in ihrer Weise zu sein geschichtlich aus der Kirche hervorgegangen, geradezu in das Gesicht zu schlagen, diese in das volle Verständnis rückhaltlos hineinführen möchte; und ein halbes Verständnis ist eben keines! Davor aber hüte man die Jugend am allermeisten, daß sie zu verstehen vermeine, wo sie eben nicht versteht.

›Nathan‹ ist mehr die Frucht der Polemik als des Genius, oder, wie sich Lessing auch ausdrückt, der Sohn seines eintretenden Alters, den die Polemik entbinden helfen. Ja, der Dichter selbst will sich genügen lassen, »wenn ›Nathan‹ sich mit Interesse lieset und unter tausend Lesern nur einer an der Evidenz und Allgemeinheit seiner Religion zweifeln lernt.« Goethe erkannte, daß in diesem Stücke der Verstand fast allein spricht, Schiller, der das Werk nicht liebte, erklärte auch, daß seine Schönheiten im Räsonieren lägen, und Friedr. Schlegel warf dem Dichter vor: die dramatische Form sei nur Vehikel, und nannte Lessings Gedicht ein Elementarbuch des höheren Zynismus; A. W. v. Schlegel meinte: es sei geschrieben, den Theologen einen Possen zu spielen. Wohl weiß der Verständige, wieviel an diesem Tadel übertrieben ist oder unbegründet; er weiß aber auch, wieviel davon wahr ist; er weiß namentlich, daß sich eine wunderbare Kühle über das ganze Werk ergießt, welche den jugendlichen Leser in keinem Schwunge dahinreißt; er weiß, daß, wenn auch Lessing selber sagt, es würde der ›Nathan‹ ein so rührendes Stück, als er nur immer gemacht habe, doch die Jugend selbst von dieser Rührung kaum etwas und nur bei der Erzählung des Judenmordes zu Gad ein Mehr empfindet.

Aber geben wir selbst zu, es soll auch einmal der Jugend etwas geboten werden, was, ohne auf dem Kothurngang einherzugehen, ohne das Pathos der Jugend zu erregen, nur durch seine Verständigkeit wirken will und lediglich durch den Verstand gewonnen werden kann. Wenn dies geschehen soll, darf dann gerade Polemik, und solche Polemik, geboten werden, welche, wie Lessing sagt, gegen *alle* positive Religion gerichtet ist? Einführung in Polemik ist ohne Segen für die Jugend und höchstens zur Schärfung des Witzes und als Verstandesspiel ein oder das andere Mal zulässig. Hier nun ist ein ganzes Drama auf Polemik basiert, und zwar auf eine Polemik, die gerade gegen dasjenige ankämpft, was der Jugend am meisten nottut und was die Aufgabe der höheren Lehranstalten nicht ist zu untergraben, gegen den Glauben. Wir bauen in der Jugend die positive Religion an und wollen es rechtfertigen, wenn die deutsche Lektüre den Zweifel dagegen zu erwecken sich

Nathan. Stahlstich von 1868

zur Aufgabe stellt? Und an der Evidenz und Allgemeinheit seiner Religion – so war ja Lessings Wort – soll zweifeln lernen, wer den ›Nathan‹ liest. Wir sollten bauen wollen, um selber wieder einzureißen? Das wäre ein kindisches Spiel! – Mit der einen Hand geben wir, um mit der anderen zu nehmen? Das wäre grausam und unsittlich!

(E. Köpke, Über ›Nathan den Weisen‹ in: Zeitschrift für das Gymnasialwesen ... 10, 1856, S. 183ff. Nach: Steinmetz S. 33f.)

Die Befürwortung:

Dem *Nathan* allein hat Lessing durch die poetische Form das Siegel einer höheren Weihe aufgedrückt, als dramatisches Kunstwerk im ganzen genommen aber steht dieses Stück infolge seiner didaktischen Absichtlichkeit den beiden genannten nach, und bekanntlich hat sich unter Pädagogen die Frage erhoben, ob man es nicht um seiner Tendenz willen aus dem Kreise der Schullektüre entschieden verbannen soll, oder ob nicht vielmehr die Schule dafür zu sorgen hat, daß die Würdigung dieser Dichtung nicht dem Zufall und dem darüber vielfach irregeleiteten Zeitgeiste überlassen werde. Wir stehen nicht an, uns aus vollster Überzeugung zu dieser letzteren Ansicht zu bekennen. *Nathan der Weise* ist durch den reflektierenden Charakter der Poesie, durch den geschichtlichen Schauplatz, auf welchem er spielt, und namentlich durch den Zusammenhang mit dem geschichtlichen Boden, auf welchem er erwachsen ist, ganz besonders geeignet, in der Schule kommentiert zu werden ... Diesen Zusammenhang des Gedichtes mit seiner Zeit und des Verfassers Stellung innerhalb derselben hat der Lehrer nachzuweisen und zu erläutern, zu zeigen, wie nach Lessings eigenem Ausdrucke, *Nathan* ein Kind der Polemik ist, und wie ihm in der Tat noch viel Erde von dem Boden, welchem er entsprossen ist, an der Wurzel hängt ...

(G. Baur, Lessing. In: Encyklopädie des gesamten Erziehungs- und Unterrichtswesens. Hrsg. v. K. A. Schmid, Gotha 1865, IV, 44, zitiert nach Dominik von König, S. 114f.)

Die Befürwortung hat sich durchgesetzt: Bis 1933 gehörte der »Nathan« zum Kanon des Schulunterrichts.

Daneben wurde für die deutsche jüdische Bevölkerung der »Nathan« mehr als ein Jahrhundert lang *das* Emanzipationsstück.

Moses Mendelssohn verfaßte 1785 die »Morgenstunden, oder Vorlesungen über das Dasein Gottes«, womit er sich u. a. gegen die nach Lessings Tod Aufsehen erregende Veröffentlichung wandte, Lessing sei ein Spinozist gewesen.

Mendelssohn sieht im »Nathan« seine und Lessings Welt-
anschauung, eine Lehre der Größe und Herablassung Gottes, die als Gegenstück zu Voltaires Roman »Candide oder
der Optimismus« aufgefaßt werden könne. Der Rabbiner
Abraham Mey Goldschmidt hielt 1860 eine Rede zu einer
Lessingfeier. Darin heißt es:

> Und so ist und bleibt denn der ›Nathan‹ eine der kostbarsten
> Perlen der deutschen Literatur: nicht nur, wie Gervinus treffend
> sagt, neben Goethes ›Faust‹ das »Eigentümlichste und Deutscheste,
> das die neuere Poesie geschaffen hat«, – es ist der »Nathan« ein
> *historisches Ereignis, eine geschichtliche Tat.* – Durch ihn hat Les-
> sing nicht nur die deutsche Literatur mit einer ihrer schönsten
> Zierden beschenkt; er hat eine ganze, numerisch nicht unbedeuten-
> de Klasse – die Juden Deutschlands – mit dem deutschen Vaterlan-
> de beschenkt! Lessing, der Mann der Denk- und Glaubensfreiheit,
> war der rechte Mann, um bei einem Volksstamme Sympathien zu
> wecken, dem, trotz des vielhundertjährigen politischen Druckes,
> der auf ihm lastete, Denk- und Glaubensfreiheit als der unveräu-
> ßerlichste, teuerste Besitz galt. Darum erstreckt sich der Einfluß
> Lessings auf die Juden weit über die Grenzen Deutschlands hinaus.

(zitiert nach Steinmetz, S. 346f.)

Doch schon bald regte sich der zunehmende Antisemitismus im Urteil über Lessings »Nathan«. Der Journalist Eu-
gen Dühring verfaßte mehrere Schriften, in denen er gegen
eine »allgemeine Verjudung der Denkweise« als Rassen-
schädlichkeit wetterte; er sah schon in Lessings Schriften
gegen Goeze und im »Nathan«, zwei »Arbeiten auf einem
sehr niedrigen Geistesniveau«.

Nach dem ersten Weltkrieg war jedoch für viele Juden
die Figur eines anderen Theaterstücks Anlaß zur Auseinandersetzung: Shylock in Shakespeares »Kaufmann von Ve-
nedig«. An dieser jüdischen Kaufmannsgestalt treten die
ökonomischen Fragen im Bündel der antisemitischen Vorurteile krasser an die Oberfläche. Einen Ansatz dafür lieferte Kuno Fischer schon 1864. Er behandelte die Frage,
warum Nathan ein Jude sei:

> Und nun nehme ich eine Religion, die von Natur unduldsam
> und stolz ist, der Stolz ist nie hartnäckiger, als wenn er unter-
> drückt wird; ich nehme von allen Religionen der Welt diejenige,
> welche zugleich die stolzeste und die unterdrückteste ist, und jetzt
> zweifle ich, ob aus diesen Bedingungen noch Duldung hervorgehen
> kann? Ich denke mir einen Menschen, dem seine Religion erlaubt,
> sich für auserwählt von Gott zu halten, – den die Welt dazu ver-

dammt, sich von den Menschen verworfen und verachtet zu sehen: wenn seine Seele diesem zweifachen Drucke erliegt, so muß sie sich nach dem natürlichen Laufe der menschlichen Leidenschaften ganz in Haß und Rache verzehren; es wird sich hier ein Rachedurst entzünden, der dämonisch und in niedrigen Naturen so bestialisch wüthet, daß er das Fleisch vom Herzen des Feindes losreißen möchte, sei es auch nur, um »Fische mit zu ködern«. Auf diesem Wege kommt es zu einem *Shylock*. Und wenn eine große Seele diese Leidenschaften, die in ihrer niedrigsten und häßlichsten Ungestalt einen Shylock machen, überwältigt; wenn sie ihrem Glauben, der zugleich der stolzeste und der unterdrückteste ist, die Duldung abringt, so kommt es zu einem *Nathan*. Diese Duldung hat den schwersten Kampf bestanden. Und was wäre auch die Duldung, wenn sie nicht *geduldet* und gelitten hätte? Hier sehe ich, was sich der gottergebene Mensch für Thaten abgewinnen kann. Mit dieser Duldung wird er freilich nicht mehr diesen Glauben repräsentiren, aber die Duldung wäre leicht, sie wäre nicht was sie ist, wenn er diesen Glauben gering schätzte, wenn er innerlich nichts mit ihm gemein hätte. Er fühlt ihn immer noch als den seinigen, als den Glauben seines Volks und seiner Väter, mit dem er durch tausend unlösbare Bande verknüpft ist: er repräsentirt das Judenthum nicht, aber er ist ein Jude und bleibt einer. *Nicht weil das Judenthum die Religion der Duldung, sondern weil es das Gegentheil ist: darum ist Nathan ein Jude.*

(K. Fischer, Lessings ›Nathan der Weise‹. Die Idee und die Charaktere. 5. Aufl. Stuttgart, Berlin 1905, S. 168–170)

Ab 1933 zeigen sich dann die antisemitischen Konsequenzen in der ›völkischen‹ Ideologie auch in der Bewertung des »Nathan«. Adolf Bartels meint in »Lessing und die Juden«, dieses Theaterstück zeige zwar viele jüdische Einflüsse, aber für das 18. Jahrhundert sei es dennoch ein brauchbares Stück gewesen. Heute aber, 1934, sei es geistig rückständig, man kenne im Gegensatz zu Lessing die Juden genauer; auch glaube man heute, daß Jesus schon wegen seines arischen Blutes gegen den jüdischen Geist aufgetreten sei und somit sei auch die Aussage des Klosterbruders »Daß unser Herr . . . ein Jude war« falsch.

In der Schule wurde von 1933–1945 die Behandlung des »Nathan« verboten. Hieß es doch schon im 19. Jahrhundert in einer »Geschichte der deutschen National-Litteratur . . . Für Schule und Selbstbelehrung«: Lessing habe zwar einen scharfen Verstand gehabt, sei aber ein schlechter Patriot und ein noch schlechterer Christ gewesen. Neben dem Antisemitismus wirken sich jetzt im Faschismus die natio-

nalen und christlichen Einschränkungen deutlich aus. Auf
den deutschen Bühnen war zwischen 1933 und 1945 keine
Zeit für Lessings »Nathan«. Doch es gab auch hier eine
Ausnahme: Am 1. Oktober 1933 begann das Theater des
Berliner Jüdischen Kulturbundes seine Vorstellungen mit
diesem Stück. (Vgl. H. Freeden, Jüdisches Theater in Nazi-
deutschland, Tübingen 1964, S. 27ff.)

Das noch kaum erarbeitete Thema von Lessings Theater-
stücken im Kino beginnt für den »Nathan« mit der Urauf-
führung einer Verfilmung unter dem Titel »Die Träne Gottes« am 28. Dezember 1922. Ob dieses Kinostück noch
nach 1933 zu sehen war, ist nicht bekannt. Wie auch immer, sicherlich hat in die Zeit des Faschismus besser die
Friedrichs Preußen und den Krieg glorifizierende Verfilmung von Lessings »Minna« unter dem Titel »Fräulein von
Barnhelm« gepaßt.

Mit Karl Marx' Analyse des Kapitalismus und seiner Beurteilung der Judenfrage hätte sich eigentlich im 19. Jahrhundert schon eine lebhafte Diskussion um Lessings »Nathan« entwickeln können. Doch der Journalist Franz Mehring griff als einziger dieses heiße Eisen auf. In seiner »Lessing-Legende«, einer sozialistischen, polemischen Abrech-
nung mit den deutsch-nationalen Lessing-Arbeiten des
19. Jahrhunderts schrieb er 1893:

›Nathan‹ ist reich an schönen und tiefen Worten, die wir gar
manches Mal freilich lieber in Lessings klassischer Prosa, als in
seinen holperigen Versen besitzen möchten, und einzelne Neben-
charaktere, wie der Derwisch, der Klosterbruder, der Patriarch,
der immerhin nicht den orthodoxen Fanatiker Goeze, aber wohl
den orthodoxen Fanatismus plastisch verkörpert, sind zu klassischen Gestalten geworden. Nicht zu vergessen des Herzbluts, mit
dem Lessing die Szenen zwischen Nathan und Recha tränkte; es
war eine der letzten Infamien der deutschen Philister an Lessing,
daß sie ihm durch nichtswürdige Klatschereien den Schatten häus-
lichen Glücks zerstören wollten, den ihm die kindliche Liebe seiner
Stieftochter Malchen schuf. Aber die gänzlich unhistorischen Vor-
aussetzungen des Stückes, und die fast ifflandische Gemütlichkeit,
womit sich Jude, Sultan und Tempelherr über Toleranz unterhalten, haben dem ›Nathan‹ das schlimmste Schicksal bereitet, das
einem Werke von Lessing zustoßen kann; er ist zum Banner desselben breimäuligen und schwatzschweifigen Aufklärichts geworden,
gegen den Lessing gerade sein gutes Schwert gezogen hatte. . . .
Kein Mensch, auch der klügste nicht, kann über den Gedanken-

Ernst Deutsch als Nathan, Schiller-Theater Berlin, 1955

kreis seiner Zeit hinaus; was wir auf dem heutigen Standpunkt der wissenschaftlichen Erkenntnis wissen, daß sich nämlich in den historischen Religionen immer nur die ökonomischen Entwicklungskämpfe der Menschheit widerspiegeln, das konnte Lessing höchstens, wie ein Satz in seinen ›Freimaurergesprächen‹ zeigt, ganz von fern ahnen. Vom bürgerlich-ideologischen Standpunkt aus sah Lessing in dem Hader der Religionen nicht die Wirkung, sondern die Ursache der sozialen Kämpfe; er meinte ›Noch kenne ich keinen Ort in Deutschland, wo dieses Stück schon itzt aufgeführt werden könnte. Aber Heil und Glück dem, wo es zuerst aufgeführt wird.‹ Nun, schon zwei Jahre nach seinem Tode wurde ›Nathan‹ in Berlin aufgeführt und was war es denn mehr? Deshalb benutzte Friedrichs aufgeklärter Despotismus die positiven Religionen nicht weniger als Machtmittel seiner Regierung; deshalb gediehen die jüdischen Wucherer Ephraim und Itzig nicht weniger zur ›Freiheit von christlichen Bankiers‹ während der jüdische Philosoph Moses nur eben eine rechtliche Duldung genoß und seine Tochter Recha nicht einmal hatte, wo sie nach seinem Tode ihr Haupt hinlegen durfte. Aber je weniger Lessing nach dem Erkenntnisvermögen seiner Zeit auf den tiefsten Grund der Dinge blicken konnte, um so bewundernswerter ist die geistige Klarheit, womit er praktisch den Standpunkt vertrat, über den die Besten unserer Zeit nicht hinausgekommen sind und auch jetzt nicht hinauskommen wollen, auf den die halben Aufklärer unserer Tage so wenig gelangen können, wie ihre Vorfahren vor hundert Jahren: den Standpunkt, daß der religiöse Glaube die private Sache jedes einzelnen Menschen sei, um derentwillen er schlechterdings nicht behelligt werden dürfe, daß aber eben deshalb auch alle Religion, die sich zum Kappzaum der wissenschaftlichen Forschung oder zur Waffe der sozialen Unterdrückung mache, rücksichtslos bekämpft werden müsse, sie sei welche sie wolle. Und wenn der Jüngling alle geoffenbarten Religionen gleich wahr und gleich falsch genannt hatte, so gab der alternde Mann in demselben Gedankengange der Parabel von den drei Ringen, die schon seit den Tagen der Kreuzzüge durch die Weltliteratur lief, die bezeichnende Wendung: *kein* Ring ist der echte, der echte Ring vermutlich ging verloren, aber wer seinen Ring den echten glaubt, der eifre die Kraft des Steins in seinem Ring mit herzlicher Verträglichkeit, mit Wohltun an den Tag zu legen.

Nichts törichter daher, als im »Nathan« eine Verunglimpfung des Christentums oder gar eine Verherrlichung des Judentums zu suchen. Es ist ein schnöder Verrat an Lessing, wenn der philosemitische Kapitalismus sich unter dem Banner des ›Nathan‹ zu scharen versucht. Lessing nahm den Juden einfach aus der Novelle des Boccaccio, die ihm die Parabel von den drei Ringen lieferte. Er hat, wie jede soziale Unterdrückung, so die soziale Unterdrückung der Juden bekämpft, aber die heutzutage der Menschheit von der ›Freisinnigen Zeitung‹ auferlegte Verpflichtung, in jedem jüdischen Börsenjobber lieber gleich den Erzengel Gabriel zu verehren, hat seine freie Seele noch nicht geahnt. Er kannte neben den Licht-

auch die Schattenseiten des jüdischen Charakters sehr wohl und über die jüdische Unduldsamkeit hat er genau mit derselben Verachtung gesprochen, wie über die pfäffische. Aber mit dem politischen Takte eines rechten Kämpfers wußte er, daß man die Unterdrückten nicht striegeln darf, so lange man die Unterdrücker bekämpfen muß. So sparte er sich die Kritik des Judentums, die andere, große Denker und Dichter unserer klassischen Literatur sich nicht sparen zu sollen glaubten. Dafür prangen ihre Namen denn nun auch in der Leporelloliste des Antisemitismus, während es Lessings bleibender Ruhm ist, daß sich weder die Antisemiten, noch die Philosemiten mit irgendwelchem Recht auf ihn berufen dürfen.

(F. Mehring, die Lessing-Legende. Mit einer Einleitg. von R. Gruenter. Frankfurt M., Berlin/Wien 1972, S. 367ff.)

Die Aufhebung des Kapitalismus bewirke für die Juden die Aufhebung ihres ›Judentums‹ und also ihre Emanzipation: so – sehr vereinfacht – die Stellungnahme von Karl Marx zur Judenfrage. Zu Lessings Zeiten stellte sich die Frage anders: Die Aufhebung des Feudalismus zur bürgerlichen Gesellschaft ist die Emanzipation zum Judentum hin, zur Wirklichkeit des Erwerbs und Nutzen des Einzelnen. Und mit solchem Denkzusammenhang glauben einige neuere Arbeiten und neueste Theateraufführungen, eine angemessene Verständnisbasis für Lessings dramatisches Gedicht gefunden zu haben. Mit dieser Deutung, und das macht ein wesentliches Moment des heutigen Nathanverständnisses aus, geht eine radikale Enttheologisierung des Stücks einher.

Auf dem Theater nach 1945 spielte man »Nathan den Weisen« häufig. Er wurde dort wie in der Behandlung an der Schule zum ›Wiedergutmachungsstück‹. Wie das Drama heute auf der Bühne wiedergegeben wird, möge sich der Leser nach seinen Möglichkeiten beantworten. In der Schule liest man Lessings »Nathan der Weise« immer noch, wenn auch nicht überall. In der DDR laut Lehrplan so:

Gotthold Ephraim Lessing Der Besitzer des Bogens
                        Nathan der Weise (Ringparabel)
                        Hamburgische Dramaturgie (Auszug)
                        (5 Std.)

Die Behandlung soll den Schülern ein lebendiges Bild der Persönlichkeit Lessings vermitteln: der Einheit von bedeutendem Künstler und großem Charakter. Ausgehend von den Werken sind die Schüler zu folgenden Einsichten und Erkenntnissen zu führen:

Lessing als Vertreter der deutschen Aufklärung, der die humanistischen Forderungen des aufstrebenden Bürgertums – Befreiung von feudal-absolutistischer Bevormundung und Unterdrückung, Verteidigung der Vernunft und der Menschenwürde, das Recht auf Entwicklung der Persönlichkeit – zu seinem persönlichen Anliegen gemacht hat.

Lessings große schriftstellerische Leistung, seine zukunftsweisende Humanitätsauffassung, die die Forderung nach humaner Gesinnung und humanistischem Handeln umfaßt, die von ihm gelebte Einheit von Wort und Tat, seine unbestechliche Wahrheitsliebe.

Lessings aufopferungsvolles Bemühen um die Schaffung einer deutschen Nationalliteratur und eines deutschen Nationaltheaters, sein beispielgebender Kampf für die Unabhängigkeit und die Würde des Schriftstellers.

Die Einheit von bedeutendem Werk und großem Charakter als Erklärung für Lessings großen Einfluß auf seine Zeitgenossen und auf die Nachwelt.

Da Lessings Nationalbewußtsein und seine demokratische Haltung auf die deutsche Nationalliteratur in der Epoche ihrer klassischen Ausprägung hinweisen, muß von hier aus die Kontinuität der Entfaltung einer bürgerlichen Nationalliteratur sichtbar gemacht werden.

Nathan der Weise (Ringparabel)

Die Schüler begreifen das Schauspiel als Lessings weltanschauliches Bekenntnis. Die Behandlung konzentriert sich auf die entscheidenden Szenen, vor allem auf die Ringparabel; das weitere Handlungsgeschehen wird vom Lehrer in eine Betrachtung einbezogen. Die Schüler werden befähigt, eine zusammenfassende Interpretation der Ringparabel zu geben.

Behandlungsschwerpunkte

Der Streit mit den Orthodoxen als Anlaß für die Abfassung des Schauspiels – Lessings rationale Grundposition gegenüber den Religionen; Lessings Verarbeitung der von Boccaccio übernommenen Geschichte von den drei Ringen.

Die Ringparabel als ideelles Kernstück des Schauspiels. Lessings Bewertung der Religion: die Religionen als Produkte menschlicher Entwicklung, ihr ethischer Zweck, die Bewährung des Menschen im Handeln als Kriterium seines Wertes.

Die Haltung und das Urteil des Dichters, seine Aufforderung zu humanistischem Handeln, zur Vervollkommnung der Persönlichkeit durch praktische Humanität.

Die Bewährung der einzelnen Figuren in ihrem Verhalten und in ihren Handlungen. Nathan als Verkörperung des Lessingschen Ideals, der zukunftsweisende und utopische Charakter dieses Ideals.

Das Urteil über Lessings Schauspiel im 19. und 20. Jahrhundert. (Hinweis auf das Aufführungsverbot während der Zeit des Faschismus, auf die Wiederaufführung des Dramas im Deutschen Theater in Berlin nach der Befreiung vom Faschismus.)

(Lehrplan für Deutsche Sprache und Literatur. Klasse 9, hrsg. v. Ministerrat der Deutschen Demokratischen Republik, Ministerium für Volksbildung. Berlin 1971, S. 54–56)

In der Bundesrepublik existiert im bunten Sammelsurium von Richtlinien, Unterrichtsempfehlungen und für den Schulgebrauch zugelassenen Arbeitsheften und Schulbüchern kein analoges Beispiel. Als Vergleich nur die im Bundesland Niedersachsen gültigen Richtlinien:

Beispiele für Arbeitskreise in der Oberstufe

. . . Jeder Dichter ist denen verpflichtet, die vor und neben ihm waren; auch er ist Zeitgenosse. Es gibt keine überzeitlichen Werke in dem Sinn, daß der Zeitpunkt und der Umkreis ihres Entstehens gleichgültig wären. In jeder der in den Arbeitskreisen angegebenen Dichtungen stellt sich eine Epoche der literarischen Entwicklung exemplarisch dar. Deshalb ist es notwendig, theoretische Texte hinzuzuziehen, die für die entsprechende Zeit typisch sind. So können für die jungen Menschen vergangene Epochen lebendig werden.

Jede Zeit hat ihre eigenen Auffassungen von der Poetik. Bei der Besprechung der Dichtungen in Arbeitskreisen werden daher auch Fragen der Poetik angerührt, die vielen jungen Menschen zunächst fernliegen . . .

[Es folgt dann ein Vorschlag mit Texten von Sophokles, Anouilh, Goethe, Büchner und Beckett formuliert, mit denen in Fragen zu Thema, Epoche und Gestalt eingeführt werden soll. Es heißt dazu:]

Jedes der Werke wirft die Frage nach der Stellung des Menschen zum Mitmenschen und seiner Beziehung zum Metaphysischen auf. Dieser Gemeinsamkeit aller Texte in der Fragestellung entspricht bei der hier gemeinten pädagogischen Absicht gerade auch ihre Unterschiedlichkeit im einzelnen. Zwischen Sophokles und Anouilhs ›Antigone‹ liegt gleichsam die Spannungsweite unserer Kultur von der Antike bis zur Gegenwart. Diese Spannung wird dem Schüler in der Gegenüberstellung thematisch ähnlicher Werke, die Jahrtausende auseinander liegen, leicht verständlich. Er gewinnt das Bewußtsein von der Geschlossenheit und Einmaligkeit der Epochen.

Rückt man dagegen die zeitliche Nähe von Goethes Iphigenie und Büchners Woyzeck ins Blickfeld, so erhebt sich die Frage, wie solche Gegensätzlichkeit innerhalb weniger Jahrzehnte möglich ist. Die bisherige Vorstellung von der Epoche als zeitlich geschlossener

Einheit wird aufgehoben. Es bildet sich im jungen Menschen das Bewußtsein von der gegensätzlichen Vielfalt innerhalb des geistigen Raumes einer Zeit . . .

[In einem zweiten Vorschlag taucht Lessings »Nathan der Weise« auf neben dem Nibelungenlied, Goethes »Iphigenie auf Tauris« u. a. bis hin zu Kipphardts »In der Sache J. Robert Oppenheimer«. Abschließend folgt:]

Diese Gruppe kann auf ähnliche Weise besprochen werden. Der thematische Gesichtspunkt ist dahingehend verändert, daß in jedem der Werke die Fragen nach der Bindung an ethische Werte im Vordergrund steht.

(Allg. Richtlinien und Richtlinien für den Deutschunterricht. Hrsg. v. Niedersächs. Kultusministerium, 2. Aufl., Hannover 1966, S. 81–83)

In den neueren »Handreichungen für den Sekundarbereich« von 1973 sind Kursprogramme, z. B. für die ›Deutsche Literatur im Zeitalter der Aufklärung‹ ausgearbeitet, wo im 3. Teil, ausgehend von Lessings »Erziehung des Menschengeschlechts«, Kants Vorstellungen vom moralischen Gesetz und von der Ringparabel im »Nathan« die »Emanzipation des moralischen und religiösen Bewußtseins« erarbeitet werden sollen.

»Praktische Humanität« oder »ethische Werte« – solche Formeln gegenüber dem »Nathan« in der BRD wie der DDR zeigen, daß die Herausforderung dieses Stückes nur teilweise angenommen und daß der Provokation einer politisch zu definierenden Toleranz ausgewichen wird.

Was passiert mit diesem Theaterstück »Nathan der Weise«, mit der Toleranz- und Humanismusdichtung in unseren Köpfen?

Lessing, der in den letzten zweihundert Jahren unterschiedlich verehrt wurde, muß nicht im Göttertempel und damit außer der Wirklichkeit bleiben. Hat dieser Autor doch selbst die Möglichkeit der Toleranz nicht an sich, sondern in optimistischer Weise als Erziehungsprozeß unter konkreten Bedingungen gezeigt.

Der vom Bürger Nathan belehrte absolute Herrscher ist Oberhaupt einer sich wiederfindenden gemischt religiösen Familie; zu ihr gehören die von Nathan im humanistischen Geist erzogene Recha und der entwaffnete und verwirrte

266

Soldat, dem eine Heirat mit der Geliebten, seiner plötzlichen Schwester, verwehrt bleibt. Außerhalb dieser Familie leben die übrigen grundverschieden. Der christliche Bischof wird seinen blutigen Missionskrieg weiterführen, das böslistige Kindermädchen wartet auf ihre Heimkehr, der zurückgetretene Finanzminister spielt am Ganges Schach und der Mönch wird sich in seine Einsamkeit zurückziehen.

Und Nathan, der Freund der Familie, der mit Weisheit und Kapital, Neigung und Gottvertrauen die Familienmitglieder zur Toleranz überredet, überlistet, erzogen hat, der sehr weise und sehr reiche Kaufmann, der »emanzipierte Jude«, er bleibt endlich sich selbst überlassen, nachdem er Al Hafi vergeblich bat, auf ihn zu warten.

Sind sie nun alle, der Derwisch, Nathan, Recha, der Tempelherr – und der heutige Leser oder Zuschauer – Beglückte oder Betrogene dieses dramtischen Spiels? Haben sie den Raum eines konkret-utopischen Lebens erobert? Die Frage, ob sie Vorbilder sind oder nicht, haben wir als Handelnde zu beantworten.

Größere Lessing-Ausgaben:

G. E. Lessing, Gesammelte Werke, hrsg. v. P. Rilla, Bd. 1–10, 2. Aufl., Berlin, Weimar 1968.

G. E. Lessing, Werke, hrsg. v. H. G. Göpfert, Bd. 1–8, München 1970 ff.

Bibliographien, Forschungsberichte, Arbeitsbücher:

K. S. Guthke, Der Stand der Lessing-Forschung. Ein Bericht über die Literatur von 1932–1962. Stuttgart 1965 (Sonderdruck aus: Deutsche Vierteljahresschrift für Literaturwissenschaft und Geistesgeschichte 38, 1964, Sonderheft).

Lessings Leben und Werk in Daten und Bildern. Hrsg. v. K. Wölfel, Frankfurt M. 1967.

Lessing Yearbook I ff., München 1969 ff.

Lessing Bibliographie. Bearb. v. S. Seifert. Berlin, Weimar 1973.

K. S. Guthke, G. E. Lessing. 2., völlig neu bearb. Aufl., Stuttgart 1973 (Sammlung Metzler, Realien zur Literatur)

Lessing. Epoche – Werk – Wirkung. Von W. Barner u. a. München 1975 (Arbeitsbücher für den literaturgeschichtlichen Unterricht).

WAGENBACHS TASCHENBÜCHEREI

Franz Kafka, In der Strafkolonie. Eine Geschichte aus dem Jahre 1914. Mit Materialien, Chronik und Anmerkungen von Klaus Wagenbach. WAT 1. 96 Seiten. DM 7.50

Faust, Ein deutscher Mann. Die Geburt einer Legende und ihr Fortleben in den Köpfen. Lesebuch von Klaus Völker. WAT 2. 192 Seiten. DM 9,50

1848/49: Bürgerkrieg in Baden. Chronik einer verlorenen Revolution. Zusammengestellt von Wolfgang Dreßen. WAT 3. 160 Seiten. DM 8,50

Länderkunde: Indonesien. Von Einar Schlereth. WAT 4. 128 Seiten. DM 9,50

Schlaraffenland, nimms in die Hand! Kochbuch für Gesellschaften. Von Peter Fischer. WAT 5. 224 Seiten. DM 11,-

Peter Brückner, ». . . bewahre uns Gott in Deutschland vor irgendeiner Revolution!« WAT 6. 128 Seiten. DM 6,50

Die Geschichte des Docktor Frankenstein und seines Mord-Monsters oder die Allgewalt der Liebe. Herausgegeben von Susanne Foerster. WAT 8. 128 Seiten. DM 5,-

Babeuf, Der Krieg zwischen Reich und Arm. Artikel, Reden, Briefe. Kommentiert von Peter Fischer. WAT 9. 128 Seiten. DM 6,-

1886, Haymarket. Die deutschen Anarchisten von Chicago. Lebensläufe, Reden. Herausgegeben von Horst Karasek. WAT 11. 193 Seiten. DM 8,50

Jonas Geist, Versuche das **Holstentor zu Lübeck** im Geiste etwas anzuheben. WAT 12. 144 Seiten. DM 6,50

Die Schlacht unter dem Regenbogen. Frankenhausen 1525, ein Lehrstück aus dem Bauernkrieg. Von Ludwig Fischer. WAT 13. 192 Seiten. DM 8,50

Zapata. Barbara Beck und Horst Kurnitzky: Bilder aus der mexikanischen Revolution. WAT 14. 160 Seiten. DM 7,50

Weißer Lotus, Rote Bärte. Geheimgesellschaften in China. Zur Vorgeschichte der Revolution. Ein Dossier von Jean Chesneaux. WAT 15. 192 Seiten. DM 8,-

Die Kommune der Wiedertäufer. Münster 1534. Von Horst Karasek. WAT 16. 160 Seiten. DM 7,50

Grand Guignol. Das blutige Theater Frankreichs. Zusammengestellt von Caroline Neubaur und Karin Kersten. WAT 17. 128 Seiten. DM 6,50

131 expressionistische Gedichte. Hrsg. Peter Rühmkorf. WAT 18. 160 Seiten. DM 8,-

Peter O. Chotjewitz/Aldo De Jaco, Die Briganten. Aus dem Leben süditalienischer Rebellen. WAT 19. 192 Seiten. DM 7,50

Die Scheidung von San Domingo. Dokumentation v. H. C. Buch. WAT 20. 192 Seiten. DM 8,-

GRIPS-Theater. Geschichte, Dokumente und Modelle eines Kindertheaters. Hrsg. Volker Ludwig u. a. WAT 21. 192 Seiten, DM 8,50

Erich Mühsam, Fanal. Ausgewählte Aufsätze und Gedichte (1905-1932). Hrsg. Kurt Kreiler. WAT 22. 192 Seiten. DM 8,50

Albert Soboul, Kurze Geschichte der Französischen Revolution. Ihre Ereignisse, Ursachen und Folgen. WAT 23. 160 Seiten. DM 9,50

Der Automaten-Mensch. E.T.A. Hoffmanns Erzählung vom »Sandmann«, auseinandergenommen und zusammengesetzt von Lienhard Wawrzyn. WAT 24. 160 Seiten. DM 9,50

Frauenhäuser. Gewalt in der Ehe. Hrsg. Sarah Haffner. WAT 25. 224 Seiten. DM 12,-

80 Barockgedichte. Hrsg. Herbert Heckmann. WAT 27. 128 Seiten. DM 7,50

Peter Brückner, Ulrike Marie Meinhof u. d. dt. Verhältnisse. WAT 29. 192 Seiten. DM 9,50

Bettina von Arnim. Eine weibliche Sozialbiographie aus dem 19. Jahrhundert. Von Gisela Dischner. WAT 30. 192 Seiten. DM 9,50

Die Päpstin Johanna. Ein Lesebuch von Klaus Völker. WAT 31. 128 Seiten. DM 6,50

Charles Fourier, Aus der neuen Liebeswelt. WAT 32. 208 Seiten. DM 9,50

Schinderhannes. ›Kriminalgeschichte voller Abenteuer und Wunder, doch streng der Wahrheit getreu. 1802.‹ Hrsg. Manfred Franke. WAT 34. 128 Seiten. DM 8,50

Angelika Kopečný, Fahrende und Vagabunden. Ihre Geschichte. Überlebenskünste, Zeichen und Straßen. WAT 68. 192 Seiten. DM 9,50

Klaus Strohmeyer, Warenhäuser. Geschichte, Blüte und Untergang im Warenmeer. WAT 70. 192 Seiten. DM 9,50

Robert Linhart, Der Zucker und der Hunger. Reise aus der Metropole in ein Land, wo der Zucker wächst. Oder: Die Folgen unseres Konsums in Brasilien. Mit zahlreichen Abbildungen. WAT 71. 128 Seiten. DM 8,-

Minna von Barnhelm oder: Die Kosten des Glücks. Hrsg. von Joachim Dyck. Mit einem Dossier über preußische Disziplin, Diener der Herrn, Worte als Spitzel, frisches Geld und das begeisterte Publikum. WAT 72. 192 Seiten. DM 12,50

Horst Karasek, Der Brandstifter. Lehr- und Wanderjahre des Maurergesellen Marinus van der Lubbe, der 1933 auszog, den Reichstag anzuzünden. WAT 73. 192 Seiten. DM 9,50

Rudi Dutschke, Geschichte ist machbar. Texte über das herrschende Falsche und die Radikalität des Friedens. WAT 74. 192 Seiten. DM 8,50

Christoph Meckel, Tullipan und **Die Noticen des Feuerwerkers Christopher Magalan.** WAT 75. 160 Seiten. DM 8,50

Franz Rueb, Ulrich von Hutten. Ein radikaler Intellektueller im 16. Jahrhundert. WAT 76. 192 Seiten. DM 9,50

Werner Völker, Als die Römer frech geworden. Die Schlacht im Teutoburger Wald. WAT 77. 192 Seiten. DM 9,50

Alex Schubert, Erdöl: Die Macht des Mangels. Ein Buch über die Gegenwart und Zukunft der Weltwirtschaft. WAT 78. 192 Seiten. DM 11,-

Studs Terkel, Der amerikanische Traum. Vierundvierzig Gespräche mit Amerikanern. WAT 80. 288 Seiten. DM 14,50

Peter Brödner/Detlef Krüger/Bernd Senf, Der programmierte Kopf. Eine Sozialgeschichte der Datenverarbeitung. WAT 82. ca. 192 Seiten. DM 11,–

Erich Fried, Kinder und Narren. 29 Erzählungen. WAT 83. 160 Seiten. DM 10,-

Werner Raith, Spartacus. Wie Sklaven und Unfreie den römischen Bürgern das Fürchten beibrachten. WAT 84. 176 Seiten. DM 9,50

Jochen Köhler, Klettern in der Großstadt: Geschichten vom Überleben 1933 bis 1945. WAT 85. 256 Seiten. DM 12,50

Tommaso Di Ciaula, Das Bittere und Das Süße. Über die Liebe, das Scherenschleifen und andere vergessene Berufe. WAT 86. 128 Seiten. DM 9,-

Barbara Sichtermann, Vorsicht Kind. Eine Arbeitsplatzbeschreibung für Mütter, Väter und andere. WAT 87. 216 Seiten. DM 12,–

Pierre François Lacenaire, Memoiren eines Spitzbuben. Ein Zeit- und Sittengemälde der bürgerlichen Gesellschaft im Frankreich des 19. Jahrhunderts. WAT 88. 192 Seiten. DM 12,-

J. W. Goethe, Die Leiden des jungen Werther. Neu herausgegeben mit Dokumenten und Materialien, Wertheriana und Wertheriaden von H. C. Buch. WAT 89. 256 Seiten. DM 12,50

113 DADA - Gedichte. Eine umfassende Sammlung dadaistischer Lyrik, herausgegeben und kommentiert von Karl Riha. WAT 91. 192 Seiten. DM 12,50

Werner Raith, Das verlassene Imperium. Über den Ausstieg des Römischen Volkes aus der Geschichte. WAT 92. 208 Seiten. DM 12,50

Gesualdo Bufalino, Museum der Schatten. Geschichten aus dem alten Sizilien, dessen Schatten im heutigen verborgen sind. WAT 93. 128 Seiten. DM 9,50

Poesien

131 expressionistische Gedichte
Herausgegeben von Peter Rühmkorf.
WAT 18. 160 Seiten. DM 8,—

80 Barockgedichte
Zusammengestellt von Herbert Heckmann.
WAT 27. 128 Seiten. DM 7,50

Baudelaire 1848: Gedichte der Revolution
Herausgegeben und kommentiert von Oskar Sahlberg.
WAT 35. 160 Seiten. DM 9,—

99 romantische Gedichte
Mit einem Essay und Kurzbiographien aufgelesen von
Lienhard Wawrzyn.
WAT 37. 192 Seiten. DM 11,50

**Günter Bruno Fuchs Die Ankunft des Großen
Unordentlichen in einer ordentlichen Zeit**
Gedichte, Bilder und Geschichten.
WAT 39. 128 Seiten. DM 7,50

Boris Vian Der Deserteur
Mit einer Biographie von Klaus Völker.
WAT 42. 144 Seiten. DM 8,50

Erich Fried 100 Gedichte ohne Vaterland
Eine Auswahl aus acht Gedichtbänden, erweitert um
zahlreiche neue Gedichte.
WAT 44. 128 Seiten. DM 8,50

Heinrich Heine Ein Land im Winter
Gedichte und Prosa. Mit Bemerkungen von Dieter Heilbronn.
WAT 47. 192 Seiten. DM 9,50

113 DADA-Gedichte
Eine umfassende Sammlung dadaistischer Lyrik.
Herausgegeben von Karl Riha. Mit zahlreichen Abbildungen.
WAT 91. 192 Seiten. DM 12,50

Wagenbach